*Post-Traumatic Stress Disorder and Art Therapy*

# 외상 후 스트레스장애와 미술치료

AMY BACKOS 저 / 박성혜 역

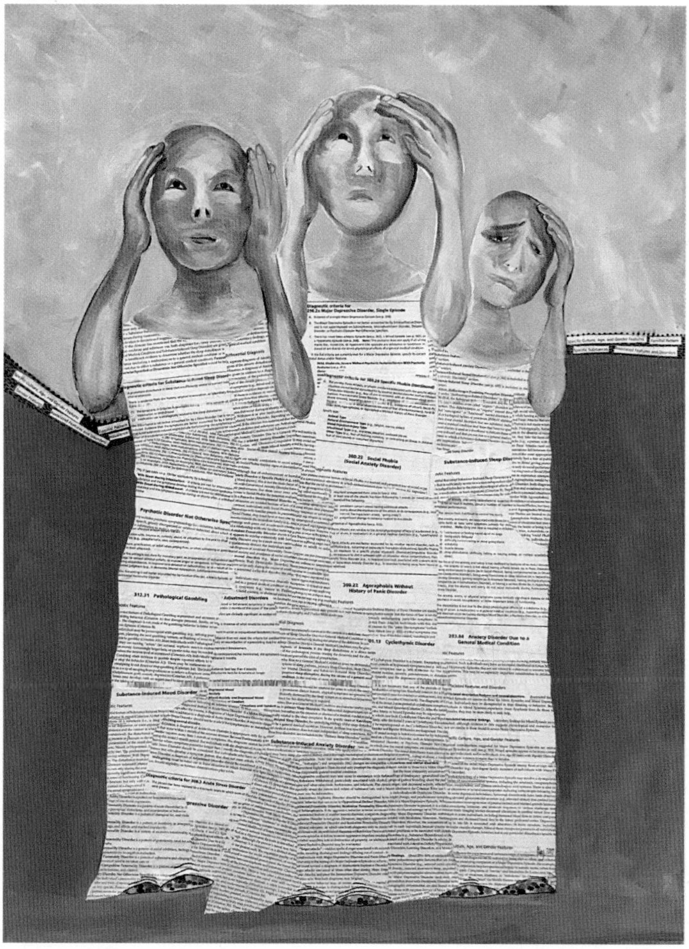

박영story

# 목 차

## PART 02

# 서 문

우리는 집단적으로 고통을 받는다. 고통을 치유하기 위해서는 반드시 다른 사람들과 우리의 고통과 말을 미술과 언어를 통하여 공유해야 한다. 트라우마를 경험하고 PTSD를 가진 사람들과 함께 일하면서 배운 것, 회피와 약물 남용이 PTSD 증상을 어떻게 유지하는지를 공유하기 위해 이 책을 쓰고 싶었다. 나는 PTSD 심리에 대한 이론적이고 실용적인 아이디어와 미술치료가 PTSD를 가진 내담자들을 도와주는 데 있어서 어떻게 사용되는지에 대해 공유하고 싶었다. 또한, 사회적 불평등은 많은 사람들이 쉽게 노출되는 트라우마를 악화시킬 수 있기 때문에, 사회적 정의는 트라우마를 예방할 뿐만 아니라 트라우마로부터 치유하는 데 중요한 역할을 한다. 이러한 현실에 비추어 우리가 내담자와 함께 협력할 수 있는 트라우마 치료사로 나아갈 수 있도록 개념적이고 실용적인 아이디어를 책 전반에 걸쳐 제안한다. 그러한 관점에서, 나는 우리 모두가 이 책에 대해 자기성찰과 동료, 친구 및 내담자와의 대화에 참여하도록 권장하고 싶다. 트라우마를 다루고 치료에 있어서 필요한 문화적 겸손(Cultural Humility)을 강조하는 심리학자, 치료사, 미술치료사들의 목소리에 나의 목소리를 더한다. 문화적 겸손은 내담자들을 삶의 전문가로 보는 치료사들의 태도이다. 문화적으로 겸손한 자세는 자신의 배경을 되돌아보고 내담자가 스스로 치유할 수 있도록 힘을 실어주는 것을 포함한다.

이 책은 미술치료가 PTSD 치료이기도 함을 실제, 이론, 연구 그리고 문헌을 통하여 개념화한다. 이 책에서 나는 트라우마 생존자들과 함께한 작업을 개념화하고 의미를 부여하는 데 있어서 도움이 된 아이디어와 치료 개입을 공유할 것이다. 일부는 트라우마에 관한 문헌에서 참고하였으며 나머지 일부는 이 책 작업 과정 중에 개발하였다. 작업을 진행하면서 나는 트라우마, 회복탄력성, 회복에 대해 주목할 만한 측면뿐만 아니라 고통스러운 측면도 접하게 되었다. 때로는 내담자의 성장과 사회적 변화가 미술 작품활동만으로 이루어지는 반면, 다른 경우에는 몇 시간 또는 몇 개월의 침묵 후에 발생하거나 새로운 발전적 단계에 도달했을 때만 나타날 수도 있다. 혼란스럽고 기쁜 마음으로, 나는 상황과 창의적 표현이 허용된다는 범주 안에서 청소년들이 더이상의 고통을 참을 수가 없어 심리적, 감정적인 폭발을 하여 성장의 꽃을 피우는 순간을 직접 가까이 지켜보고 목격할 수 있는 특권을 누렸다. 또한 나는 내담자들의 끊임없는 고통에 깊은 슬픔을 느꼈다. 애석하게도, 나는 치료사들이 자신들의 고통과 내담자의 대리 외상의 무게로 서서히 무너지는 것을 목격하기도 하였다.

이 책에는 미술치료사, 심리학자, 학생, 내담자, 예술가들의 기여가 포함되어 있으며 그들의 작업은 내담자와 치료사의 관점을 보여주는 데 도움이 된다. 또한 가정폭력 및 성폭행 생존자, 빈곤한 지역사회, 퇴역 군인과 함께 미술치료 및 트라우마를 이해하고 대하는 방식을 사용하여 작업한 이야기와 사례들이 포함되어 있다. 나는 또한 회피[회피는 기억하기 싫은 경험과 순간을 회피함으로써 순간적인 고통으로부터 도망가려고 하는 인간의 충동이며 이는 내담자와 치료사와 함께 해결해야 할 문제]라는 PTSD 증상의 결과로 인해 발생하는 문제에 특별한 주의를 기울였다.

트라우마의 생존자나 자신의 끔찍하고 비극적인 경험을 맥락화하고 의미화 할 수 있도록 돕는 중요한 작업을 맡아줘서 감사드린다. 나의 희망은 이 책이 트라우마의 일반적인 경험과 그 이후의 영향을 다루기 위해 우리 자신들, 우리들의 내담자들, 그리고 우리 사회와 함께 이 어려운 작업에 참여하고 있는 미술치료사들의 일에 작은 기여를 할 수 있기를 바란다.

우리는 또한 일을 하면서 우리 자신을 돌볼 수 있는 방법을 찾아야 한다. 나는 이 책을 통하여 여러분이 과거 트라우마를 다시 접하더라도 거기에 굴복하지 않고 트라우마를 치유할 수 있는 치유의 층을 더하고 여러분의 일에 교차성과 사회적 정의를 적용할 수 있도록 동기부여 하는 데 도움이 되기를 바란다. 궁극적으로, 나는 우리의 공동작업이 생존자의 치료와 관련된 태도, 정책 및 법률의 사회적 변화의 흐름을 발전시킬 수 있기를 바란다. 이 작업은 매우 중요하며 나는 우리 모두 같이 힘을 합쳐 이 일을 진행한다는 사실이 매우 기쁘다.

# 역자 서문

미술치료를 가르치면서 미술치료 분야를 공부하고 몸담게 된 것에 대해 매우 감사한 마음을 가지게 된다. 마음을 미술이라는 작업을 통해 표현하고 그 미술작업 속에서 또 다른 나를 발견하는 것은 너무도 즐겁고 의미있는 일이다.

미국에서의 생활이 낯설고 힘들었던 시기에 미술치료를 접하게 되었다. 이때 어떤 다른 무엇보다도 미술은 나에게 소통이자 힐링의 도구가 되었다. 이러한 나의 개인적 경험과 더불어 ACMHS(Asian Community Mental Health Services)와 KCCEB(Korean Community Center of the East Bay)에서의 내담자들과의 만남 또한 미술이 소통의 도구가 된 경험이 되었다. 특히, 가정폭력이나 여러 가지 트라우마로 인해 외상 후 스트레스장애를 가지고 있는 사람들과의 미술치료 작업은 나에게도 그들에게도 의미있는 경험이 되었다.

이러한 역자의 외상 후 스트레스장애와 미술치료에 대한 관심은 2021년 미국미술치료학회 콘퍼런스에서 본 책의 저자인 Amy Backos를 만나면서 더욱 흥미를 갖게 되었다. Amy Backos는 역자가 미술치료를 공부한 Notre Dame de Namur University 대학원의 미술치료학과 교수였는데, 그녀가 미국미술치료학회 콘퍼런스에서 이 책에 대해 소개했을 때 역자는 적극적으로 이 책을 번역하고 싶다는 의지가 생겼다. 마침, 2022년도에 한국미술심리치료연구학회에서 개최하는 국제학술대회에 [PTSD와 미술치료]라는 주제로 Amy Backos와 같은 학교 교수로 있는 Gwen Sanders를 강연자로 초빙하게 되었다. 이때 미술치료를 공부하는 사람들 또한 이 주제에 대해 많은 관심을 가지고 있었기에 이를 계기로 Amy Backos가 쓴 이 책을 번역하게 되었다.

이 책은 저자인 Amy Backos를 비롯하여 그녀와 일한 많은 미술치료사의 경험들이 함께 제시되어 있다. 1부에서는 외상 후 스트레스장애와 급성 스트레스, 맥락과 더불어 문화적 겸손을 필요로 하는 특수집단과의 미술치료 작업에 대한 내용이 제시되어 있으며, 2부에서는 미술치료의 실제와 외상 후 성장과 ACT 가치, 치료사가 되기 위해 필요한 것들이 무엇인지, 앞으로 미술치료가 어떤 방향성을 가지고 나아가야 하는지에 대해 제시되어 있다. 원문에 충실한 번역을 원칙으로 하였지만, 저자 특유의 서술 방식이 우리말로 번역하는 데 어려움이 있는 경우에는 더 좋은 전달을 위해 의역을 하였음을 밝혀둔다.

여러 가지 면에서 부족한 점이 있으나 본 역서가 미술치료를 공부하는 많은 학생들, 전문가들에게 작은 도움이 되기를 희망하면서 혹시 내용에 의문이 있거나 지적할 부분에 대해서는 언제든지 알려주길 바란다. 마지막으로, 이 책이 나오기까지 도움을 주신 박영스토리 노현 대표님과 편집부 여러 선생님들께 감사의 말씀을 전한다.

2023.11

역자 박성혜

# PART
# 01

Post-Traumatic Stress Disorder
and Art Therapy

Chapter

# 01

# 외상 후 스트레스장애, 급성 스트레스, 그리고 맥락

우리 중 그 누구도 트라우마에 대한 면역은 없다. 외상적 경험에 대한 사람의 반응은 수많은 요인에 따라 다르다. 여기에는 트라우마 자체의 특성, 자연재해로 인한 단일적인 사건인지, 사람에 의한 반복적인 노출인지, 그 사람이 우리가 아는 사람인지 또는 낯선 사람인지에 대한 여부가 포함된다. 우리의 반응은 또한 우리가 주관적 차원에서 어떤 일이 일어났는지, 얼마나 오래 견뎌야 했는지, 이전의 트라우마 경험에 대한 노출, 생물학적 및 신경학적 요인, 트라우마 전후의 사회적 지원 및 이용가능한 자원에 따라 달라진다. 특정 집단의 사람들을 트라우마에 불균형적으로나 반복적으로 노출시키는 사회 구조가 있기 때문에 우리가 이러한 유형의 트라우마 경험에 노출되어 왔었는지의 여부가 중요하다. 이 장에서는 외상 후 스트레스장애(PTSD), 급성 스트레스의 평상시 상태 및 이러한 진단의 특징들을 살펴보고자 한다.

1장의 첫 번째 부분에서는 급성 스트레스 반응 및 외상 후 스트레스장애의 진단에 필요한 기준과 임상 또는 연구 환경에서 정의되는 기준에 대해 살펴볼 것이다. 이러한 진단들은 두 가지 분류 체계를 통해 설명된다: DSM-5(The *Diagnostic and Statistical Manual of Mental Disorder-5th edition;* American Psychiatric Association, 2013)와 ICD-11(the *International Classification of Diseases*, 11th edition), WHO(World Health Organization, 2019). 또한 이 장에서는 집단적 트라우마, 간접 트라우마, 세대간 트라우마에 대해 다룰 것이며, 또한 미묘하게 행해지는 인종차별에 대한 노출

로 인한 일상적인 트라우마의 정의를 넓히는 것을 지지하는 주장도 함께 제시하고자 한다. 이처럼 우리 모두가 살고 있는 사회적 맥락을 필수적으로 포함시킴으로써 임상가로서의 우리는 내담자의 정신건강, 우리 자신, 그리고 더 폭넓은 문화를 위해 활용할 수 있는 아이디어와 도구를 제공받을 수 있게 된다.

## 진단 전 맥락에 대한 한 마디

개인이 자신의 지원이나 상황에 관계없이 자신의 능력을 발휘할 수 있다는 믿음을 포함한 견고한 개인주의는 우리가 자신의 상황에 책임이 있다는 것을 시사한다. 그 의미는 우리가 가난하면 충분히 일하지 않았기 때문이고, 부자라면 우리가 일하고 벌었기 때문이라는 것이다. 진실에서 경제적 복지와 정신 건강 자원에 대한 접근은 균등하게 분배되지 않기 때문에 이보다 더 단순화되거나 사실과 동떨어진 것은 없다.

우리들 중 일부는 신체적, 정신적 건강, 교육적 기회, 가족과 지역사회의 지원, 부모의 정신적, 육체적 건강, 세대 간 건강, 교육과 번영, 돈, 계급, 그리고 인종, 민족성, 성별로 인한 특권과 관련하여 더 큰 이점을 가지고 삶을 시작한다. 그들의 잘못이 아니지만, 다른 사람들은 세대적, 역사적 트라우마, 양질의 또는 교육에 대한 접근성 부족, 자연 재해 및 인적 재해 이후의 불충분한 보살핌으로 인하여 다른 이들보다 더 불리한 조건을 가지고 삶을 시작한다. 이러한 유형의 불이익과 역경에는 종종 피부색, 종교, 몸의 형태, 출생 국가, 성별 표현 및 또는 성적 지향으로 인한 사회적 장벽, 차별, 신체와 생명에 대한 위협이 있다.

이보다 폭넓은 맥락은 내담자와 우리 자신을 모두 포함하며 우리가 개인적으로나 집단적으로 어떻게 트라우마에 대처하고 치유하는지에 대한 이해를 형성한다. 트라우마와 PTSD를 이해하는 문화적인 관점은 개인과 집단이 트라우마로부터 회복하는 방법을 고려한다. 사회적 공동체로서 우리는 다른 이들에게 지원과 회복 모델을 바라며, 집단주의 문화에 있는 사람들은 회복이라는 경험을 단순히 개인적이고 고독한 경험이 아닌 공동체적인 경험으로 보는 경향이 있다. Maercker, Heim과

Kirmayer(2019)는 PTSD를 가지고 있는 사람들과 일하는 데 있어서 문화적인 임상적 관점을 제시한다. 그들은 문화적 렌즈를 통해 트라우마를 보는 것이 인간, 즉 우리가 특정한 문화에 살고 있는 사회적 동물의 가장 근본적인 측면 중 하나라고 언급한다. 문화적인 임상적 관점은 트라우마 스트레스의 다양한 징후에 대한 이해를 넓히고 심화시키는 가장 유망한 길을 제공한다. 이 관점은 역경의 경험 후에 고통과 대처에 대한 많은 임상적 표현들을 구분하려고 노력한다. 문화적인 임상적 관점의 중요한 교훈 중 한 가지는 바로 모든 인간이 가장 혹독한 고난을 겪을 때 스스로 극복해야 하는 완전히 자율적인 개인으로 간주하지 않는다는 것이다. 오히려, 많은 사람들은 "인간은 사회적 동물이다"라는 아리스토텔레스의 격언을 반영하여, 가족, 친족, 공동체의 긴밀한 네트워크에 깊이 빠져 있다고 본다(Maercker et al., 20019, p.vii).

Maercker 등(2019)은 서구의 관점에서 심리치료에 접근하는 방법에 대한 우리의 믿음에 도전하면서, PTSD 관련 연구의 대부분의 기여가 역경에서 비롯된 조건으로 인해 어려움을 겪을 수 있는 개인에 관해 가정하고 있음을 관찰했다.

> 자율적인 개인들에 대한 서구의 개념은 자기 성찰적이며 자신의 내면의 정신 상태를 쉽게 표현할 수 있다는 것이다. 이러한 가정은 사회의 많은 개인들에게 사실일 수 있지만, 그러한 자기 해석 방식과 표현 방식은 다른 많은 문화의 구성원들에게는 표준이 아니다(p.viii).

또한 Napoli(2020)는 "과학, 심리학, 그리고 그 이상의 분야에서 더 큰 세력과 관련하여 그에 대한 반응으로 형성된 직업으로서 미술치료 분야는 서구 문화 전반에 걸쳐 뒤섞인 억압의 체계에 영향을 받는다."라고 썼다(p.175). 또한, 우리의 회복과 내담자의 회복은 특정 개인에 대한 트라우마와 그들의 독특한 교차하는 정체성에 대한 우리의 이론과 가정의 적용 가능성에 의문을 제기할 때마다 도움이 된다. Maercker 등(2019)은 다음을 더 주목한다.:

> 문화적인 임상적 관점은 트라우마 스트레스 분야에 대한 우리의 지식이 보편적으로 적용될 수 있는 정도와 특정 상황에 적절하게 대응하기 위해 이론과 실천의 어떤 측면

을 조정하거나 특정 맥락에 적절하게 반응하기 위해 적응될 필요가 있는지에 대한 질문을 제기한다(pp.vii-viii).

DSM-5 및 ICD-11에서 제공하는 정의를 고려할 때 이러한 정의가 완전한지에 대한 여부와 급성 스트레스 또는 지속적인 트라우마에 노출된 모든 사람에게 적용될 수 있는지의 여부도 고려해야 한다.

## 트라우마 반응의 분류 전략

세계보건기구(2019)는 1948년부터 건강과 질병 동향에 대한 통계를 추적하기 위한 방법으로 국제질병분류(ICD)를 발행하고 있다. 100여 개 국가에서 질병 보고 도구로 사용되는 이 체계는 건강 및 정신 건강 연구를 위한 진단 분류 표준으로 간주된다. 현재 판인 ICD-11은 트라우마 노출과 관련된 두 가지 장애, 즉 급성 스트레스 반응과 PTSD를 보고한다.

심각한 스트레스에 대한 반응은 급성 스트레스 또는 PTSD의 증상을 일으키기 위해 외부 영향/사건이 필요하기 때문에 불안장애의 독특한 유형으로 나타난다(WHO, 2019). 급성 스트레스(일회성 트라우마) 또는 지속적인 트라우마는 증상의 발현보다 선행되며, 그 경험 자체가 장애의 가장 중요한 원인을 제공한다. 즉, 급성 스트레스 반응 또는 PTSD의 불안장애는 외상성 사건이 없을 때 나타나지 않는다. 이러한 진단은 PTSD를 일으킨 외상성 사건을 포함하는 인과 관계 기준 없이는 제공될 수 없다. WHO에 따르면 급성 스트레스 반응 또는 PTSD에 선행하는 사건에는 강간, 고문, 테러 또는 기타 범죄와 같은 범죄의 희생자가 되거나, 전투에 참여하거나, 다른 사람들의 폭력적인 죽음을 목격하거나, 자연재해 또는 인간이 만든 재난을 경험하는 경우가 포함된다(WHO, 2019). 최근 다른 개념화에는 이전의 사건으로 매우 미묘한 차별에 대한 만성적인 노출이 포함되어 있어 장기간의 만성 스트레스를 유발한다는 점에 유의해야 한다(Nadal, 2018). 그러나 이러한 유형의 노출은 ICD-11(WHO, 2019)이나 DSM-5(American Psychiatric Association, 2013)에 포함되지 않으며, 급성 스트레스 및 PTSD에 대한 현재의 진단 규준에 관하여 논의 후에 검토될 것이다.

## 급성 스트레스

ICD-11(WHO, 2019)에 따르면 급성 스트레스 반응은 심각한 장애를 수반하며, 사람이 트라우마에 노출된 후에 발생한다. PTSD와는 달리, 급성 스트레스 반응의 문제는 일반적으로 며칠 이내에 해결된다. ICD-11(WHO, 2019)은 급성 스트레스 반응을 "극도로 위협적이거나 끔찍한 성격의 사건(예: 자연 재해 또는 인간이 만든 재해, 전투, 심각한 사고, 성폭력, 폭행)이나 상황(단기간 또는 오래 지속)에 노출된 결과로 발생하는 일시적인 정서적, 신체적, 인지적 또는 행동적 증상"으로 기술되는데(첫 번째 단락), 이것은 "사건 이후 또는 위협적인 상황으로부터 벗어난 후 며칠 이내에" 감소하기 시작한다(첫 번째 단락).

또한 급성 스트레스는 "분명한 정신 장애"가 없는 개인에게서 발생하는데, 이는 임상의와 연구자가 행동에 대한 다른 병인을 배제하는 데 도움이 된다. 다시 말해서, 그 반응은 우울증, 불안, 또는 다른 장애와 같은 정신 건강 장애로 인해 발생할 수 없다. 누군가는 이미 존재하는 정신의학적 상태를 가지고 있거나 또는 트라우마에 반응하여 급성 스트레스 반응을 보일 수 있지만, 급성 스트레스 반응에서 나타나는 행동은 반드시 인과적 사건과 연관되어야 한다.

급성 스트레스 반응의 첫 번째 단계에는 의식이 좁아지는 멍한 상태와 방향 감각 상실이 포함된다. 이 상태는 현 상황으로부터의 위축 또는 동요로 이어질 수 있다. 불안에 대한 신체적 반응은 몇 시간 또는 며칠 동안 존재한다. 추가적으로, 그 사람은 그 사건과 그것을 둘러싼 세부 사항들에 대한 부분적 또는 완전한 기억상실증을 가지게 될 수도 있다. 한 가지 중요한 위험 요소는 그 사람의 이전의 신체 상태를 포함한다-사람들은 육체적으로 지치거나 노인인 경우 급성 스트레스 반응에 대한 위험이 더 높다(WHO, n.d.).

## 외상 후 스트레스장애

급성 스트레스 반응은 보통 약 3일 이내에 해결되는 반면, PTSD는 위협적인 상황에 대한 단기 또는 장기 반응으로 발전될 수 있다. ICD-11에 따르면, PTSD 증상은 트라우마적인 사건 발생 뒤인 몇 주에서 6개월 사이에 발생한다. ICD-11 (WHO, 2019)에서 PTSD의 증상은 다음을 포함한다 : (a) 고양된 놀람 반응과 같은 과각성(hyperarousal) (b) 충격적인 사건에 대한 침투적인 생각, 기억 또는 꿈 (c) 감정의 무감각 또는 둔감, 그리고 타인과의 괴리감 (d) 쾌감 부족 (e) 트라우마를 생각나게 하는 사람, 장소 및 상황에 대한 회피와 두려움.

DSM-5(American Psychiatric Association, 2013)는 PTSD에 대한 다른 설명을 제공하며 PTSD를 진단할 때 사용할 여덟 가지 기준을 포함한다. 첫 번째 기준은 인과 관계 사건이고 다른 기준은 특정 증상이다. 첫 번째 기준은 트라우마적 사건의 단일 사례를 요구하는 반면, 다른 기준은 적어도 두 가지 증상을 필요로 한다. 첫 번째 기준(A)은 죽음, 살해의 위협, 실제적 또는 위협적인 부상이나 성폭력을 포함하는 인과적 사건에 대한 노출이다. 이러한 심각한 위협에 대한 노출에는 직접적인 노출, 목격, 친한 친구 또는 친척이 트라우마를 경험했던 것으로부터 학습되거나 전문적인 업무(예: 의료진, 응급 처치자)를 통한 간접 노출이 포함될 수 있다. 다음 기준(B)은 다음 중 적어도 하나라도 겪었다면 지속적인 트라우마 경험과 관련이 있다고 할 수 있다: 원치 않는 혼란스럽고 고통스러운 기억, 악몽, 플래시백, 트라우마가 다시 떠올라서 겪는 정서적 고통 또는 신체적 반응이다. 세 번째 기준(C)은 트라우마를 생각나게 하는 것을 포함한 트라우마 관련 자극의 회피 증상이다.

트라우마 후 시작되거나 악화된 부정적인 생각이나 감정이 네 번째 기준(D)을 구성하고 다음 중 두 가지를 필요로 한다: 트라우마의 주요 특징을 기억할 수 없거나 자신이나 세계에 대한 지나치게 부정적인 생각과 가정, 트라우마가 일어난 것에 대한 지나친 자신이나 타인비난, 부정적인 정서, 활동에 대한 관심 감소, 고립감, 긍정적인 정서를 경험하기 어려움. 트라우마 후 시작되거나 악화된 트라우마 관련 각성 및 반응성은 다섯 번째 기준(E)을 포함하며 이것은 다음의 두 가지이다: 과민성 또는 공격성, 위험하거나 파괴적인 행동, 과잉 경계, 고조된 놀람 반응, 집중력 장애 및 수면 장애. 이러한 증상은 한 달 이상 지속되어야 하며, 이는 여섯 번째 기준(F)을 구성한다. PTSD 증상이 사회 또는 직업 영역에서 고통이나 기능 장애를 일으킨다는 것은 일곱 번째 기준(G)이다. 그리고 마지막으로, 여덟 번째 기준(H)은 증상이 약물, 물질 사용 또는 다른 질병으로 인한 것이 아니라는 점이다.

The DSM-5(American Psychiatric Association, 2013) 진단에는 적절한 경우라는 판단이 섰을 때에 추가할 수 있는 두 가지 특징이 포함된다. 첫 번째는 해리성 특징으로, PTSD 진단에 대한 전체 기준을 충족시키는 것 외에도 개인이 높은 수준의 이인증상을 경험할 때 적용될 수 있다. 이인증상은 마치 꿈속에 있는 것 같은 느낌, 현재 일어나고 있는 일이 실제가 아니라는 느낌과 같이 자기 자신과의 분리를 경험할 때 발생한다. 이인증상의 또 다른 범주는 비현실성, 거리감, 왜곡의 경험이며 자신의 삶과 환경의 사건들이 실제가 아니라는 비현실감이다. 두 번째 특징은 진단이 지연된 시점에서의 지연 특징인데, 트라우마 증상이 즉시 발생하더라도 트라우마 후 6개월 이상이 지나야 PTSD 진단 기준이 충족된다.

앞서 살펴본 바와 같이 PTSD의 진단을 내리기 위해서는 충족되어야 하는 매우 구체적인 기준들이 상당히 많다. 종종 트라우마를 겪은 사람들은 PTSD 진단의 완전한 기준을 충족하지 못하지만 여전히 임상적으로 중요한 PTSD 증상을 경험하게 된다. PTSD로 진단 내리기에는 부족한 PTSD에 대한 연구는 적지만, "점점 정신 장애의 차원적 관점으로 더 나아가고 있는 중이기 때문에, PTSD의 불충분한 기준의 징후를 이해하는 것이 중요하다(Mota et al., 2016, p.185). 불충분한 기준의 PTSD를 가진 사람들은 동반장애 수치가 증가하는 경험과 정신적, 신체적 기능이 감소되는 것을 경험하게 된다(Mota et al., 2016). 이 분야가 하위 기준 진단에 대한 합의를 아직 이루지 못하였지만, 전체 기준을 충족하지 못하는 내담자는 여전히 트라우마 집중 치료나 노출 치료의 혜택을 받을 수 있다.

회복은 PTSD에서 예상된다; 그러나 어떤 사람들은 수년에 걸쳐 만성적인 장애 과정을 보일 수 있으며, 이는 오래 지속되는 성격 변화로 이어질 수 있다. ICD-11에서는 외상성 스트레스에 대한 파국적이거나 장기간의 노출로 인해 사람이 세계와 자아에 대해 인식, 연관 또는 생각을 어떻게 형성하게 되는지 성격의 장기적인 변화를 일으킬 수 있는 것에 대해 기술한다(WHO, 2019).

파국적인 경험 후에 지속되는 성격 변화에 대한 구체적인 기준은 다음과 같다: (a) 세상에 대한 적대적이거나 불신하는 태도 (b) 사회적 포기 (c) 절망감 또는 공허감 (d) 끊임없이 위협받는 것처럼 긴장되는 느낌 (e) 소외감(WHO, n.d.). 이러한 종류의 변화는 심각하며, 적응력이 부족하고, 융통성이 없으며, 외상 경험 이전에 는 없었던 성격 장애 진단 범위 외에서 발생한다. 성격 변화 범주에서 기술된 유형의 성격 변화는 감금, 강제 수용소 또는 장기간의 인질 상황과 같은 심각한 트라우마와 관련이 있으며, 이는 개인이 사망할 가능성이 임박하다고 느끼는 것이다. 좀 더 구체적으로 말하자면, 이런 종류의 성격 변화는 자동차 사고나 다른 단 한 번의 사건처럼 일회성 트라우마 후에 일어나지는 않는다.

오랫동안 존재했던 증상에 대한 늦은 진단과는 달리, PTSD 증상은 질병이 일반적인 궤적을 따르고 증상이 다른 장애로 해석될 수 없도록 주의를 기울이는 경우 보통 6개월 이후에 나타날 수도 있다. 퇴역군인의 경우 외상성 질환에 노출된 지 오랜 기간 후에 PTSD 진단을 받을 수 있다. 전투의 한복판에서 그들은 극한의 환경 속에 살았고, 지칠대로 지쳤을 것이며, 군인 동기들을 잃는 경험을 하고 타인의 죽음을 목격했고 자신의 삶에 대한 일상적인 위협은 물론, 또 다른 사람을 죽여야 했다는 트라우마까지 경험했을 것이다. 그들의 트라우마 상태는 차별, 세대 간 트라우마, 미묘한 차별, 그리고 기존의 트라우마로 인해 더 악화될 수 있다. 나이가 든 참전 용사는 은퇴할 때 신체적으로 덜 강하다고 느끼는 건강 또는 의학적 문제를 경험하거나, 트라우마를 상기시키는 나쁜 소식을 보거나, 새로운 대처 기술을 습득하지 않은 상태에서 나중에 술을 끊을 때 증상이 악화될 수 있다(National Center for PTSD, 2013).

예를 들어, 나는 베트남에 있는 미군에서 복무하고 돌아온 후 거의 20년 동안 트라우마 관련 무증상이라고 보고한 퇴역군인과 함께 일했다. 20년 동안, 그는 어느 날 걸어가던 도중에 불에 타고 있는 가게를 지나갈 때 맡았던 촛불 향의 특별한 향기를 맡기 전까지 충격적인 전쟁 경험의 기억을 전혀 떠올리지 않았었다. 그 냄새는 베트남에서 극도로 충격적인 경험의 기억을 불러 일으켰고, 그 초기 회상 이후에 더 많은 기억이 나타났다. 그는 다른 외상적 경험도 없고 기억과 반응을 일으킬 수 있는 다른 심리적 또는 성격 장애도 없었기 때문에 발병이 지연된 PTSD로 진단되었다. 또한 사람들은 트라우마를 생각나게 하는 상황에 직면하게 되었을 때 공황, 공포, 또는 불안을 가지게 될 수도 있고 수면 장애를 겪거나 더 많은 약물을 사용하기도 하며, 쉽게 동요하고 화를 내게 되는 PTSD 증상의 증가를 경험할 수도 있다(National Center for PTSD, 2013).

어떤 사람들은 트라우마나 그것에 대한 원래 반응을 재연할 수도 있다. 예를 들어, 사람들은 "트라우마 기념일"로 인한 고통을 경험할 수 있는데, 이는 며칠 동안 기분이 언짢아지는 것에서부터 더 심각한 의학적 또는 정신 의학적 위급 상황에 이르기까지 다양할 수 있다(National Center for PTSD, 2013). PTSD와 관련된 빈번하게 동시에 발생할 수 있는 장애에는 불면증, 불안, 우울증 및 자살 충동뿐만 아니라 과도한 약물 사용이 포함된다.

베트남 참전용사 남성과 여성 모두 당장 업무에 복귀할 것으로 예상됐고, 정부에 대한 불신과 참전용사에 대한 공적 지원 부족으로 보훈병원에서의 돌봄을 거부했다(Backos & Mazzeo, 2017). PTSD를 가지고 있는 많은 사람들은 자신의 경험에 대한 기억을 피하기 위해 과로하거나 약물을 복용함으로써 증상을 관리하려고 할 수도 있다. 따라서, 의사들은 그들이 전쟁으로부터 돌아온 후 PTSD의 진단을 내렸지만 그 증상은 진단 훨씬 전이나 장애 병인 전에 존재했던 증상들은 퇴역군인의 군대에서의 외상적 경험과 연결될 수 있었다(van der Kolk et al., 2005).

## 누적 및 복합 트라우마

누적 트라우마는 두 가지 이상의 트라우마와 그 영향에 대한 경험을 의미한다(Naff. 2014). 이것은 사람들이 트라우마에 어떻게 반응하는지를 이해하는 데 특히 중요하다–PTSD의 증상은 사람들이 트라우마를 어떻게 인식하는지에 대한 결과로 나타난다. 많은 사람들이 동일한 트라우마 사건을 경험할 수 있지만 모든 사람들이 PTSD로 나타나는 것은 아니다. 그것은 장애를 일으키는 트라우마에 대한 사람의 감정적인 반응이다. 따라서 우리는 그들의 전체 경험의 의미를 부여하기 위해 내담자의 현재 및 과거 트라우마에 대한 기록을 주의 깊게 관찰해야 한다. Naff(2014)는 충격이 적은 트라우마를 "little t" 트라우마라고 칭한다. 여기에는 상실, 따돌림 또는 자신에게 부정적인 영향을 줄 수 있는 중대한 실패가 포함된다. “big T”의 성질을 가진 트라우마는 성적 학대 또는 성폭행이 포함된다. 인종차별, 성차별, 동성애 혐오증, 외국인 혐오증 및 기타와 관련된 트라우마는 “little t” 또는 “big T” 트라우마 중 하나에 포함되는 것처럼 보일 수도 있다. 그러나 체계적 공격, 차별 및 미묘한 차별은 시간이 지남에 따라 “big T” 트라우마로 축적된다.

National Child Traumatic Stress Network(NCTSN, 2018)에 따르면, 복합 트라우마는 “종종 침습적이고 대인 관계상”(첫 번째 단락)의 다중 트라우마 노출로 인한 장기적인 영향이다. 예를 들면, 학대 또는 심각한 방임을 경험하는 아동들은 돌봐주는 사람과의 애착에 혼란을 경험하고 발달 지연과 자아감을 발달시키는 데 어려움을 경험한다. 안전과 안정성은 아동들이 육체적, 정신적, 정서적으로 올바르게 성장하기 위해 필수적이며, 안전한 애착의 부족은 훗날 심각한 관계 문제를 초래한다.

복합 PTSD(CPTSD)가 PTSD와 질적으로 다른 뚜렷한 증상 프로파일을 가지고 있는지에 대한 수년간의 논쟁 끝에 2018년 ICD−11(WHO, 2019)에 이 진단이 포함되었다. CPTSD는 가정폭력, 성매매, 고문, 아동 성폭력, 대량학살과 같은 정치적 폭력, 아동들을 폭력 집단에 포함시키기 위한 모집과 같은 장기간에 걸친 트라우마에 노출된 후에 발병할 수 있다. 이전에 달리 명시되지 않은 극심한 스트레스의 장애(Disorders of Extreme Stress, Not Otherwise Specified · DESNOS: Herman, 1997; Pelcovitz et al., 1997)로 불렸다. CPTSD는 정서적 조절, 자기 개념 및 관계에서의 문제와 관련된 요소뿐만 아니라 PTSD의 세 가지 요소(각성, 회피, 재경험)를 포함한다.

Van der Kolk는 1994년 임상실험을 수행한 후 달리 명시되지 않은 극심한 스트레스(DESNOS)를 DSM−IV에 포함시킬 것을 주장했다(van der Kolk et al., 2005). 저자들은 DESNOS가 다음과 같은 이유로 PTSD와 별도로 포함시키는 것이 중요하다고 믿었다. 유형 I과 유형 II 트라우마(Terr, 1990)의 증상에는 차이가 있으며, 후자는 만성, 반복, 복합 트라우마에 대한 분류이다. 유형 I 트라우마는 폭풍, 허리케인 또는 유사한 외상성 자연재해로 인해 발생하는 사고 및 사건과 같은 단일 사건 트라우마를 포함한다. 유형 I에는 “인생 주기의 후반부 대인관계 트라우마”가 포함될 수 있으며(Van der Kolk et al., 2005, p.391), 심지어 성폭행도 포함될 수 있다. 저자들은 아동학대와 같은 유형 II 트라우마로 고통받는 사람들은 정체성이나 자기 인식의 변화뿐만 아니라 감정, 관계, 의미 체계에서나 가해자의 관점에서의 변화를 포함하는 DESNOS의 증상을 갖기 쉽다고 가정하였다. 그것은 또한 트라우마 증상의 신체화 증상을 포함한다. 저자들은 임상실험에서 아동 학대의 많은 생존자가 DESNOS에 대한 기준을 충족할 것이라고 가정했지만 반드시 PTSD의 새로운 기준을 충족하지는 않을 것이라는 가설을 세웠다. 연구 결과에 따르면 만성적이고 장기적이며 인생 후반보다는 어린 나이에 처음 발생하는 트라우마는 "PTSD 증상 이상과 그 이상의 심리적 기능에 중요한 영향을 미친다"(Van der Kolk et al., 2005, p.395). 이러한 영향에는 정동 조절의 어려움, 자기에 대한 반전, 해리가 포함된다. 이 연구의 결과는 사람들이 PTSD 증상보다는 DESNOS 증상에 대한 치료법을 찾을 가능성이 더 높다는 것을 시사했다. 저자들은 또한 참전용사와 일반 대중에 대한 이후의 연구에서 참가자의 약 25~45%가 PTSD 기준을 충족시키지 못했지만 DESNOS의 기준은 충족시켰다는 사실에 주목하였다(Ford, 1999; McDonagh－Coyle et al., 1999; Vielhauer, 1996). DSM－IV 임상시험에서는 그렇지 않았지만 이러한 후속 연구에 따르면 복합 트라우마 경험을 가진 많은 사람들이 PTSD의 기준을 반드시 충족하지는 않는다는 것을 보여준다.

미술치료사들이 누적 트라우마에 어떻게 접근하는지에 대한 질적인 검토에서, 치료사들은 모두 누적 트라우마를 가진 내담자가 때때로 오해를 불러일으킬 수 있는 초기 증상들, 예를 들어 우울과/또는 불안, 관계 문제, 약물 남용과 같은 증상들과 함께 복합적인 형태를 보인다는 사실에 동의했다(Naff, 2014). Naff(2014)는 누적 트라우마의 영향에 대한 신경학적 이해를 통해 이러한 양상이 어떻게 되는지를 설명한다. 시간이 지남에 따라 스트레스에 반복적인 노출은 신경, 내분비 및 면역 체계를 과도하게 자극할 수 있으며 이로 인해 항상성 또는 균형 상태에서의 조절 장애가 발생할 수 있다(Naff, 2014). 환경적 또는 상황적 스트레스가 적응 반응을 만들어 내는 사람의 능력을 압도할 때, 스트레스 등으로 인한 신체의 손상으로 인하여 종종 피로, 수면 부족, 알코올/약물 남용 및 우울증과 불안의 위험이 높아진다.

## 보편적인 문제로서의 외상 후 스트레스장애

미국 정신의학 협회(2013)에 따르면 PTSD의 평생 유병률은 8%이다. 그러나 비율은 특정 인구 집단에 따라 다르다. 베트남 참전 용사의 최대 30%가 PTSD를 가지고 있는 것으로 추정되며, 이라크 자유 작전(Operation Iraqi Freedom)/영구적 자유 작전(Operation Enduring Freedom) OIF/OEF 참전 용사(Collie et al., 2006)도 비슷한 추정치에 있다. 기준에 미치지 못하는 PTSD의 평생 유병률에 대한 연구는 거의 수행되지 않았지만 3.6%~25.6%의 범위로 나타났다(Mota et al., 2016). PTSD를 가지고 있는 청소년의 추정치는 3%~57%이며, 성별 및 연령, 트라우마 유형 및 반복 노출과 같은 변수가 장애의 발달에 영향을 미친다(Nooner et al. 2012). 그러나 일반화를 할 때는 주의를 기울여야 한다; PTSD에 더 취약한 것으로 보이는 사람들중에서 대다수는 트라우마에 노출되지만 PTSD가 발병되지 않는다. 우리는 내담자의 진단 특징에 주의를 기울이라고 훈련받았지만, 정신병리학뿐만 아니라 내담자 및 지역사회의 강점에 대한 관심이 역량강화와 건강을 촉진한다는 것을 기억하는 것이 중요하다. 이는 강점과 회복력을 강조함으로써 이루어질 수 있다. 이 책의 후반부에서 강점에 대해 더 다룰 것이다.

## 아동의 외상 후 스트레스장애

청소년의 PTSD는 학업 문제, 약물 남용, 열악한 사회적 지원 및 신체 건강 및 자살과 관련이 있다. 또한, PTSD는 청소년의 생물학적 발달을 방해하고 행동 및 정서조절에 대한 장기적인 어려움을 일으킨다(Nooner et al., 2012). 또한 트라우마에 노출된 아동은 발달 초기 단계로 퇴행하거나 예상되는 성장 진전을 이루지 못하는 경우가 많다. 복합 트라우마는 지속적인 아동학대, 고문 또는 포로가 되는 경우와 같이 사람들이 장기간의 트라우마에 노출될 때 발생한다. 더욱이 누적된 트라우마는 내담자에게 부정적인 영향을 가중시킬 수 있다(Naff, 2014).

DSM−5(American Psychiatric Association, 2013)에는 6세 이하의 아동을 위한

PTSD 진단에 대한 별도의 설명이 포함되어 있다. 인과적 사건(기준 A)에는 외상적 사건을 경험하거나, 외상적 사건을 목격하거나, 아동 돌봄자에게 발생한 외상적 사건에 대해 듣는 것이 포함된다. 성인 기준과 유사하게 텔레비전이나 다른 미디어에서 충격적인 사건을 목격하는 것은 PTSD의 원인 기준으로 간주되지 않는다. PTSD를 가지고 있는 아동은 최소한 하나의 침습적 증상(기준 B), 최소한 하나의 회피 증상(기준 C) 및 최소한 하나의 각성 증상(기준 D)을 나타낸다.

아동의 경우 기준 B는 놀이에서 분명하게 나타날 수 있는 사건에 대한 반복적이고 자발적이며 침습적인 기억을 포함한다; 반복되는 꿈 및/또는 악몽; 플래시백; 사건을 상기시킬 때 강렬하고 오래 지속되는 고통; 그리고 사건을 상기시킨 후 강한 신체 반응(심장 박동, 발한). 기준 C에는 회피 증상 및/또는 기분의 변화가 포함된다: 트라우마를 상기시키는 활동, 장소 또는 트라우마를 상기시키는 것들을 회피하거나 또는 회피 시도; 사람, 대화 또는 대인관계에서 이를 상기시키는 것을 회피 또는 회피 시도; 두려움, 수치심 및 슬픔과 같은 보다 빈번한 부정적인 감정 상태; 아이가 즐기던 활동에 대한 관심의 부족; 사회적 위축; 긍정적인 감정의 표현 감소.

마지막으로, 기준 D에는 과민성/분노 폭발과 같은 각성 증상이 포함된다. 과잉경계; 과장된 놀람 반응; 집중의 어려움; 그리고 수면 장애. PTSD는 이러한 증상이 한 달 이상 지속되고 학교, 가족 및 기타 관계에서 어려움을 겪을 정도로 심각한 고통을 야기하고 이러한 증상이 다른 심리적 장애로 설명될 수 없을 때 적합한 진단이 될 것이다.

우리가 치료에서 듣는 끔찍한 트라우마를 이해하는 한 가지 방법은 우리 자신의 예술과 지지를 통해서이다. [그림 1.1]은 예술가이자 미술치료 학생인 Samantha Mach가 아동학대에 대해 느끼는 고통스러운 감정을 묘사하기 위해 Stop이라는 제목으로 만든 그림이다.

그림 1.1 Stop(Samantha Mach 작품)

## 트라우마 노출에 대한 생물학적 반응

성인의 트라우마 기억은 공포가 시각적으로나 본능적으로 모두 경험되는 언어 이전의 특성을 가지고 있는 것으로 보인다. 내담자가 트라우마에 반응하는 방식은 종종 깊은 혼란의 원인이 되며 수치심을 유발한다. 그러나 두려움, 무력감 및 공포를 경험하는 전투, 신체적 또는 성적 공격, 학대 또는 자연/인적 재해와 같은 중대한 위협에 직면했을 때 우리의 반응은 비자발적이다. 생존이 최우선 목표가 된다. 우리가 위협을 받거나 위협을 인식할 때, 그것은 "여전히 활동하고 있는 원시적 뇌(primitive brain)의 생존 기능"(Carolan & Hill, 2018, p.124)을 이끌어낸다. 동물과 사람 모두 생존을 보장할 가능성이 가장 높은 전략을 사용한다.

우리의 신경해부학과 신경심리학이 트라우마에 직면했을 때 어떻게 반응하는지에 대한 기본 지식은 미술치료사가 내담자 기능의 특정 영역을 지원하기 위한 미술 개입을 개발하는 데 도움이 되며, 이 정보를 내담자와 공유하는 것은 그들에게 역량 강화를 해준다. 트라우마 경험의 사회적/문화적 의미와 생물학적/신경학적 의미 모두에 대해 폭넓게 이해하는 것은 그들이 "정신과 마음을 잃는" 것이 아니라는 확신을 제공하고 죄책감과 수치심을 완화시킬 수도 있다. 신경과학은 치료사와 내담자 모두에게 "정서적 상태와 경험의 확인 및 정상화"를 제공한다(King et al., 2019, p.151). 편도체, 대상 피질, 해마, 시상 및 시상 하부로 구성된 변연계는 우리가 감정을 경험하는 방식과 기억이 형성되고 저장되는 방식을 담당한다. 한편, 인지는 전전두엽피질, 안와전두피질(orbital frontal cortex), 배내측 전전두엽피질(dorsomedial prefrontal cortex), 복내측피질(ventromedial cortex)에서 시작된다.

트라우마에 반응하는 두려움과 무력감은 증폭된 심리적, 신경학적 상태에서 경험되며, 이는 도망가거나, 싸우거나 또는 동결되는 행동으로 나타난다(Herman, 1997; King et al., 2019; van der Kolk, 2014).

아드레날린이 나오면 혈압, 심박수 및 산소 섭취량이 증가하여 신체가 도피 또는 싸움 반응을 할 수 있도록 준비한다. 싸움은 코티솔과 아드레날린 호르몬과 관련된 일련의 생물학적 반응에 의해 생성되며, 이는 집중력과 주의력을 높이며 싸울 힘을 증가시킨다. 도피는 위험을 피하거나, 싸움을 피하거나, 위협적인 상황에서 자신을 벗어나게 함으로써 위험이나 위협을 제거하려는 강력한 충동이다.

트라우마를 겪는 중에는 부교감신경계가 작동하고 생존 가능성이 가장 높은 선택으로 인식되는 행동이 나타난다. 자율신경계는 두 영역으로 나누어 활성화되거나 진정될 수 있다. 부교감 신경계는 스트레스 후 우리를 진정시키고 휴식과 소화와 같은 활동을 담당하는 반면 교감 신경계는 행동을 준비한다. 트라우마에 대한 도피, 싸움 또는 경직된 행동 반응을 담당하는 것은 교감 신경계이다(King et al., 2019).

우리가 트라우마를 피할 수 없을 때, 우리는 가능한 한 적은 에너지를 소비하기 위해 차단하거나 자기 보존 방식으로 전환하며, 이것은 경직 반응이다(Herman, 1997). 경직은 의식을 변경하는 자가 보존 수단을 포함하며, 이는 종종 수축 또는 마비처럼 느껴지며, 보호적 항복의 정신적 상태에 들어가며, 이는 신체적으로도 나타난다(Gantt & Tinnin, 2009; Herman, 1997). 트라우마를 경험하는 동안 사람들은 마치 방관자같이 자신에게 일어나는 일을 지켜보고 있는 것처럼, 또는 그들에게 일어나지도 않은 영화를 보고 있는 것처럼 현실과 단절된 느낌을 받을 수 있다. 해리의 느낌은 최면상태처럼 느껴질 수 있으며, 이는 순간의 고통에 대한 인식을 줄이는 생물학적 수단으로 작용한다(Herman, 1997). 동결반응은 또한 사람들이 가해자의 지시에 자동으로 반응하기 시작하는 단계를 포함할 수 있다. 이러한 반응으로 인해 사람들은 나중에 자신이 한 일(지시를 따름)과 하지 않은 일(반항)에 대해 죄책감과 수치심을 느끼게 된다.

## 취약성 및 보호 요인

우리는 환경이나 안 좋은 일이 언제 어떻게 일어나는지를 통제할 수 없다. 트라우마 사례는 매일 발생하며, 앞서 언급했듯이 우리나 사랑하는 사람에게 그러한 일이 발생하지 않도록 방지하기 위해 우리가 할 수 있는 일은 거의 없다. 뉴스를 빠르게 검토해 보면 트라우마가 만연하고 통제할 수 없음을 많은 증거를 통해 확인할 수 있다. 사람이 PTSD를 가지고 있다고 해서 체질적으로 약한 것은 아니다; 그들은 장애를 가지게 된 것에 잘못이 없다. 그들은 트라우마를 자신과 주변에 사랑하는 사람들이 원하는 대로 "그냥 극복"할 수 없다. 트라우마에 대해 생각하지 않거나 계속해서 삶을 이어가라는 조언과 충고는 트라우마를 처리할 수 없으며, 문제를 해결할 수 없을 때 실패의 감정에 직면하게 된다. 트라우마를 경험한 사람들은 자신이 "잘못"했고 무엇을 했었을 수도 있었다거나 만약 "다음번에" 그런 일이 발생했을 때 어떻게 대응할 수 있는지를 결심하려고 강박적으로 노력한다; 이는 상황을 통제하려는 노력이다. 미래의 트라우마에 대해 경각심을 갖는 경향성은 PTSD를 가진 사람들에게 보편적인 경험으로 보인다.

연구자들은 트라우마 후 반응을 예측할 수 있는 취약성과 보호 요인을 모두 이해하기 위해 PTSD의 발달에 영향을 미치는 다양한 기준의 요인들을 연구해 왔다. 이러한 연구 주제는 PTSD를 가지고 있는 사람들을 위한 치료를 제공하는 것을 목표로 한다; 이 작업은 공격한 사람과 대면했을 때 얼어붙는 것과 같은 그 순간에 트라우마 반응을 하거나 그 경험에 대한 반응으로 불안장애가 발생한 사람을 비난하려는 것이 아니다.

PTSD에 대한 취약성과 관련하여 사람이 PTSD를 경험하는데 더 취약할 때 그들의 한계점이 더 낮아지거나 다른 조건이 존재할 때 증상이 악화될 수 있다. 앞서 언급한 탈진, 트라우마에 대한 세대 간의 노출, 만성 학대 상태 노출 등 위험 요인

외에도 특정 성격 특성이 다른 사람보다 PTSD를 발병시키는 데 더 큰 위험 요인으로 꼽힌다. 예를 들어, 강박적인 행동을 하거나 무기력한 성격을 가지고 있거나 이전에 불안이나 우울증과 같은 신경 질환 진단을 받은 사람은 더 큰 위험에 처할 수 있다(WHO, 2019). 이러한 ICD-11 서술에 대한 추가 설명이 필요하다. ICD-11(WHO, 2019)은 오랫동안 논란의 여지가 있어 왔던 무기력형(asthenic type)이라는 용어를 사용하는데, 그러한 사람은 나약하고 민감하며 내성적인 것처럼 보인다(American Psychological Association, 2018). 또한 ICD-11은 강박과 충동조절과 관련된 장애를 가진 사람이 트라우마 반응(예: PTSD)을 일으킬 가능성이 더 높다는 것을 시사한다. ICD-11은 불안과 우울증을 서술하기 위해 신경질환 *(neurotic illness)*이라는 용어를 사용하며 이러한 기존 상태가 사람이 트라우마 반응을 경험하는 데 더 취약하게 만든다고 제시한다(Elwood et al., 2009). 단, 이러한 특성은 PTSD의 존재를 설명하거나 예측하기 위해 필수적이거나 충분하지 않다는 것을 명심해야 한다. 앞서 언급했듯이 PTSD로 발전하게 되는 범주의 사람보다 그렇지 않은 사람이 더 많다는 점을 인지하길 바란다.

## 적대적인 환경으로 인한 트라우마

우리는 왜 인종차별, 성차별, 연령차별, 장애인차별, 동성애 혐오, 그리고 외국인 혐오가 트라우마에 대한 논의와 관련이 있다고 생각하는가? 효과적인 트라우마 치료를 제공하기 위해 우리 치료사는 왜 문화, 문화적 겸손, 차별, 억압에 정통해야 하는가? 일생 동안 괴롭힘, 억압, 차별의 경험은 우리의 내담자와 우리에게 피해를 준다. 그 대가는 두려움, 의심, 불신, 무력감, 자기 의심, 좌절, 분노, 그리고 실제로 급성 스트레스 또는 PTSD의 증상/진단이다. 이 장의 나머지 부분에서는 차별과 억압이 어떻게 급성 스트레스와 PTSD를 유발하고, 기여하고, 악화시킬 수 있는지에 초점을 맞춘다.

현대 사회에서 산다는 것은 일부 사람들의 억압 위에 세워진 문화의 일부가 된다는 것을 의미한다. 인종차별, 성차별, 동성애 혐오, 성전환 혐오, 외국인 혐오, 종교에 기반한 차별에 대한 지속적이고 만연되어 있는 경험은 외상적 스트레스를 유발하는 지속적인 적대적 환경을 만든다. 우리의 작업은 이러한 시스템 내에서 수행되며 사회적 학대의 고통을 인정하고 개인과 기관을 치유하기 위해 노력해야 한다. 싱가포르의 LaSalle College of the Arts의 미술 치료 프로그램 리더인 Ronald P.M.H. Lay(2019)는 그가 작업하는 복잡한 비잔틴(byzantime) 시스템을 다음과 같이 묘사했다: "나는 종종 엄격한 구조, 시스템 및 관점에 직면하여 빠르게 지나가고 복잡한 상황에서 작업하는 자신을 발견한다."(p.56). 실제로 그의 묘사는 트라우마의 생존자들과 함께 일할 때 적절하다. 우리는 가해자의 보호와 피해자의 비난을 지지하고 유지하며 유색인종의 차별 경험을 노골적으로 무시하는 시스템 내에서 이를 목격하고 여기서 일을 한다. 또한, 우리는 종종 범죄, 잔혹 행위 또는 권력 남용에 대한 형사나 사회정의가 없거나 제한적으로 이루어지는 것을 보게 된다.

일부에 의해 그리고 일부의 이익을 위해 만들어진 많은 시스템들은 제도적인 인종차별과 억압을 구체화한다. 예를 들어, 교육 시스템은 모순으로 가득 차 있으며 접근 수준과 교육의 질을 다르게 제공한다. 사립 학교나 "좋은" 동네를 살 수 있는 사람들이 더 나은 교육을 받을 수 있으며, 이는 종종 인종 및 사회경제적 경계에 걸쳐 있다. 고등 교육의 입학 및 수료는 양질의 초등 및 고등학교 교육에 대한 접근성과 지불 능력에 크게 좌우된다. 게다가, 법은 부유한 사람들에게 이익을 주고 가난한 사람들과 유색인종들에게 불이익을 주기 위해 만들어졌다. 또한 차별적인 법에 근거하고 값비싼 법률 자문을 받을 능력이 있는 사람들을 선호하는 미국의 사법 제도는 불균형적으로 더 높은 비율의 유색인종들이 투옥되는 제도를 영구화하는 데 도움을 준다. 게다가, 금융 시스템은 부유층에게 이익을 주고, 개인 소득은 일부 사람들에게 이익을 주는 반면, 전형적으로 여성과 유색인종에게 불이익을 주는데, 그들은 종종 동등한 노동에 비해 훨씬 더 적은 임금을 받는다. 계속되는 차별은 심각성에 따라 다양하며 이것은 차별을 지지하는 시스템에서 일하는 사람들(무지, 두려움, 증오를 가지고 있는 사람들)과의 개인적인 상호작용에서 비롯된다. 대인 또는 익명 공격은 노골적이거나 미묘한 차별, 온라인 괴롭힘 또는 법률을 통해 해를 끼치는 데 관심이 있는 사람들에 의해 이루어진다. 우리는 치료실에서 이러한 권력과 억압의 시스템을 인식하고 완화하려고 시도할 때 내담자에게 좋은 서비스를 제공하게 된다. 이러한 문제들은 책 전체에서 더 깊이 다루어진다. PTSD가 있는 사람들을 대상으로 한 임상 치료 작업과 관련된 일부 유형의 적대적인 환경 및 보편적인 트라우마를 다음에서 정의하고 논의하고자 한다.

트라우마를 경험한 내담자에게 서비스가 되기 위해서는 다음과 같은 문화적 겸손 실천에 참여할 의무가 있다고 믿는다: (a) 차별과 억압 및 그것이 우리 자신과 내담자에게 미치는 영향에 대해 우리 자신에게 알린다. (b) 개인적 상황을 평가하고 특권과 억압에 대한 우리 자신의 트라우마, 편견 및 경험을 탐구한다. (c) 문화적 겸손에 대해 배우고 매일 이러한 가치를 실현한다. (d) 인종, 성별, 성적 지향, 종교 및 궁극적으로 문제에 대해 이야기하거나 반영할 때 발생할 수 있는 고통을 피하지 않고 받아들인다; (e) 우리 공동체와 시스템 내에서 차별과 억압에 반대하는 입장을 취함으로써 옹호에 참여한다.

백인 남성과 여성, 이성애자, 시스젠더[1)]들을 위해, 당신이 지배적인 태도, 제도, 그리고 시스템으로부터 어떻게 이익을 얻었는지 살펴봐야 한다고 생각한다. 이러한 혜택과 특권을 인정한다는 것은 당신이 인생에서 고군분투하지 않았다는 것을 의미하는 것이 아니라, 예를 들어, 당신의 피부색, 성적 지향, 생물학적 특성, 태어난 곳, 그리고 당신의 능력이 태어날 때부터 선택하지 않은 정체성에 기초한 추가적인 또는 복합적인 투쟁으로부터 당신들이 스스로를 어떻게 보호했는지 이해하는 것을 의미한다. 일단 우리가 특권의 영역을 인식하게 되면, 우리의 공감과 타인에 대한 연결은 사회 정의를 향해 일할 동기를 부여한다. 그것은 또한 자신의 학습영역을 책임지고 유색인종이나 억압받는 사람들에게 그들이나 여러분의 행동에 대해 교육하는 것에 의존하지 않는다는 것을 의미한다.

## 사회적 트라우마

우리의 임상 작업과 관련된 적대적인 환경 및 광범위한 트라우마에는 미묘한

1) 역자주: 스스로의 심리적 성별을 생물학적 성별과 같게 여기는 사람.

차별, 과거 트라우마 및 세대 간 트라우마 등이 포함된다. 이러한 경험들은 이면의 의도뿐만 아니라 그 영향을 이해함으로써 내담자의 상황과 그들의 트라우마에 대한 문화적 이해를 제공한다. 이러한 문제는 트라우마 생존자들과 협력하는 것에만 국한되지 않는다. PTSD 증상이 없는 내담자와의 치료 또한 매우 중요하다. 그러나 이러한 사회적 트라우마는 그 자체로 내담자의 PTSD에 기여하고 악화시킬 수 있다. 이러한 경험들은 치료사에게도 적용되고 내담자에게도 적용될 가능성이 높다. DSM-5(American Psxchiatnc Association, 2013)와 ICD-11(WHO, 2019)은 아직까지 급성 스트레스 또는 PTSD의 정의에 이러한 종류의 트라우마를 포함하지 않는다. 향후 판본(edition)에 이러한 트라우마를 진단 기준에 포함시키기를 희망한다.

## 미묘한 차별

미묘한 차별은 편견의 언어적, 행동적, 환경적 징후를 구성한다; 비록 의도하지 않거나 무의식적일 수 있지만, 그것들은 주로 역사적으로 소외된 집단의 사람들에게 부정적인 메시지의 스펙트럼을 전달한다(Nadal, 2018). 유색인종 공동체, LGBTQ+ 공동체, 그리고 현재 미묘한 차별을 경험하고 있는 여성들은 다양한 심리적 문제를 경험할 수 있다. 불행히도, 이러한 것들은 불의에 대한 이해할 만한 반응이나 계속되는 미묘한 차별 및 거시적 공격에 대한 외상적 반응이 아니라 우울증 및 불안과 같은 내부 문제로 개념화되고 진단된다(Nadal, 2018). 즉, 차별, 괴롭힘, 미묘한 차별의 형태로 외부의 지속적인 인과적 기준이 존재함에도 불구하고 내담자를 우울증이나 불안으로 진단한다.

## 집단적, 역사적, 세대 간 트라우마

집단 트라우마는 공유된 트라우마로 인하여 국가 전체가 트라우마에 영향을 미치는 것을 말한다(Nadal, 2018). 최근의 사례로는 뉴욕 세계 무역 센터 폭탄 테러, 2015년 프랑스 폭탄 테러, 아이티에서 발생한 허리케인과 황폐화(2016년 허리케인, 2018년 지진), 뉴올리언스(2008년 카트리나) 등이 있다. 공유된 고통은 끔찍한 사건을 목격함으로써 발생한다(Frantz, 2014; Nadal, 2018). 국가 및 전 세계의 시민들이 두려움과 공포를 경험할 수 있지만, DSM-5(American Psychiatric Association, 2013) 정의는 PTSD 또는 급성 스트레스의 인과적 기준으로 미디어에 대한 노출을 포함하지 않는다. 이러한 사례에 대한 공통적인 공포는 우울증과 불안과 같은 진단에 기여할 수 있지만, 급성 스트레스 또는 PTSD에 대한 인과적 기준으로 간주되지 않는다. 이것은 부정적인 경험에 대한 부정적인 반응이 아니라 구조적인 문제가 있다고 시사함으로써 개인이 사회적 문제를 어떻게 경험할 수 있는지에 대한 우리의 이해를 제한한다.

역사적 트라우마는 역사적 사건의 형태로 집단의 사람들에게 가해지는 트라우마이다(Nadal, 2018). 아프리카계 미국인의 노예 제도, 전 세계 유대인 대학살, 시련, 고난 및 몰락을 겪은 미국 원주민과 같은 집단에 가해진 트라우마 때문에 그들의 심리적 고통은 2세대를 넘어 전해지며 세대를 초월한 트라우마가 형성된다. 다른 집단으로는 독재자와 갱집단으로부터 도망치는 중앙아메리카인들과, 집과 가족의 파괴로부터 탈출하는 아르메니아인, 우크라이나인, 세르비아인 등이 있다. 셀 수 없이 많은 사람들이 현재와 과거 세대에서 트라우마를 경험해 왔다.

종종 그러한 트라우마는 무의식적인 형태로 있으며 대량학살과 같이 다른 사람들에 의해 저질러진 끔찍한 사건들을 통합하는 것이 어렵기 때문에 세대를 통해 전해진다. 이러한 방식으로, 가족 구성원들은 가족의 이전 세대에 노출되었던 트라우마의 영향을 받는다(Nadal, 2018). 예를 들어, 자녀들과 손주들은 조부모에게 일어난 트라우마에 대한 기억이 없을 수 있지만, 그들은 가족의 계속되는 고통과 상실에 영향을 받는다. 세대 간 트라우마는 유전적으로도 전달된다. 후성유전학(epigenetics)은 유전자 발현에 관한 과학으로, 본질적으로 본성과 양육을 모두 포함하는 표현이다. 후성유전학과 스트레스에 대한 연구에 따르면 어린 시절의 스트레스로 피해를 입은 사람들은 비정상적이고 과도한 스트레스 반응을 보이는 유전자를 자녀에게 전달하고 정신 및 신체적 질병에 대한 위험이 증가한다는 것을 발견했다(McIntonish, 2019). 이러한 유전적 요인은 외부 요인이 다음 세대에서 트라우마 반응을 유발할 때 활성화된다. 이러한 면에서, 이와 같은 집단들의 역사적 트라우마는 계속되는 미묘한 차별에 의해 더 악화될 가능성이 있다. 트라우마의 세대 간 전달은 이제 유대인 대학살(Holocaust) 생존자들과 아프리카계 미국인들에게 잘 기록되어 있는 사실이다 (p.34).

예를 들어, 유대인 손자는 강제 수용소에서 조부모를 잃은 후 세대를 초월한 후유증을 통해 가족의 고통에 노출되어 유대인 대학살의 역사적 경험에 영향을 받을 수 있다. 이 후유증은 초기 트라우마의 조건 또는 증상이며 다음 세대에게 전해지는 현상을 나타낸다. 이러한 경험은 문화를 통해 드러나는 반유대주의의 미묘한 차별에 의해 더 복잡해질 수 있다. 현재 트라우마가 개인적, 역사적, 그리고 세대 간의 트라우마를 더 복잡하게 만드는 또 다른 예는 사람들이 고난과 역경으로부터 도피하고 이주 및 이민 관련 트라우마를 경험할 때이다. 사람들이 출생 국가에서의 억압과 폭력으로부터 벗어나더라도 이민 후 가혹한 신체적 상황, 신체적 및 성적 폭행, 가족들과의 분리, 감금 및 투옥에 노출된다면, 이민 트라우마가 생성되며 이것은 과거의 개인적 손실과 트라우마를 악화시키고 세대 간 또는 역사적 트라우마로 인한 스트레스의 유전적 발현을 활성화시킨다.

니카라과와 코스타리카에서 일하면서 생긴 이런 복합 트라우마에 대한 많은 예시들이 있다. 여성을 위한 사회 정의를 전담하는 비정부기구인 Viva Nicaragua(VN) Abroad에서 Gwen Sanders와 나는 미술치료사와 미술치료 학생들을 위한 국제 서비스 기반 수업을 만들었다. 우리의 작업은 여러 트라우마에 직면한 여성과 아동들에게 창의적인 예술을 제공하는 데 초점을 맞춘다. Viva Nicaragua/VN Abroad는 이전 니카라과의 그라나다에 기반을 두었지만 다섯 번째 여행에서는 코스타리카의 산호세로 갔다. 왜냐하면 NGO는 니카라과의 정치적 불안과 폭력으로 인해 강제로 이전을 했기 때문이다. 여기서 우리는 최근 정치적 폭력을 피하기 위해 니카라과를 탈출한 20대 후반의 니카라과 여성을 만났다. 그녀는 이미 니카라과의 여러 전쟁, 가족 상실, 정치적 불안으로 인한 역사적, 집단적 트라우마를 경험했다. 활동가/시위자라는 오인으로 그녀는 체포되었고, 그녀의 학업 관련 기록은 파기되었으며, 한 달 넘게 감옥에 수감되어 있는 동안 구타와 고문을 당했다. 탈출 후, 그녀는 집을 떠나 코스타리카로 피신해야 했다. 불행히도 우리는 정치적 견해 때문에 공격을 받는 사람들에 대한 유사한 이야기를 많이 들었을 뿐만 아니라 공격, 고문, 투옥, 살인, 학업/법적 문서 파괴에 대한 이야기와 설명을 너무 많이 들었다. 집단적, 세대 간, 역사적 트라우마는 치료에서 탐구되어야 하며 진단과 치료 계획에서 모두 고려되어야 한다. 내담자의 전체적인 트라우마 경험이 최근의 트라우마에 대한 반응에 어떻게 영향을 미치는지 이해하도록 돕는 것은 완전한 치유의 기회를 제공한다.

내담자를 자신의 삶의 전문가로 보고 그들 자신의 치유에 힘을 실어주는 치료사의 태도인 문화적 겸손으로 내담자에게 접근하는 것은 트라우마에 초점을 맞춘 미술치료를 위한 치료적인 틀을 제공한다. 태도에 대한 주제는 다음에 소개될 것이며 문화적 겸손에 대한 주제는 책 전체에 걸쳐 제시될 것이다.

## 태도에 대해 생각하기

트라우마를 경험한 사람들과 함께 일하는 우리의 태도는 내담자들이 이해와 인정을 받는다는 것을 느끼기 위해 필요한 중요한 관계적 지지를 제공하는 것을 목표로 한다. 트라우마 생존자들의 많은 외상적 이야기를 듣는 것은 세상에 대한 우리의 내적 경험에 직면하게 할 수 있으며, 이처럼 우리가 이 일을 할 때 내적 안정감을 유지할 수 있는 방법을 고려해 보는 것은 중요하다. 우리가 세상에서 일어나는 일, 우리의 내담자에게 일어나는 일, 그리고 우리가 그것에 대해 무엇을 의미하는지를 인지하는 것이 우리 자신의 회복력 수준을 결정한다. 나는 심지어 내가 최악의 인간성에 대한 이야기를 듣거나 그와 관련된 미술 작업을 보더라도, 나 나름대로의 세상에 대해 생각해 보는 몇 가지 방법이 있다.

나쁜 일은 많이 일어난다. 그리고 실제로, 나쁜 일은 좋은 사람들에게 일어난다. 우리 모두가 자신과 다른 사람들에게 일어나는 일에 의미를 부여하는 것을 배우는 것은 인간존재에 관한 필수적인 것이며, 그것이 트라우마에 초점을 맞춘 치료의 목표이다. 나는 강간, 학교 총기 난사, 빈곤, 세대 간의 트라우마가 더 높은 권력을 가진 신의 계획이라는 숙명론적인 믿음을 믿지 않으며, “어떤 이유로든 일어난다”는 것을 믿지 않는다. 나에게는 우리에게 일어나는 끔찍한 일들이 어떤 식으로든 처벌이나 계획의 일부로 간주되는 것은 희생자를 비난하고 탓하면서 삶의 임의성 및 가해자의 선택이라는 것을 설명하지 못한다. 나는 나와 함께 했던 두 살짜리 아이의 성적 학대나 니카라과의 성인들과 여성들이 경험한 집단적인 전쟁 트라우마가 어떻게든 계획적이고, 미리 결정된, 혹은 처벌이었다는 것을 믿을 수가 없다.

나와 함께 작업했던 트라우마 생존자들은 다른 사람들의 행동에 의해 희생되었다; 그들의 트라우마는 중요한 다른 사람들의 신체적/성적 공격에서부터 정부의 잔혹 행위, 그리고 다른 나라에서 온 낯선 사람에 의해 투하된 폭탄에 이르기까지 다양했다. 학대의 생존자들과 함께 일한다는 것은 자신의 역기능의 일부로 학대를 지속하는 생존자들과도 함께 일한다는 것을 의미했다. Cleveland 성폭력위기센터에서 미술치료 경력을 시작했을 때 나는 생존자들에게만 미술 치료를 제공할 것이라고 생각했다. 실제로 많은 학생들이 나에게 "가해자와 함께 일하는 것을 상상할 수 없다."라고 말한다. 그러나 나는 성적 학대와 폭행의 생존자 중 소수가 가해자라는 사실을 설명하는 데 실패했고 아마도 그들도 실패했을 것이다. 나는 결국 가해자들과의 작업에서 밝혀진 내 인간성의 깊이에 놀랐다. 대부분 혹은 전부는 아니더라도 많은 가해자들은 스스로 피해자였을 가능성이 있다. 게다가 가해자로서의 그들의 행동은 학대에 대한 반응으로 생각될 수 있다.

이 일을 통해 나는 나의 내담자들에게 무조건적인 긍정적인 관심을 가질 수 있는 능력이 있다는 것을 알게 되었고, 이러한 테도는 나의 내담사들이 했던 행동에 대한 인정과는 별개라는 것을 알게 되었다. 나는 여러 여성에 대한 신체적, 성적 폭력의 가해자였던 한 남자와 함께 일하면서 이러한 생각에 도달했다. 나는 그의 고군분투한 일상이 어렸을 때부터의 방임, 심한 학대와 성인이 되어 군대에서 겪고 노출되었던 트라우마를 포함하여 지속적인 트라우마 노출에서 비롯되었다는 것을 깨달았다. 나는 내가 그의 인간성을 확인하고 무조건적인 긍정적 배려를 제공할 수 있을 때에만 내가 그와 그의 고통과 함께 있고 도움을 제공할 수 있다는 것을 깨달았다. 그의 행동을 위해서가 아닌 한 명의 사람으로서 말이다.

나는 사람들이 그들의 행동에 대해 책임을 질 필요가 있다고 강하게 믿는다. 내담자가 피해자일 뿐만 아니라 가해자라는 사실을 알게 되었을 때 이것이 나한테 힘들 수 있다는 것을 말하는 것은 그것을 가볍게 두는 것이다. 이러한 사례들은 다른 내담자들을 치료할 때보다 더 빨리 슈퍼비전 및 동료 상담을 받게 한다. 내가 이 내담자들과 함께 트라우마 치료사로 남을 수 있게 해주는 유일한 이유는 내가 한 사람의 고유한 전체 가치를 판단할 수 있는 위치에 있다고 생각하지 않는다는 것이다.

잔인하고, 흉악하고, 의도적으로 해롭고, 증오스럽고, 파괴적인 선택을 하는 모든 사람들은 우리 개개인의 고유한 가치에 대한 나의 믿음을 다시 일깨워준다. 인간의 조건은 우리가 상상할 수 있는 것보다 훨씬 더 복잡하며 종(species)으로서 그리고 개인으로서의 우리는 아름다운 행동과 역겨운 행동 모두를 할 수 있다. 그렇기에 이것은 학대의 희생자이자 잔혹한 범죄를 저지른 가해자인 사람들과 함께 일할 때 열린 자세로 인해 이루어진 태도이다. 일단 내가 이 태도를 완전히 채택할 수 있게 되자, 나는 가해자와 피해자들이 어떻게 그들의 가장 깊은 후회와 가장 부끄러운 비밀을 기꺼이 내게 말하는지에 놀랐다. 사람들이 위협의 시기에 내린 선택이나 자신의 고통을 완화시키는 수단으로서 이루어진 학대를 한 사람들을 돕는 것은 그들의 치유와 집단적 치유를 위한 중요한 단계이다.

나는 여러분이 인간성에 대한 자신의 가치를 확인하고 인간에 대한 태도를 확고히 할 수 있는 방법을 찾기를 권한다. 그러면 자신의 일이 고통스러워지고 자신의 생각과 믿음이 부정적으로 변할 때, 여러분이 의지할 수 있는 가치를 갖게 될 것이다. 우리 중 몇몇은 가해자들과 함께 일하지 않기를 선택할 것이고, 다른 사람들은 이 사람들을 선택한다. 여러분은 가해자와 함께 일할 계획이 없다고 생각할 수도 있지만, 내담자가 그러한 행동에 관여했거나 현재 관여하고 있다는 사실을 공유하는 시간에 대비해야 한다.

## 결론

PTSD는 트라우마 사건에 대한 반응으로 발달하게 되고 트라우마에 대한 주관적인 경험에 크게 의존하는 복잡한 행동군(cluster)이다. 트라우마에 대한 경험과 인식은 생존자가 무력감을 느끼거나, 공포를 느끼거나, 그들이 사랑하는 사람이 죽을지도 모른다는 두려움을 느끼게 한다. PTSD는 구급 대원, 전쟁 지역에 있는 사람 또는 극도로 폭력적인 지역사회에 사는 사람에게 노출될 수 있는 것처럼 지속적인 상황에 노출되어 발생할 수 있다(American Psychiatric Association, 2000). 복합 트라우마는 일반적으로 어렸을 때 인간의 대인 관계 폭력이나 아동학대의 여러 사건에 지속적으로 노출된 결과이다(Herman, 1997). 외상 후 스트레스장애를 구성하는 트라우마에 대한 구체적인 반응으로는 회피, 침습적 사고, 과잉 경계 및 각성, 무쾌감, 동요 등이 있다. DSM의 가장 최근 버전인 DSM-5(American Psychiatric Association, 2013)는 화와 분노와 같은 감정을 여기 반응 목록에 추가했다.

나는 40년 이상 동안 PTSD 진단 기준을 충족하고 그 증상이 지속적으로 나타나고 있는 몇몇 퇴역 군인들과 함께 일했다. PTSD가 어떤 사람들에게 "붙어" 있거나 해결되지 않은 상태로 남아 있는 것을 고려할 때, 관련 자료는 다양한 답을 제공하며, 트라우마 기억이나 생각나게 하는 것을 회피하기 때문에 PTSD가 지속된다는 것이 일반적인 의견이다. 회피는 장애의 증상이다. 이것이 PTSD가 더 길게 더 강하게 붙어 있게 만드는 것이다. 게다가, 어떤 사람들은 이전의 트라우마 때문에 회피를 이용하는 것과 연결되어 있는 것처럼 보인다.

회피는 누가 사용하는가? 우리 모두가 사용한다.-그것은 생물학적 특성의 일부이기 때문이다. 회피는 스트레스를 관리하는 데 도움을 주고, 우리가 하루를 버틸 수 있게 해준다. 게다가, 회피는 우리가 불편한 것을 견딜 수 있도록 도와줌으로써 서구 문화에 내재되어 있다. 우리는 저녁 식사 후에 TV를 보면서 외로움을 느끼지 않고, 대화를 함으로써 어색한 침묵을 피한다. 우리는 두통이나 고혈압을 즉시 완화하기 위해 알약을 복용하도록 사회화되어 있고, 신체적, 심리적 건강을 달성하기 위한 끈기와 노력을 보여줄 역할 모델이 거의 없다. 약물 사용은 외로움과 일이나 관계에 대한 불만족에 대한 실존적 공포를 피하는 방법이며, 2018년 1억 6,480만 명의 미국인이 약물 사용 장애로 어려움을 겪었다(SAMHSA, 2019). 가족과 친구는 사랑하는 사람의 폭행, 학대 또는 전쟁 경험에 대해 들을 때 자신의 두려움, 무력감, 공포를 피하고 싶어할 수 있다. 트라우마 기억과 연관성에 대한 회피를 줄이는 것은 PTSD 증상을 줄이는 데 필수적이다. 회피에 대한 주제는 더 많은 깊이를 요구하며 이 책의 전체 장은 회피에 대한 이해를 설명하고 있다(Chapter 6).

결론적으로, 트라우마 후 PTSD로 발전시킬 수 있는 사람의 반응과 가능성은 개인의 이전 트라우마 경험, 세대, 역사 또는 집단 트라우마, 친구 및 가족의 반응, 지역 사회 및 사회적 상황과 자원, 억압 시스템을 포함한 무수한 요인에 의해 결정된다. 어떤 사람들에게는, 이러한 맥락에서의 트라우마는 PTSD가 발현되게 하는데 큰 역할을 한다. 한편, 제도화된 인종차별주의, 성차별주의, 동성애 혐오에서 비롯된 행동들은 유색인종, 여성, LGBTQ+ 공동체, 이민자, 그리고 다른 소외된 집단들에 대한 폭력을 계속 지속시키고 있다. 심리적, 재정적 자산은 종종 그러한 트라우마를 완화하거나 트라우마 후 사람들에게 적절한 지원을 제공하기에 충분하지 않다.

이 장에서는 DSM-5(American Psychiatric Association, 2013) 및 ICD-11(WHO, 2019)에 따른 급성 스트레스와 PTSD에 대한 기본적인 심리학적 설명을 검토하였다. 그러나 진단을 위한 이러한 통계 및 연구 기준은 미묘한 차별, 세대 간 트라우마 및 역사적 트라우마의 만성 스트레스와 PTSD에 대한 복합적인 영향을 고려하지 않는다. PTSD 또는 복잡한 트라우마 이력이 있는 내담자를 완전히 이해하려면 치료와 우리 자신의 과거 트라우마를 모두 다루어야 한다. 문화적 겸손과 무조건적인 긍정적 존중의 태도에서 나오는 것은 우리가 하는 일에 의미를 부여할 수 있게 해준다. 이 책을 통해 문화적 겸손은 PTSD를 이루는 방식, 어떻게 그것이 유지되는지, 어떠한 치료와 미술 지도 방법들이 일관된 트라우마 이야기를 만들어 증상 감소를 제공하는지에 대한 더 깊은 탐구로 연관되도록 한 것이다. 다음 장에서는 PTSD를 치료하기 위한 미술치료의 기초를 탐구하고자 한다.

## 요약

PTSD는 다음과 같은 증상이 있을 때 인식된다(WHO, 2019).

1. 증가된 경악 반응을 포함한 과각성
2. 외상적 사건에 대한 침습적인 생각, 기억 또는 꿈
3. 감정이 무뎌지거나 둔해지는 느낌, 타인과의 분리
4. 무쾌감/쾌감 부족
5. 트라우마를 상기시키는 사람들의 장소와 상황에 대한 회피와 두려움

또한 차별과 억압 체계는 트라우마와 PTSD를 유발하고 복합적으로 만든다.

## 참고자료

Herman, J. L. (1997) Trauma and Recovery: *The Aftermath of Violence – From Domestic Abuse to Political Terror* (2nd ed.) New York, NY: Basic Books.

Nadal, K. (2018) *Microaggressions and Traumatic Stress.* Washington, DC: America Psychological Association.

The National Child Traumatic Stress Network offers resources for clients and thera pists. www.nctsn.org/what–is–child–trauma/trauma–types/complex–trauma.

World Health Organization (2019) *International Classification of Diseases* (11th ed.) [ICD–11]. Geneva, Switzerland: World Health Organization. www.wh–o.int/classifications/icd/en.

Chapter

02

# 외상 후 스트레스장애 치료 단계

치료 진전은 Milton Bradley의 보드 게임인 *Chutes and Ladders*를 하는 것과 다소 비슷하다(Coopee, 1917). 스피너를 튕기면 보드의 다음 지점이 결정되기 때문에 진행 속도가 다소 느리다. 때때로 우리는 게임 말이 사다리에 착지할 때 좋은 진전을 보인다. 그러나 필연적으로, 우리는 낙하산이나 슬라이드에 착륙할 때 뒤로 후퇴하여 상당한 진전을 놓치게 된다. 그러나 증상 감소와 건강 증진을 향한 진전이 이러한 방식으로 진행된다는 것을 아는 것은 치료사와 내담자 모두가 앞으로의 여정을 준비하는 데 도움이 된다. 우리가 변화가 어떻게 일어나는지를 이해할 때, 우리는 치료과정의 기복을 견뎌낼 준비가 더 되어 있다. 내담자는 진전이 이루어질 때 축하하고 절망을 피할 수 있으며 증상이 증가하고 진전이 사라진 것처럼 보일 때 관리할 수 있다.

이 장에서는 트라우마를 경험한 사람들을 위해 치료 및 개입 단계를 구성하는 방법에 적용되는 여러 개념들을 통합한다. 이 장은 트라우마 회복의 세 단계로 구성되어 있으며, 이 단계들은 심리학과 기술치료 분야 모두에서 많은 이론가들과 치료사들의 지지를 받고 있다. 트라우마 정보에 기반한 미술치료를 설명하는 데 있어서 도움이 되는 심리학 분야의 이론과 모델에는 Maslow의 욕구 위계(1954), 초이론적 변화 모델(Prochaska, Diclemente, & Norcross, 1993), 및 Judith Herman의 트라우마 회복 단계가 있다(Herman, 1997). 미술치료 접근법에는 Gantt와 Tinnin(2009)의 본능적 트라우마 반응, Hinz(2020)의 표현치료 연속체(ETC), Chapman(2014)의 트라우마에 대한 신경생물학적 정보에 기반한 치료가 포함된다.

이러한 각 모델들은 PTSD 치료에서 인정된 치료 단계(Najavits, 2014) 및 미술치료 매체(Hinz, 2020)에 대한 내담자의 특정 요구와 연결된다. 치료과정 전반에 걸쳐 적절한 단계 모델을 내담자와 공유하여 치료과정에서 어떤 일이 일어날지 더 잘 예측할 수 있도록 권장한다. 미술치료 개입의 예는 아래의 각 단계에 포함된다. 미술적 개입은 결코 완전한 목록이 아니며 책 전반에 걸쳐 더 많은 미술적 개입이 제공된다. 이 개입들은 추가적인 미술치료 개입을 찾거나 내담자의 개별 욕구 및 미술 선호도에 따라 치료자의 개입 및 중재를 개발할 때 예시나 참고사항으로 사용될 수 있다.

## PTSD의 치료 단계

심리학 분야에서는 일반적으로 트라우마로부터 회복의 세 단계를 인정한다(Gantt & Tinnin, 2009; Herman, 1997; Naff, 2014; Najavits, 2014; Van der Kolk, 2014). 여기에는 (a) 안전, (b) 애도 및 기억, (c) 재연결(Herman, 1997; Najavits, 2014) 등이 포함된다. 안전은 대처 기술, 현재에 대한 인식 및 트라우마와 반응에 대한 심리 교육을 가르치는 것을 포함한다. 애도 및 기억 단계는 고통스러운 트라우마 기억과 관련 감정에 대한 검토를 의미한다. 이것은 기억에 대한 노출이 일관된 트라우마 서사를 만드는 데 도움이 되기 때문에 치료의 중요한 구성 요소이다. 마지막으로, 재연결 단계는 미래에 중점을 두고 있으며 사회적 연결, 개인적인 강점 및 외상 후 성장을 구축하는 것을 포함한다. 심리학 분야에서는 이 단계가 적절할 뿐만 아니라 외상성 스트레스로부터 회복하는 데에도 필요하다는 합의점이 있는 것으로 보인다(Najavits, 2014).

## Maslow의 욕구 위계

Maslow의 인간 욕구에 대한 분류는 행동이 어떻게 동기부여되는지를 설명한다. 욕구 위계 구조는 성적, 신체적 학대 및 방임을 포함한 아동학대로 인한 지속적인 만성 스트레스를 경험한 내담자를 위한 새로운 정보일 수 있는 인간의 욕구에 대한 기본적인 이해를 조명한다. Maslow 체계는 생리적 및 안전 욕구를 포함하여 우리 모두가 갖고 있는 보편적인 욕구들로 시작한다: 그러한 욕구는 사람이 이러한 욕구 없이 지날수록 욕구를 충족시키려는 동기가 커진다는 점에서 결핍 욕구로 간주된다. 위계 구조는 소속감과 사랑, 그리고 존중을 포함한 보다 심리적인 욕구로 나아간다. 위계 질서의 정점에는 자기실현과 관련된 욕구가 있는데, 여기에는 자기실현과 타인의 자기실현을 돕는 욕구가 포함된다.

원래, Maslow는 사람이 심리적이고 자기실현 욕구를 향해 일할 수 있기 전에 더 기본적인 생리적 및 안전 욕구가 충족되어야 한다고 가정했다. 그러나, 이 이론은 욕구가 충족되거나 충족되지 않는 것으로 간주되는 이원 모델에서 욕구가 어느 정도 충족될 때 욕구가 충족되는 연속체로 수정되었다. 한 사람이 다음 단계로 이동하기 위해 욕구가 더이상 완전히 충족될 필요가 없다(McLeod, 2018). 단계는 중복되며 어느 시점에서든 보다 기본적인 욕구가 상위 수준의 욕구보다 우선할 수 있다. 트라우마 치료 작업에서 내담자는 치료의 초기 단계에서 기본적인 욕구를 어느 정도 충족했을 수 있지만 이러한 욕구는 치료의 후반 단계에서 다시 필수적일 수 있다. 예를 들어, 안전과 같은 결핍 욕구는 트라우마 후에 가장 중요해지고 내담자가 트라우마를 다시 경험하면 불안전한 느낌과 관련된 불안과 두려움을 초래할 수 있다. 이 시점에서 미술치료 개입은 구조화된/담아내는 미술 활동과 더 통제된 매체로 이루어지게 된다. 따라서, 우리가 내담자와 함께 사용하는 미술적 개입은 치료과정 전반에 걸쳐 내담자의 욕구를 수용하기 위해 변화해야 한다.

## 초이론적 변화 모델

초이론적 변화 모델은 치료에서의 회복과 치유 모델에 또 다른 단계를 제공한다(Prochaska et al., 1993). 원래 중독으로부터 회복을 이해하기 위한 방법으로 고안되었지만, 저자들은 행동이 어떻게 변하는지 설명하는 모델을 만들었다. 이 모델은 행동을 변화시키려는 모든 시도에 적용될 수 있으며, 변화는 예측 가능한 일련의 단계를 따른다. 첫 번째 단계는 사람들이 어떤 상황에 대하여 인정하거나 문제가 있다고 인정할 준비가 아직 되지 않은 숙고 전 단계이다. 다음은 숙고 단계이며, 어떻게 접근하거나 변화시킬지에 대한 확실성의 결여를 경험함으로써 문제를 인식하는 개인이 포함된다. 세 번째는 변화에 대한 결심과 계획을 포함하는 준비 단계이다. 네 번째는, 개인이 의지력을 사용하고 행동의 실제 변화를 보여주는 행동 단계이다. 다음은 유지 단계로, 원하는 변화를 지속하는 것을 말한다. 마지막으로, 재발 단계는 변화과정의 일부로 간주되며, 이는 내담자가 과거에 행하였던 습관을 다시 하면서 변화된 새로운 습관을 버릴 때 발생한다. 이러한 단계들은 물질중독에서 회복하거나 PTSD를 극복하려는 사람에게 적용되며, 건강, 신체단련, 교육 또는 미술 제작과 같은 분야에서 노력하는 것을 포함하여 우리 각자가 만들고자 히는 일상직인 개인적 변화에 적용이 된다. 나는 내담자에게 이 모델을 건강(wellness)을 향한 노력의 기복을 정상화하는 방법으로서 가르친다.

## 표현치료 연속체

표현치료 연속체(ETC)는 내담자가 어떻게 미술 매체와 상호 작용하여 형태를 만들고 정보를 처리하는 방법을 설명하는 분류 체계이다. 원래 1970년대 후반에 Kagen(현재 Graves, Alcorn)과 Lusebrink가 만든 이 책은 Lusebrink가 미술치료에서 매체 사용을 분류하기 위해 더욱 정교하게 만들었으며 최근에는 Hinz(2020)에 의해 추가로 개발되었다. 내담자에 의한 매체와의 상호작용은 단순한 것에서 복잡한 것으로 이동하는 신경 생물학적 정보에 기반한 발달 순서로 구성되며, 점차 복잡해지는 과정의 네 가지 단계들로 분류된다. 그 단계들은 연속체로서 기술되며 미술 표현에 사용되는 뇌 기능의 다양한 측면을 나타내는 역할을 한다.

ETC의 첫 번째 구성 요소(Hinz, 2020)는 운동 감각/감각 단계를 포함한다. 이 초기 연속체는 가장 간단한 처리 방식을 나타내며, 여기서 내담자는 운동(즉, 운동감각)을 우세(종이에 반복적인 점을 찍는 것)하게 느낄 수 있으며, 그 운동은 다른 모든 처리 방식들을 지배하는 것처럼 보인다. 이 연속체의 다른 끝에는 물리적, 감각적 경험(핑거 페인팅)이 있다. ETC의 두 번째 단계는 지각적/정서적 연속체를 포함한다. 지각적 구성요소에 관여하는 내담자는 형태를 활용하고(어떤 것을 상상하여 이미지를 만드는 것)에 주의를 기울인다. 정서적 요소에 관여하는 사람들은 형태가 아닌 선명한 색상에 관심을 두고 원시적인 감정적 경험을 활용하고 표현한다. 마지막으로, 가장 복잡하고 정교한 단계에는 인지적/상징적 요소가 포함되며, 이는 인지 수준에서 계획과 행동을 필요로 한다. 언어 동반은 구성 요소와 상징을 설명하기 위해 종종 필요하다. 창의적 단계는 다른 단계에서도 달성될 수 있다.

ETC는 미술에 대한 내담자의 경험을 깊이 이해하는 수단으로써 활용될 수 있을 뿐만 아니라 치료사가 내담자의 현재 단계를 충족시키거나 원하는 영역에서 더 많은 성장을 촉진하기 위한 개입을 할 수 있는 구조로 활용될 수 있다(Hinz, 2020). 30년 이상의 연구를 통해 이 과정은 치료에서 매체 사용을 포괄하고 미술치료 분야에서 구축되었던 요소를 포함하기 위한 유일한 미술치료 이론이다. 치료 단계를 지원하기 위해 이 장에 구성 요소를 포함했으며, ETC를 더 깊이 탐구할 것을 적극 권장한다.

## 치료에서의 욕구와 단계의 통합

이 장의 나머지 부분은 PTSD 치료의 다양한 단계 모델을 통합한다(Gantt & Tinnin, 2009; Herman, 1997; Najavits, 2014; Van der Kolk, 2014). 나는 Maslow의 욕구 위계(McLeod, 2018), 초 이론적 변화 모델(Prochaska et al., 1993), ETC(Hinz, 2020)를 통합하려고 시도했으며 이에 따른 미술치료 개입을 제시했다. [표 2.1]은 이 장의 개요를 제공한다

## 트라우마 치료 1단계

치료의 초기 단계는 호흡의 조절, 그라운딩(grounding), 현재 순간의 인식뿐만 아니라 해리, 침습적 사고, 원치 않는 감정을 관리하는 자신감을 포함하여 안전감과 생리학적 항상성을 확립하는 데 초점을 맞춘다. 트라우마와 그 후유증에 대한 정신 교육은 치료의 초기 단계에서 중요한 역할을 하는데, 이는 다음에 일어날 일을 예측하는 내담자의 능력은 안전감을 확립하는 데 핵심적인 욕구이기 때문이다. Herman (1997)은 안전이 이 단계의 주요 과제이며 안정화, 신뢰 및 의사소통을 포함한다고 언급한다. Naff(2014)는 준비단계로 불리는 초기 단계들을 확인하였는데, 안전 확립이 가장 중요한 수용 단계에서는 작업을 시작하기 전에 희망을 확립하는 것이 주요 목표이다. Chapman(2014)은 이 단계를 아동들이 자신이 누구인지 확신하고, 행동을 더 잘 통제하며, 다른 사람들과 관계를 맺을 수 있는 자기(Self) 단계라고 부른다. 명백하고 분명한 치료사의 경계를 설정하는 것은 안전과 예측 가능성을 위한 단계를 설정하는 데 있어서 매우 중요하다.

표 2.1 트라우마 회복 단계, Maslow의 욕구 위계, 트라우마 생존자의 해당 욕구, 표현치료 연속체(ETC) 및 개입

| 트라우마 회복 단계 | Maslow의 욕구 위계 | 트라우마 생존자의 해당 욕구 | 표현치료 연속체(ETC) | 개입 |
|---|---|---|---|---|
| 트라우마 회복 1단계: 안전 | 생리적 | • 현재 순간 인식/마음챙김을 통해 굶주림, 갈증, 피로를 인식할 수 있음. | 운동감각/감각 단계<br>창의적 단계<br>통제 매체<br>(연필, 색연필, 마커) | 만다라 색칠<br>색칠 페이지<br>쿠키 커터 바디 모양 틀<br>낙서/낙서 추적 |
| | 안전 | • 호흡, 움직임, 자기표현을 통해 불안감을 조절하기 위하여 스스로를 진정시킬 수 있음<br>• 안전한 장소와 사람을 식별할 수 있음.<br>• 또 다른 트라우마가 발생할 가능성을 구별할 수 있음<br>• 과거의 경험을 현재와 구별할 수 있음 | | 다리 그림<br>자기 돌봄 상자<br>원 안에 색칠하기<br>양쪽손 낙서<br>인형 제작 |
| 트라우마 회복 2단계: 애도와 기억 | 사랑과 소속감 | • 트라우마 이후 그들을 믿고 지지하고 사랑해주는 사람들이 있다는 것을 인지함. | 지각적/정서적 단계<br>창의적 단계<br>매체의 전 범위 | 트라우마에 초점을 맞춘 미술<br>생각하기/느끼기/행동하기/말하기 |
| 트라우마 회복 3단계: 일상으로의 복귀 또는 재연결 | 존중 | • 자신에 대한 자신감, 자아 통합<br>• 자신을 탓하지 않는 것<br>• 자신과 타인으로부터의 인식에 대한 인지 왜곡 감소<br>• 호기심 | 창의적 단계<br>인지력/상징력 단계<br>매체의 전 범위 | 라이프 라인 및 길 그림<br>자아의 변화를 상징하는 것 |
| | 자기실현 | • 트라우마 해결<br>• 경험 및 나머지 증상 수용<br>• 다른 사람을 돕는 것에 관심이 있음<br>• 의미 만들기<br>• 외상 후 성장 | | 미술전시회에서의 미술 작품<br>옹호 미술<br>원형 상징 카드 |

PTSD에 대한 치료는 관계의 맥락에서 이루어지며, 치료사의 태도는 내담자가 치유를 시작할 수 있는 관계적 환경을 조성한다. 내담자의 자율성을 존중하고 회복에 대한 선택을 할 수 있도록 권한을 부여하는 것은 "객관적이고 중립적인" 치료사에 의해 달성될 수 있다(Herman, 1997, p.135). 객관성은 개인적인 이익을 위해 내담자에게 권력을 행사하는 것을 삼가하는 치료사의 명확한 도덕적 자세를 말한다(Herman, 1997, p.135). PTSD 회기 치료 중에 내담자들에게 힘을 사용하는 하나의 예는 관계의 맥락에서 발생하며, 이 때 치료사는 내담자가 치유되기 시작할 수 있는 관계적 환경을 조성하고 치료의 선택과 통제와 관련하여 내담자가 치료사에게 종속적인 위치에 있을 수 있는 관계를 만드는 것이다. 여기서, 문화적으로 겸손한 자세를 취하는 것은 우리의 내담자들이 안전과 통제감을 되찾는데 중요하다.

Herman이 언급한 치료사의 중립적 자세는 도덕적 중립과는 정반대이다; 그것은 내담자의 내적 갈등(즉, 한쪽 또는 다른 쪽에 무게를 두는 것)에 관한 입장을 취하거나 환자의 인생 결정을 관리하거나 통제하려고 시도하는 것을 자제하는 태도를 포함한다(Herman, 1997). 치료사의 통제는 중요한 선택, 치료에 대한 결정, 또는 법원 재판이 선택 사항이라는 가정하에 법적 결정을 위해 우리의 내담자들이 우리에게 의존하는 상황을 만드는 것으루 나타날 수 있다. 치료에서 이러한 유형의 관계석 경험은 애초에 내담자를 치료에 이르게 했던 것과 유사한 힘의 역학을 재현한다. 다시 말해, 치료사들은 정보를 공유하고 내담자들이 감정을 처리하고 결정을 내릴 수 있도록 돕는다. 그러나 결정을 내리겠다고 제안하거나 정답이 있음을 암시함으로써 내담자로부터 선택권을 빼앗는 것은 내담자로부터 권리와 책임을 빼앗는 것이다.

나는 치료사가 내담자의 무력감에 대한 역전이를 너무 견딜 수 없어서 치료에서 가부장적이고 지시적인 입장을 채택함으로써 자신의 불편감을 덜기 위해 노력하는 사람들과 함께 일해 왔다. 치료사는 "참을 수 없는 무력감에 대한 방어"(Herman, 1997, p.142)로써 구조 환상에 빠질 수도 있으며, 내담자가 견뎌낸 범죄가 매우 끔찍하고 절망적인 상태에 있고 무력감을 느낄 때 특히 그러하다. 치료사, 그리고 어쩌면 내담자도 처음에는 그러한 곤경에서 내담자를 구출하는 환상에 빠짐으로써 위안을 느낄지도 모른다. 그러나, 미묘하든 미묘하지 않든 간에, 치료사들이 통제적인 입장을 취하는 것은 내담자가 스스로 트라우마를 관리할 수 없다는 것을 의미한다. 이러한 환경에서는 내담자가 치유를 위한 역량강화 단계를 밟지 못하고 치료사는 중립성을 잃게 된다.

명확히 말하자면, 치료사는 반드시 피해자와 트라우마 경험에 관해 연대감을 유지해야 할 뿐만 아니라, 해결책과 재판에 대한 내담자의 욕구에 대하여 협력자가 되어야 한다(Herman, 1997). 우리는 내담자들이 참아온 잔혹 행위나 부당함에 대해 중립적이지 않다. 반대로, 치료 중립성은 치료사의 역할이 내담자 스스로 선택할 수 있도록 권한을 부여하는 것을 의미한다. 이러한 중립성은 통제와 자율성이 결여된 외상성 사건 동안 내담자가 알게 됐던 상황과 정반대이기 때문에 치유를 촉진하는 역할을 한다. 트라우마와 관련된 물체에 대한 불편감을 견디는 것은 통제하려는 태도를 예방하는 데 도움이 된다. 이러한 접근 방식으로 내담자를 지원하고 역량강화하게 하는 것은 통제 혹은 제어가 아닌 지지적인 치료 관계를 형성한다. 그 관계는 구성요소들이 자율성과 선택을 허용하기 때문에 정확하게 확고하게 치유되는데, 이는 트라우마를 만든 상황과는 반대이다.

## 생리적 욕구

생리적 욕구는 음식, 음료, 수면 및 섹스와 같은 생물학적 욕구와 관련이 있다(McLeod, 2018). 치료에서 이러한 욕구에 주목하는 것은 내담자가 그들 자신과 그들의 미술과 함께하는 것에 도움이 된다. 물과 간식을 제공하는 것은 내담자에게 트라우마 후 그들의 기본적인 욕구를 인식하고 있다는 것을 보여준다. 탈수와 배고픔은 명확한 사고를 방해하는 요소이기 때문에, 내담자들에게 물과 간식을 제공하며 이러한 욕구들을 충족시킨 후 치료를 시작한다. Maslow는 생리적 욕구를 결핍 욕구로 개념화했으며 사람들은 결핍 욕구를 충족시키기 위해 극도로 동기부여를 받는다. 이러한 욕구가 충족되지 않는 시간이 길어질수록 욕구가 더 커진다. 즉, 개인이 음식과 물 없이 지내는 시간이 길어질수록 배고픔과 갈증이 더욱 절실해진다.

학교와 성폭력위기센터에서, 나는 아동들과 십대들을 위해 푸짐한 간식을 제공했다. 니카라과에서, 우리는 미술치료 집단의 일환으로 간식을 제공했다. 사무실 환경에서는 내담자에게 음식을 제공하는 것이 불편하다면, 대기실에서 차/커피/물과 사탕이나 과일을 제공할 수 있다. 내담자가 치료실의 실내 온도 또는 좌석이 편안한지 확인하는 것은 이러한 기본 욕구에 더욱 많은 주의를 기울이는 것이다(Chapman, 2014). 이러한 현실 욕구를 충족시키는 것 외에도, 일부 내담자는 지속적인 트라우마로부터 균형을 잃어버려 이러한 기본 욕구에 대해 배움으로써 도움이 될 수 있다. 내담자들은 그들의 몸과 너무 연결되어 있지 않거나 무엇인지 잘 몰라서 배고픔의 감정에 대한 기본적인 자각이 부족하고 언제 식사를 시작하거나 중단해야 하는지에 대한 명확한 감각이나 자각이 없을 수 있다. 성적 학대를 당한 개인은 신체적 경험을 보호 전략으로 무감각하게 해왔기 때문에 신체적 감각을 쉽게 인식하지 못할 수 있다. 성적 학대를 당한 사람들은 보편적인 성적 욕구에 대한 심리교육과 무감각함이 아닌 힘을 실어주는 성적 환상을 탐구함으로써 도움을 받는다.

**사례 예**

SJ는 아프리카계 미국인 사이에서 태어난 소녀로, 평생 동안 친척의 성적 학대를 견뎌낸 이후 밤마다 침대에 오줌을 싸거나 낮에는 화장실에 가야 하는 때를 예측하느라 고군분투했다. SJ는 수업이나 치료 회기에서 이미 급하지만 때로는 화장실을 가기 너무 늦었을 때 화장실에 가야 한다는 것을 갑자기 알아차리곤 했다. 그녀는 몸에서 분리되는 것에 너무 익숙해서 화장실에 가야 한다는 신체적인 징후를 주의할 수 없었다. 우리의 작업은 필연적으로 신체 감각에 주의를 기울이는 데 초점을 맞췄다. 나는 그녀에게 하루 종일 그녀가 자신의 몸에 대해 인식한 것이 무엇인지를 반영하기 위해 미리 그려진 신체 윤곽을 선, 모양, 색깔로 채워달라고 하였다. 그녀는 자신의 몸의 중간 부분 대부분에 대한 인식이 부족했다. 그녀는 자신의 배, 복부, 생식기와 관련된 수치심과 분노와 같은 부정적인 감정을 확인할 수 있었지만, 그녀는 현재의 배고픔과는 단절되어 있었다. 그녀는 복부, 배고픔 또는 식사 후 포만감에 대한 인식이 부족했기 때문에 우리는 그녀가 배고픔과 포만감에 주의를 기울이도록 노력했다.

치료실에서 내담자는 트라우마 경험에 대하여 시간이 지나면서 다양한 욕구로 다양한 시점에서 나타날 수 있지만, 어디에 있든 생물학적 욕구가 다양한 시점에서 우선 순위가 될 수 있다. 성폭력위기센터 근무 중 최근 성폭행을 당한 사람들과 함께 병원에 가기도 했다. 여기서 나는 아동들에게 크레용, 종이, 색칠 공부 책의 구조화된 재료들을 제공했다. 이것들은 그들에게 이미 익숙하게 통제된 매체들이었다. 치료실에서 내담자들을 보면 그 주에 폭행을 당했거나 수십 년 전에 트라우마를 당했을 수도 있다. 그리고 많은 경우, 내담자들은 여러 번의 트라우마를 경험했고 우리는 이 모든 경험에 대해 알지 못할 수도 있다. 트라우마가 언제 발생했든 간에, 처음 치료를 받으러 오거나 새로운 치료사를 만나는 것은 생리적 욕구를 다시 활성화시킨다. 결과적으로, 구조화된 미술과 트라우마가 아닌 현재 순간에 대한 인식에 대한 얘기는 치료의 초기 단계에서 적절하다.

신체 인식에 어려움을 겪고 있는 SJ와 같은 내담자들은 그들의 생리학적 욕구를 적절하게 충족시키는 데 어려움을 겪을 수 있다. 예를 들어, 내담자들은 감정과 신체 감각을 배고픔으로 잘못 해석하여 과식할 수 있으며, 그들이 만족스러워할 때까지 오랫동안 먹을 수도 있다. 색칠하기 위해 미리 그려진 원과 신체 형태는 색연필, 크레용, 마커 등 익숙한 소재를 사용하여 신체적, 성적 학대를 경험한 내담자에게 안전한 환경에서 감정과 신체감각을 탐색할 수 있게 한다. 일부 내담자들은 그들의 성적 욕구를 억누르거나, 혹은 강박적으로 섹스를 하는 경우가 있다. 만약 성적으로 학대당한 내담자들이 과거에 어렸을 때 개인적인 경계를 거부당했거나 욕구 자체가 있다는 것에 수치심을 느낀다면, 내담자들의 욕구의 현재 신체적 감정에 집중하고 그들의 욕구를 인식하도록 돕는 과정에서 혼란스러운 감정을 촉발시킬 수 있다. 미리 그려진 신체 형태는 성적 학대와 관련된 원하지 않는 감정을 탐구할 수 있는 기회를 제공하며, 치료 후 긍정적인 신체 감각과 성(섹슈얼리티) 관련 심리적 감정을 탐구할 수 있도록 담아내는 역할도 한다.

미리 그려진 손 모양은 내담자의 주체의식과 개인적인 힘에 대한 관심을 촉진할 수 있다. 니카라과에서 도망쳐야 했던 어머니와 아들이 그들의 나라를 그리워하고 코스타리카에서의 새로운 삶에 적응하려는 그들의 감정을 반영하기 위해 그들의 손을 따라 그려진 손 그림 안에 미술 작업을 하였다. [그림 2.1]의 왼쪽에 있는 손 그림은  자신의 나라, 그의 친구들에 대한 그리움과 "그냥 내 나라에서 잘 수 있다는 것"에 대해 말했던 10살 소년이 그린 것이다. 그는 니카라과 사람들을 위한 사회운동과 교육에 대해 말했고, 나는 그에게 그가 스스로도 활동가라고 생각하는지 물었다. 그는 잠시 그것에 대해 생각한 후 자랑스럽게 말했다, “글쎄, 제 어머니는 제가 활동가라고 말하는데, 저도 그렇다고 생각합니다.” 오른쪽에 있는 손을 그린 것은 그의 어머니이며 그녀는 그녀가 그린 손에 대하여 이렇게 덧붙였다. “손은 저의 개인적인 변신을 표현한 것이고 제가 앞으로 나아갈 수 있도록 영감을 주는 불길입니다. 제가 아무것도 안 그린 손가락이 몇 개 있는데 때때로 생각하고, 행동하고, 집중하는 것이 어렵습니다. 그리고 때때로 제 마음은 텅 비어 있습니다.”

아동들이 자신의 학대를 알게 된 것에 대한 가족들의 분노 반응 정도를 깨닫게 되었을 때, 그들은 자신의 이야기를 철회하고 “지어낸 이야기”라고 말할 수도 있다. 가족들의 반응에 대한 내담자들의 분노 정도는 그들의 심리적 방어기제 사용을 증가시키는 원인이 될 수 있다. 그들은 학대에 대한 고백 이후 학대 경험이 전혀 일어나지 않았다고 부인할 수 있다. 가족 구성원들 또한 이를 부인할 것이며 아동이 학대 주장에 대해 철회하는 것을 기꺼이 받아들일 것이다. 치료사로서, 우리는 학대를 부인하는 단계를 겪고 있는 그 아동과 가족을 지지하고 더불어 아동과 가족이 불신과 수용의 기복을 통해 함께 작업하는 동안 지지와 대처 기술을 추가하는 치료를 지속할 수 있도록 노력해야 한다.

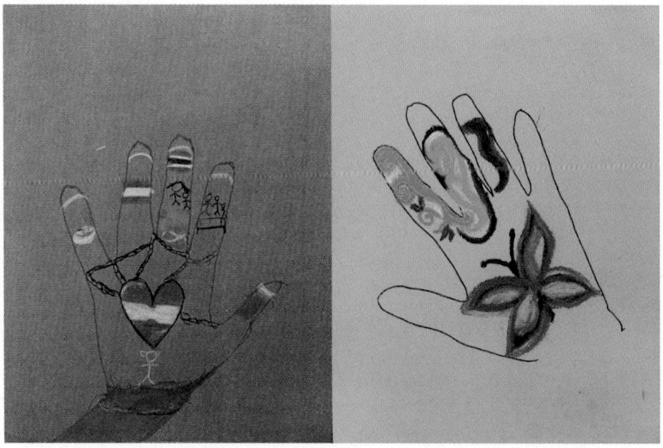

그림 2.1 조국 탈출 후 트라우마를 겪은 아들 손(왼쪽)과 어머니 손(오른쪽)

근친상간을 겪고 있는 아이들이 학대를 신고하면, 가족 전체 체계가 대체로 혼란스러워진다. 근친상간은 가족 구성원이나 신뢰할 수 있는 사람, 확대 가족 구성원, 또는 베이비시터, 성직자, 가족 친구 등 가족의 사회적 지위에 있는 사람에 의한 성적 학대를 말한다. 학대를 신고하는 아동들에 의한 스트레스는 가족의 긴장, 논쟁, 단절, 편을 들거나 불신을 유발할 수 있다. 가족 구성원은 폭로에 의해 촉발된 그들 자신의 트라우마를 가질 수 있고, 그 아동은 이전의 발달 단계로 퇴행할 수 있다.

성적·신체적 학대는 극단적인 경계 침범을 수반하기 때문에 치료사의 명확한 경계가 치유에 중요한 요소가 된다. 가족에게서 발생하는 트라우마는 열악한 경계선이라는 맥락에서 존재한다. 한계와 자율성에 대한 존중의 결여는 종종 가족 구성원들이 스트레스를 관리하기 위해 동맹이 형성되는 삼각관계를 형성하도록 이끈다. 부모들은 그들의 자녀들과 얽히게 될 수도 있고, 이것이 일어날 때, 아동들은 그들의 욕구가 받아들여질 수 없거나 다른 사람들의 욕구보다 부차적이라는 것을 배우게 된다.

치료의 경계와 한계에 대한 결정은 내담자에게 힘을 실어 줄 수 있는 것을 기반으로 이루어져야 한다(Herman, 1997). 우리는 동료 또는 슈퍼바이저로서의 경계로 유연성을 탐색할 수 있지만, 명확하고 확고한 경계를 유지하는 것은 내담자와 치료사 모두에게 좋다. 경계는 관계나 내담자에 대한 통제에 관한 것이 아니다; 경계는 내담자에게 권한을 부여할 뿐만 아니라, 내담자와 "정서적으로 요구되는 관계"를 유지하기 위해 특정한 조건을 요구하는 치료사의 서비스에서도 존재한다(Herman, 1997, P.148). 우리는 단순히 내담자가 요구하기 때문에 우리가 결정한 것보다 더 많이 줄 의무가 없다.

미술 재료의 사용, 회기 수, 회기 간의 접촉에 명확한 제한을 두는 것은 우리의 작업에 안정성을 제공한다. 우리의 내담자들에게 미술 능력이 회기에 참여하기 위해 요구되지 않는다는 것을 상기시키는 것은 내담자들이 그들만의 미술을 하면서 위험을 감수할 수 있도록 용기를 줄 수 있다. 내담자들에게 그들이 멈추기를 원한다면 언제든지 미술작품을 중단할 수 있다고 말하는 것은 내담자들에게 그들에게 일어나는 일에 대한 통제력을 부여하고 안전감을 제공한다. Chapman(2014)은 트라우마 치료의 초기 단계에서 탐색적 미술 개입을 하도록 조언한다. 재료에 대한 숙달성을 확립하기 위해 고안된 탐색적 미술 개입 또한 재미있고 위협적이지 않아야 한다. 또한 퇴행을 방지하는 것이어야 한다.

가족 구성원들이 내담자들에게 그들의 학대 경험을 비밀로 하기를 기대할 때, 그것은 그들에게 극심한 피해를 초래한다. 비밀로 살아가는 것은 과도한 약물 사용, 과로 또는 도박, 절도, 성관계와 같은 강박적인 고위험 행동인 회피 전략의 사용을 필요로 한다. 치료사는 동료 또는 슈퍼바이저와 특정한 주제 혹은 개입에 대해 이야기하지 못할 때 치료실에서의 비밀이 있음을 알 수 있다. 비밀을 지키는 것과 같은 과정은 치료사에게는 숨겨진 정보뿐만 아니라 수치스러운 감정도 유발할 수 있다. 성폭력·성매매 내담자가 위험한 동네를 걷지 않기 위해 열차까지 태워달라고 하자 치료사는 비밀로 하고 착취 행위에 가담했다고 고백한 사건을 상담했었다. 치료사는 내담자를 기차까지 태워다 주겠다고 동의했고, 그날 저녁 집에 돌아온 후에야 내담자를 차에 태운 것이 실수였다는 것을 깨달았다. 그녀는 또한 나중에 이 경계를 넘는 것의 의미를 이해하게 되었다–내담자는 전에 강압적으로 차 안에서 매춘을 했었다.

내담자들은 아마도 그 트라우마가 '별일'이 아니었다고 스스로 판단하고, 그 트라우마를 잊어보려고 노력할 것이다. 자신을 보호하고 대처 기술/방어를 사용해야 할 필요성 때문에, 그들은 어린 시절의 트라우마 기억은 단지 그들의 상상력의 허구일 뿐이며, 세부 사항의 일부 또는 전부를 지어냈다고 스스로를 설득할 수 있다. 예를 들어, 베트남 참전 용사는 전쟁의 잔혹함을 털어내고 관리하기 위한 방법으로 그들의 트라우마에 대해 "별거 아니다"라고 말할지도 모른다. 내담자들은 모든 세부 사항을 기억할 필요가 있으며 그렇지 않는다면 그들의 이야기가 다른 사람들로부터 믿어지지 않을 수도 있다고 생각한다. 그리고 이런 일이 일어나면, 우리는 그들이 온순히 기억하는 것들로도 충분히 치료에서 다룰 수 있고, 완전한 세부적인 설명이 필요하지 않는 것을 보장해줄 수 있다.

치료의 초기 단계는 후기 단계보다 더 많은 상담과 협업이 필요할 수 있다. 트라우마 중심 치료는 종종 항우울제와 같은 약물과 함께 이루어진다. 치료사들은 PTSD를 가진 내담자를 정신과 의사에게 의뢰하여 치료 초기 단계에서 약물이 적절한지 여부를 결정할 것이다. 당신과 당신의 내담자는 "약물에 전혀 관심이 없다"라는 견해에서부터 "약물 치료 시도/재개에 매우 관심이 있다"에 이르기까지 약물 치료에 대한 다양한 견해를 가질 수 있다. 만약 내담자들에게 PTSD 증상을 도와주고 완화시킬 수 있는 약이 있다는 사실과 그들의 일반의 혹은 주치의가 아닌 정신과 의사와 상담할 수 있다는 사실을 알려주지 않았다면 우리가 해이해진 것이다. 대부분의 사람들이 일반의에게 정신의학 의약품을 구하지만, 사실 정신과 의사들은 일반의들보다 약물에 대한 결정 혹은 분석을 더 전문적으로 내리고, 내담자를 위한 약물 교육을 제공하며, PTSD 증상을 수용하기 위해 필요에 따라 약물을 조정할 수 있는 능력과 자격을 더 가지고 있다.

## 안전 욕구

내담자가 외부적으로나 내부적으로 불안전감을 경험할 때 안전 문제를 해결하는 것이 다른 요구들보다 우선시 된다. 현재-순간에 대한 인식, 대처 능력 개발 및 정신 교육을 통해 안전을 다루는 것은 PTSD의 첫 번째 치료 단계이며(Najavits, 2014), 안전은 Maslow의 생리적 및 안전 욕구 단계를 포함한다.

앞서 논의한 바와 같이 안전 욕구는 생물학적인 환경, 기본적인 안전, 안정성 및 확고한 경계, 질서 및 법으로부터의 물리적 보호와 관련이 있다(McLeod, 2018). 음식과 물에 대한 생리적 욕구와 마찬가지로 안전도 결핍된 욕구로 간주된다. 다시 말해서, 누군가가 기본적인 안전이 부족하면 할수록, 그들은 더 불안하다고 느낀다. 불안전감은 트라우마를 경험한 내담자들에게 가장 큰 문제이다. 그들은 미래에 대해 계속해서 걱정하고 극도로 경계하는 상태에 놓이게 하는 또 다른 트라우마가 자신에게 닥칠까봐 항상 두려워한다. 과각성은 사람이 원래 위험이 지나간 지 한참 후에 과장되고 오랫동안 도망, 싸움 또는 경직 반응을 경험하는데, 이러한 몸의 교감 활성화 상태가 주목할 만한 PTSD 증상이다(King et al., 2019). 트라우마를 경험한 후 안전에 대한 두려움이 자주 발생하고 수십 년 동안 지속될 수 있기 때문에, 이러한 욕구들은 치료과정 내내 재검토되어야 한다.

고립된 트라우마 사례 이후에 발생하는 안전감과는 달리, 안전은 집이 없거나, 이웃이나 가정에서 안전을 느끼지 못하거나 정치적 불안이나 폭력을 경험하는 내담자들에게 가장 중요하고 우선적인 요소이다. 앞서 설명한 트라우마의 확장된 정의를 사용하여(Nadal, 2018; Talwar, 2019), 유색인종 사람들이 경험하는 트라우마의 문화적 기억은 위험과 취약성의 감정을 더욱 심하게 만들 수 있다. 문화적 집단의 구성원으로서 안전에 대한 관심은 치료의 초기와 후기에 걸쳐 관련이 있다. Talwar (2019)는 부정적인 문화 체계의 심리적 영향을 개선하기 위해 치료사들이 성적, 신체적 아동 학대를 체계적인 사회 문제로 이해하고 해결해야 한다고 주장한다. 이러한 문제는 치료의 초기 단계뿐만 아니라 과정 전반에 걸쳐 안전의 맥락에서 다루어져야 하며, 내담자가 트라우마 기억을 재확인하고 개인적 성장 또는 외상 후 성장으로 나아가기 시작할 때 다시 다루어져야 한다.

안전에 대한 우려는 실제 또는 인식된 위협에 의해 유발될 수 있다. 예를 들어, 트라우마의 어떤 측면을 시각적으로 상기시키는 것은 그들을 폭행하고 강탈한 사람을 떠올리게 하는 누군가를 보는 것과 같이 트라우마 기억을 활성화시킬 수 있다. 가해자가 착용한 향수 냄새나 성적 학대를 떠올리게 하는 파트너의 특정 종류의 접촉과 같은 신체적인 기억에서 안전성에 대한 우려가 발생할 수도 있다. 그들은 또한 무슨 일이 일어나는지 통제하지 못함으로써 촉발될 수도 있다: 정지된 지하철에 갇히거나 비행기에 탑승하는 것, 미묘한 차별이나 명백한 인종차별을 경험하는 것, 엘리베이터에 너무 가까이 서 있는 사람, 수술을 받는 사람, 출산하는 사람, 그리고 의학적 상태를 손상시키는 경험. 즉, 내담자가 상황을 통제할 수 없다는 사실을 인지할 때 안전이 문제가 될 수 있다. 게다가, 그들의 PTSD 증상들이 언제 또는 어떻게 나타날지에 대해 걱정하는 것은 이러한 증상들이 그들의 통제력을 벗어나기 때문에 불안감을 조성할 수 있다.

내담자가 트라우마를 경험한 타인에 대한 이야기를 들을 때 안전과 통제가 특히 중요할 수 있으며 치료가 진행되더라도 내담자는 이 단계로 되돌아갈 것이다. 고등학생 때 두 남성에게 성폭행을 당한 20대 중반 백인 여성 TT라는 내담자는 뉴스에서 읽은 유명한 강간 사건에 대해 극도로 화가 났다. 이 사건은 언론의 관심을 끌었고, 라디오와 텔레비전에서 그것에 대한 뉴스가 자주 나왔다. 그것은 어디를 가더라도 나오고 들리는 이야기였고, 그녀의 뉴스피드 및 소셜 미디어 페이지에 나타날 때마다 그녀의 두려움은 더욱 악화되었다. 그녀의 두려움과 뉴스 기사에 대한 분노는 특히 폭행 장소와 피해자의 나이와 관련이 있었다. TT는 그녀의 폭행에 대한 침습 기억과 악몽을 꾸기 시작했다. 악몽이 그녀를 깨웠고 그녀는 다시 잠들기 어려웠다. 그녀는 점점 더 피곤해졌고 수면 부족으로 인해 일상적인 스트레스를 견딜 수 있는 능력이 감소되었다. 그녀는 고통을 다스리기 위해 음주 섭취량을 늘렸다.

TT는 치료 후반 단계로 진행되었고 그녀의 자원봉사에서의 옹호 활동을 통해 외상 후 성장을 보여주었지만, 우리의 치료 회기는 안전 및 자기 위로와 관련된 이슈로 바로 진행되었다. 그녀의 미술은 더 원시적인 단계의 그림으로 퇴행했는데, 그녀는 이것에 대하여 좌절감을 느꼈다. TT는 그녀가 치료에서 상당한 진전을 이룬 후에 너무나 많은 새로운 문제들을 겪고 있는 것을 부끄러워했다. 그녀는 "저는 저 자신보다 훨씬 더 극복해야 합니다. 지난 몇 년 동안의 모든 치료 진전을 잃은 것처럼 느껴집니다. 저는 제가 생각한 것보다 더 멀리 떨어져 있다고 착각한 게 어리석었다고 느껴집니다."라고 한탄하였다. 우리는 함께 그녀의 자기 판단과 그녀의 치유에 대한 흑백적 논리에 도전했다. 우리는 그녀가 치료를 받는 동안 경험하고 겪었던 다른 좌절들에 대해 논의했는데, 마침내 그녀는 그 좌절을 극복하였다.

TT가 최근의 두려움을 공유하는 동안 낙서가 마음을 진정시키게 만든다는 것을 발견했는데, 이것은 ETC의 감각 미술과 일치한다(Hinz, 2020). 그녀는 콜라주 이미지를 사용하여 악몽에 대한 그림을 만들었고, 이 매체는 그녀의 미술 능력에 대한 평가를 완화시켰다. 나는 그녀에게 그녀의 악몽에서 자신을 보호하고 자신을 공격하는 사람을 피할 수 있는 새로운 결말을 미술로 승화시켜 달라고 요청하였다. 그녀는 그림 속에 그녀를 지지해 주는 사람들과 상황이 있는 안전한 공간을 만들어 악몽 그림 중 일부를 바꿨으며 이는 그녀가 해로운 것들로부터 안전하고 자유로운 이미지들을 창조하였다. 그녀는 자신의 미술과 글쓰기에서 악몽의 결말을 바꾸는 것이 도움이 된다는 것을 알게 되었다. 악몽에 대한 새로운 결말과 함께 몇 개의 그림을 그리고 콜라주를 한 후, TT는 깨어났을 때 자신의 꿈에 대한 새로운 결말을 상상할 수 있었다. 그녀의 수면은 점차 개선되었고, 치료에서의 진전과 관련하여 그녀가 자신의 부정적인 사고를 어느 정도 믿었는지를 생각해 볼 수 있게 되었다.

TT와 나는 그녀가 좌절하게 될지도 모르는 미래의 고난을 예상하고 안전 계획을 세웠다. 진전의 상실을 대비하기 위해 초이론적 변화 모델을 활용하여, 그녀는 스스로 신정할 수 있는 재발 방지 계획을 작성했고, 그 계획의 사진을 그녀의 핸드폰에 보관했다. 계획에 포함된 목록에는 친구 및 성폭력위기센터 핫라인에 전화하고, 그림을 그리거나 일기를 쓰고, 그녀가 어떻게 이전의 좌절들을 성공적으로 극복했는지 상기시켜주는 즉각적인 자기 진정 전략이 포함되어 있었다. 또한 해변에서의 산책, 친구들의 지원과 치료의 도움을 구하는 것, 그리고 마사지 예약과 같은 조금 더 많은 계획이 필요한 개입을 포함했다. 이러한 활동들은 그녀가 스스로 진정시키는 행동을 계획하고 기대할 수 있게 해주었고, 이것은 그녀가 술을 마시는 것을 피하도록 도와주었다.

앞서 언급했듯이, 안전 요건은 치료의 다양한 지점에서 나타날 수 있다. 내담자가 자기 진정 계획을 세우도록 격려하는 것은 불안전감과 불안감을 느끼는 순간을 준비하는 데 있어 매우 도움이 된다. 미술, 글쓰기, 그리고 상상 속에서 안전한 공간을 만드는 것은 내담자가 나중에 사용할 수 있다는 것을 상기시켜준다. 예를 들어, 우리는 내담자가 집에서 안전하다고 느껴지는 공간에 그들의 미술작품을 걸어놓거나 그 사진을 휴대폰 배경화면으로 지정하는 것을 권장할 수 있다.

## 사랑과 소속감 욕구

건강한 사랑과 소속감은 단순히 즐거운 것만은 아니다; 그것들은 우리 인간의 생존에 필수적이다. 이러한 욕구에는 신뢰하는 우정과 친밀감을 형성하고, 사랑과 애정을 주고받으며, 집단이나 가족의 일원이 되는 것이 포함된다(McLeod, 2018). 소속감과 사랑은 Maslow의 심리적 욕구 중 첫 번째이며, 생리적, 안전적 욕구와 마찬가지로 소속감 또한 결핍 욕구로 간주된다.

이러한 욕구는 소속과 사랑으로부터 박탈당함으로써 발생하며, 그 욕구가 충족될 때까지 사람들에게 동기를 부여한다. 한 아동의 삶에서 보살펴주는 어른을 적어도 한 명 이상 갖는 것은 건강한 발달을 위해 필요하다; 사랑에 대한 우리의 욕구는 관계가 반드시 건강하거나 지지적이지 않을지라도 관계를 향해 움직이도록 이끌기도 한다.

어떤 사람들은 정신적 트라우마로 인해 그들의 가해자들과 유대감을 갖게 된다. 아동이나 성인은 그들이 견뎌왔던 학대로 혼란스럽고 모순적으로 보이는 행동을 나타낼 수 있다. 그러한 행동들은 학대와 무관한 순간일 수도 있고 가해자에 대한 강한 충성심이 발달하는 순간에 나타날 수 있다. 종종 학대하는 집에서 쫓겨난 아동들은 학대하는 부모를 그리워할 것이다. 학대하는 파트너를 떠나거나 멀리하기 위해 고군분투하는 여성의 경우, 트라우마 유대감은 학대자에 대한 그녀의 애착과 관련이 있다. 이러한 애착 욕구는 왜 사람들이 학대적인 관계로 다시 되돌아갈 수도 있는지를 이해하고, 치료사가 학대한 사람에 대한 갈등이나 사랑 감정을 공유하는 내담자를 지원하는데 필요한 공감을 제공할 수 있다.

도움과 위로를 얻기 위해 노력할 수 있다는 것은 트라우마를 경험한 후 회복에 긍정적인 신호이며, 이러한 미래지향적 성향은 해결을 위한 Herman(1997) 단계의 세 번째 시점을 반영한다. 나는 고통의 시간에는 위로의 시간이 따라와야 한다는 양육의 이치를 떠올려본다; 실제로, 트라우마 후에 지지적인 사람들과 연결되는 것은 회복에 있어서 매우 중요하다. PTSD의 증상은 신뢰, 안전감, 소속감, 그리고 의미에 대한 관심을 가지는 사람들의 관계에 피해를 줄 수 있다. 트라우마 후, 내담자는 사랑하는 주변 사람들의 무신경스러운 말, 우정의 상실, 가족 관계에 대한 긴장감으로 인해 다른 사람들에 대한 신뢰를 의미 있게 살펴보게 된다.

건강한 사랑과 지지를 발견하는 것은 위기 상황이나 트라우마 직후에 있는 사람들에게는 어려울 수 있다. 세상에 대한 불신감이 생겨나고, 모든 사람들이 친구나 가족의 보살핌을 받을 수 있기를 바라지만, 우리의 내담자들은 아마도 그들에게 필요한 사랑과 지원을 제공해줄 수 있는 사람들이 없을 수도 있다. 치료사로서 우리는 내담자와의 건강한 관계를 만들 수 있는데, 이 관계에는 안전에 대한 관심, 명확한 경계와 한계, Rogers의 진정한 무조건적인 긍정적 존중과 일치성 원리가 포함된다. 실제로, 무조건적인 긍정적 존중과 진정한 치유의 연결성은 효과적인 트라우마 집중치료를 제공하는 미술치료사들의 능력에 매우 중요한 것으로 보고되었다(Naff, 2014). 그러나, 치료사들도 PTSD로부터 회복되는 동안 사랑과 소속감에 대한 욕구를 표출하고 있는 내담자들에게 더 많은 시간, 에너지 또는 노력을 무의식적으로 주려고 할 수도 있다.

회기 시간을 넘기도록 허용하거나, 늦게까지 있기로 동의하거나, 쉬는 날 약속을 잡거나, 우리가 얼마나 많은 도움을 주고 있는지 상상하며 시간을 보내는 등 예측 가능한 경계가 느슨해진 것은 우리가 내담자를 구하려는 패턴에 빠져들고 있다는 신호다. 이것은 사랑과 소속감을 보여주는 것의 반대이다. 우리의 경계는 가능한 한 유연해야 하지만(예: 일정 조정 또는 회기 추가), 우리는 내담자의 회복 능력을 믿고 지지함으로써 내담자에 대한 우리의 관심을 어떻게 보여주어야 하는지를 주의해야 한다. 이 치료 단계에서, 치료사는 동기 및 동료의 지원 체계와 자신의 소속 욕구에 대한 건강한 자원을 가져야 한다. 우리들의 건강한 관계가 없다면, 우리는 필요하거나 특별하고 중요하다고 느끼기 위해 내담자를 이용하는 우리 자신의 모습을 발견할지도 모른다. 소속에 대한 우리의 이러한 욕구가 일어나는 것은 내담자에게 힘을 실어주지 못하고 Herman(1997)이 트라우마 치료사로서 필요하다고 지적하는 객관적인 자세가 부족한 것이다.

집단 심리치료는 내담자들이 소속감을 다시 가질 수 있도록 돕는다. 집단은 사람들이 그들의 PTSD에서 덜 고립감을 느낄 수 있도록 도울 뿐만 아니라, 내담자들에게 직접적인 피드백과 대처 기술을 제공할 수 있다. 코스타리카에서 니카리과 난민들과 함께 일하면서 미술치료 집단들은 미술치료 참가자들이 정치적 억압과 이주 트라우마 경험에서 비롯된 두려움, 무력감 및 공포의 반응을 보편화 할 수 있는 공간을 제공했다. 보훈(VA) 병원에서의 집단은 군대 문화에 내재된 동지애를 제공한다.

트라우마 생존자들은 소속되고 관계 맺기를 하려고 하지만, PTSD 회피 증상은 종종 집단치료가 제공하는 사랑과 소속감에 접근하는 것을 막으면서 강력한 장벽을 만든다. 예를 들어, 니카라과에서 폭력으로부터 도망친 한 집단의 참가자는 그녀가 니카라과에서 태어나지 않았기 때문에 그 집단의 외부인처럼 느꼈다고 말했다. 그 집단의 다른 사람들은 그녀를 난민 공동체의 일부로 맞이했다－정치적 폭력에서 도망친 그녀의 지위가 그 집단의 일부였고, 그녀의 출생지는 그 집단의 다른 누구에게도 중요하지 않았다. 이러한 감정을 집단에서 직접적으로 다루는 것은 많은 사람들이 집단에 들어올 때 마치 외부인처럼 느끼는 것을 보편화하는 강력한 방법이 될 수 있다.－최근 니카라과의 폭력사태에서 도피한 또 다른 남성은 자신이 이 집단의 외부인이라고 직접적으로 말했는데, 그 이유는 그 집단의 다른 모든 사람들은 도망치기 전에 니카라과에서 서로를 알고 있었다고 믿었기 때문이다. 그는 자신이 마치 다른 집단에 침입하고 방해하는 것 같은 느낌이 들었고 집단의 구성원이라고 주장하기를 꺼려했다. 그는 다른 사람들이 옛날부터 서로를 알고 지냈다고 추측했지만, 실제로는 코스타리카에서 함께 온 많은 난민들로 구성되었지만 이전에 서로 알고 지냈던 사람들은 극소수였다.

내담자들이 이러한 생각을 할 것이라고 예상할 수 있다. 혼자라고 느끼고, 트라우마 기억과 관련된 물체를 피하고 싶어하는 것은 그들이 속하지 않거나 거기에 속해 있을 자격이 없다고 느끼게 할 수도 있다. 외부인처럼 느껴질 수 있는 집단에는 가족, 친구, 직장 동료, 또는 비슷한 것을 경험한 사람들끼리 구성되어 있는 지지집단이 포함될 수 있다.

이라크 전쟁 당시 미국의 한 참전용사는 PTSD 지지집단이 베트남 참전용사들로 구성될 것이라고 생각했기 때문에 참석해서는 안되는 것처럼 느꼈다고 말했다. RJ는 자신이 집단의 다른 사람들과는 도저히 관계를 맺을 수 없으며, 그의 문제는 너무 다를 것이라고 말했다. 그는 자신이 집단에 부담이 될 수 있고 다른 구성원들이 자신을 거부하거나 불쌍히 여길 것이라고 생각했다. 그의 추측에 대한 약간의 의구심을 통해 그는 자신의 PTSD 회피 증상이 집단 구성원들(아직 만나지도 않아본 사람들)에 대해서와 집단 내에서 어떻게 될지에 대해 부정적인 얘기를 만들어 내고 있다는 것을 깨달았다. 문제가 이런 식으로 외재화되었을 때 그는 자신의 생각이 사실이 아니라 자신이 불안전감으로부터 자신을 지키기 위한 노력으로 만들어졌다는 것을 깨달았다.

트라우마 생존자들이 사랑과 소속감에 동참하고 경험하지 못하게 하는 장벽을 다루기 위해 사람들이 자신의 장벽에 대한 미술작품을 만들 것을 요구한다. 나는 두 가지 미술적 개입을 활용한다. 하나는 은유이고 하나는 문자 그대로이다. 나는 내담자들이 그들의 생각을 분명하게 표현하는 데에 어려움을 겪을 때 또는 그들의 회피 증상이 특히 강할 때 은유적인 미술을 선택하기도 한다. 나는 내담자들에게 장벽을 만들고 장벽이 무엇으로 만들어졌는지 살펴보라고 묻는다(예: 벽돌, 바위, 짚, 종이, 연기). 나는 또한 장벽이 어떻게 작동하는지와 관련된 질문을 던지며 장벽이 무엇을 막아주는지에 대하여 묻는다. 나는 장벽에 원하는 측면(예: 사랑, 지원, 기쁨, 소속)을 허용하면서 원치 않는 측면(예: 불편한 감정, 두려움, 불면증, 악몽)만 차단하는 필터를 가지고 있는지 묻는다. 종종 내담자는 원치 않는 측면과 원하는 측면을 모두 막기 위해 강력하고 뚫을 수 없는 장벽을 만든다. RJ는 그를 높은 벽과 창문이 없는 작고 둥근 벽돌 방에 둘러싸여 있는 그림을 그렸다. 그는 벽이 두려움과 연약함의 감정을 막아주지만 가족과 다른 사람들의 사랑을 막아주기도 한다고 말했다.

회피 문제를 보다 직접적으로 다루기 위해, 나는 내담자들이 피하려고 하는 상황에서 자신의 모습을 그려보고 그림에 그들이 무엇을 생각하고 느끼고 말하고 무엇을 하는지를 포함시키도록 한다. 자신이 PTSD 집단에 속하지 않을 것이라고 생각한 퇴역 군인 RJ는 "PTSD 집단"이라고 표시된 문 손잡이에 자신의 손을 대고 있는 자기 자신을 그렸다. 나는 그 상황에서 그의 생각, 감정, 말을 표현하도록 하였고, 그는 거절당하고 소속되지 않는 것에 대한 두려움과 불확실성, 신념을 나타내는 생각 풍선(말풍선과 비슷한 개념)을 만들었고, "어쨌든 모임에 가고 싶지 않다"라는 말을 넣은 말풍선도 만들었다. 그의 미술작품을 보면서, RJ는 그의 생각, 느낌, 말, 그리고 행동들이 다른 사람들로부터 잠재적인 지원과 도움을 받지 못하게 했다는 것을 알아차렸다. 그는 집단에 합류하는 것에 대한 자신의 생각이 실제로 추측이었는지 아닌지, 그리고 어떻게 이러한 생각들과 개념들이 부모, 아내, 직장동료를 포함한 다른 사람들로부터의 지지를 구하지 못하게 하는지를 더욱 신중하게 생각하였다.

## 결론

요약하자면, PTSD를 가지고 있는 내담자를 위한 치료의 첫 단계는 생리적 욕구, 자기 조절, 현재 순간에 대한 집중, 그리고 과거의 트라우마의 경험과 트라우마에 대해 생각하고 말하는 것 사이를 구별하는 것에 초점을 맞춘다. 치료사들은 명확한 경계를 설정하고, 내담자와 동맹을 맺고, 객관적이고 중립적인 입장을 유지하는 데 집중해야 한다. 안전을 다루는 미술 용품에는 연필, 색연필, 마커와 같은 통제된 매체가 포함된다. 이 단계의 초점은 내담자의 감정 상태에 머무는 것이지만 트라우마의 세부 사항은 이 치료 단계에서는 다루지 않는다. 내담자는 자신의 삶에서의 환경이나 미디어가 취약성의 감정을 촉발할 때 이 단계로 되돌아갈 수도 있다. 치료사로서 우리는 이 치료 단계에서 필요한 자기 보호 기제로서의 부인(denial)과 최소화를 포함한 내담자의 방어를 받아들인다. 안전 욕구가 충족되기 시작하면서 사랑과 소속 욕구가 생겨나고, 집단 심리치료는 비슷한 트라우마를 경험한 타인의 독특한 지지와 이해를 제공한다.

## 트라우마 치료 2단계

트라우마 치료의 두 번째 단계는 트라우마를 회고하고 일관된 트라우마 이야기(narrative)를 만드는 것을 포함한다. Herman(1997)은 이 단계를 기억과 애도라고 부르며, 그것은 몇 주 동안 지속될 수 있는 외상적 기억과 신체 감각에 대한 상세한 회고를 포함한다. 다른 이들은 이를 변환 단계(Chapman, 2014)와 노출 및 허용의 내러티브 단계(Naff, 2014)라고 불렀다. Maslow의 위계구조에서 이 치료의 단계와 관련된 다음 단계는 자신과 타인에 대한 존중의 욕구이다. 여기에서는 치료의 두 번째 단계에 대한 개요를 제시하는 반면, 3장에서는 미술치료사들이 트라우마 그 자체를 표현하는 작업을 구체적으로 어떻게 하는지에 대해 다룬다. Herman(1997)은 "단순한 외상 후 스트레스장애를 가진 환자들은 그들이 정신을 잃고 있을지도 모른다고 두려워하는 반면, 복합 장애를 가진 환자들은 종종 그들이 자기 자신을 잃었다고 느낀다"라고 언급하고 있다(p.158). 단순 PTSD는 한 번의 사건 이후 트라우마 반응을 말하는 반면, 복합 PTSD의 증상은 아동학대나 전쟁 포로들이 받는 학대와 같이 장기적이고 반복적으로 받는 학대에 지속적으로 노출되면서 나타난다. 이 치료 단계에서, 내담자들이 그들의 진단에 대해 듣는 것은 매우 도움이 될 수 있다. 실제로 많은 내담자들이 정신이나 자신을 잃지 않고 있으며 치유와 회복이 가능하다는 사실에 안도감을 느끼고 있다. 하지만, 내가 VAMC에서 본 몇몇 내담자들은 그들의 진단에 대해 듣자마자 화를 냈는데, 그 이유는 그들의 PTSD를 인정하는 것은 패배, 인격적 상처, 또는 가해자가 우세해지는 것과 같다는 느낌 때문이다. 이러한 경우에, 도움을 구하는 데 필요한 용기에 대한 토론을 포함하여, 그 장애에 대한 더 상세한 교육이 필요하다. Herman은 "회복을 촉진하는 조치를 취하는 것이 가해자에게 승리를 부여하는 것과는 거리가 먼 생존자에게 더 힘을 실어주는 것이다"라고 언급했다(p.59).

기억 단계에서의 미술은 트라우마에 초점을 맞춘 미술을 포함한다. 시각, 소리, 후각, 신체 감각 등 내담자의 트라우마 경험에 대한 세부 사항을 드러나게 하고 탐구한다. 나는 일반적으로 내담자에게 트라우마의 일부를 묘사하는 이미지를 만들어 달라고 요청하는 것으로 이 단계를 시작한다(Backos & Mazzeo, 2017). 나는 그들에게 이미지서 선, 모양, 색일 수도 있고, 그들에게 튀어나오는 어떤 특정한 순간이나 경험을 묘사할 수도 있다는 것을 상기시켜준다. 인지과정 치료(CPT); 지속적 노출치료(PE), 안구 운동 민감 소실 및 재처리요법(EMDR)과 같은 노출 치료는 PTSD를 다루기 위해 증거 기반 치료를 제공한다. 우리는 내담자들이 그들의 트라우마 기억을 다룰 준비가 되었을 때 또는 그들이 자신의 기억을 공유하고 처리한 후에도 그들이 PTSD 증상이 완화되지 않았을 때 이러한 종류의 치료법을 추천할 수 있다. 치료사로서, 만약 당신이 이 치료 단계를 통해 일하는 훈련을 받지 않았거나 내담자가 당신이 제공해 줄 수 있는 것보다 더 많은 치료가 필요하다면, 이러한 증거 기반 치료 중 하나를 제공해 줄 수 있는 치료사와의 단기적인 작업을 위해 그들을 다른 치료사에게 의뢰하는 것에 대해 편안함을 느껴야 한다. 노출 치료(예: PE) 동안 내담자와 계속 작업하는 것을 선택할 수 있지만, 이 작업은 다른 치료사와 상의하여 수행해야 한다. 반대로, 당신과 다른 치료사, 그리고 당신의 내담자는 내담자가 노출 치료를 완료한 후에 다시 치료를 재개하는 것이 더 낫다는 것을 알게 될 수도 있다.

내담자들이 트라우마에 대한 이야기를 나누기 시작하면서, 치료사들은 부인(denial)에 빠질 수 있다; 내담자들이 견뎌온 잔인함, 학대, 또는 고문에 대해 듣는 것은 이해불가한 일이 될 수도 있다. 이러한 불편한 감정들은 깊은 슬픔을 불러일으키거나 과거의 트라우마에 대한 우리 자신의 반응을 촉발시킬 수 있다. 우리는 내담자와의 회기를 두려워하거나 트라우마 중점 회기를 피하고 싶을 수도 있으며 치료를 중단할 자격이 있다고 느낄 수 있다. 우리는 내담자가 새로운 위기나 현재의 문제에 대해서 회기 내내 그것을 다루고자 하는 것을 허용할 수도 있다.

## 존중 욕구

존중은 Maslow의 심리적 욕구 중 두 번째이며, 또한 결핍 욕구이기도 하다. 존중은 존경, 지위, 명성을 포함한 외부 평가뿐만 아니라 독립, 품격, 성취와 같은 개인적 존중도 포함한다(McLeod, 2018). 존중은 미적 욕구와 인지적 욕구로 나뉜다. 그리고 미학도 욕구이다! 미적 욕구에는 아름다움을 찾는 것과 감상하는 시간을 갖는 것이 포함된다. 이것은 미술을 보고, 미술을 창조하고, 웅장함과 화려함의 순간을 추구하고 경탄하는 것을 포함한다. 현대 철학자인 Alain de Botton는 그의 책 「치료로서의 미술(Art as Therapy)」에서 "미술은 무엇을 위한 것인가?"라는 질문을 던졌다. 그는 미술을 보는 것은 우리가 우리의 어려운 문제들에 대한 균형과 해결책을 찾는 데 도움을 주는 정서적인 경험을 제공한다고 가정한다.

인지적 욕구는 지식을 얻고 탐험과 호기심에 참여하는 것을 포함한다. 그것들은 또한 우리의 환경에 대한 예측 가능성과 의미를 찾고자 하는 욕구를 포함한다. 특히 트라우마 회복과 관련하여, 이 마지막 두 가지 인지적 욕구는 필수적이다. 우리의 내담자들은 전쟁 중이거나, 폭행을 당하거나, 학대를 당하거나, 자연재해를 겪은 후, 평온과 안전을 예측하는 어떤 종류의 트라우마를 경험하고 난 후에 그들의 환경에 대한 예측을 필요로 한다. 트라우마 이후에 의미를 부여하는 것은 일관된 트라우마 이야기를 만들고 완전히 새로운 방식으로 세상과 그 안에서 우리의 위치를 이해하는 것을 포함한다.

트라우마를 내담자의 삶으로 맥락화할 수 있는 기회를 만드는 것은 내담자에게 숙달감과 치유에 필요한 일관적인 트라우마 이야기를 만들 수 있는 기회를 주는데, 이것은 치유하는 데 있어 필수적이다. 그들의 경험을 맥락화하는 것은 내담자가 의미를 개발할 수 있게 한다. 인생선(Hinz, 2020)은 내담자로 하여금 삶에서 중요한 사건을 나타내기 위해 미술과 단어로 인생선을 만들라고 요청하는데, 이것은 과거의 경험을 묘사하고 외상성 사건이 과거 사건과 경험의 전체가 아닌 고작 일부일 뿐이라는 점을 반영할 수 있는 기회를 제공한다. 유사한 개입이 길 그리기(Hanes, 1997)가 있는데, 여기서 사람들에게 지금까지의 인생 경험을 반영하는 길을 만들도록 요청한다. 이러한 개입들은 하나의 개입 안에 과거 행동, 현재 경험 및 미래 계획을 연결하는 것을 포함하며, ETC는 이러한 개입들이 내담자에게 가장 적합한 표현 영역이 무엇인지에 따라 드로잉부터 3차원 재료 사용에 이르기까지 다양한 재료를 사용함으로써 이루어질 수 있다고 제안한다. ETC 감각 구성요소는 시각, 청각, 미각, 후각 및 촉각 경로로부터의 정보를 포함하며, 이 모든 영역은 트라우마의 모든 언어적 및 비언어적 측면을 표현하는 데 필수적이다(Hinz, 2020).

인생선 및 길 그리기 외에도 질감과 상징을 추가하면 더 깊이 있는 통찰력을 얻는 데 도움이 될 수 있다. 변화 속에서 자기(self)에 대한 상징을 창조하는 것은 내담자의 이야기에 대한 더 깊은 표현과 이해를 이끌어낸다. 나는 내담자에게 길 그리기에서 드러난 변화의 다양한 부분 사이에 모델 매직 클레이를 사용하여 자신의 작은 상징을 만들어 줄 것을 요청한다. 자기에 대한 상징을 사용하는 또 다른 강력한 방법은 내담자에게 현재 경험하고 있는 변화를 반영할 상징을 만들도록 요청하는 것이다. 돌, 막대기, 반짝이, 이쑤시개, 보석, 작은 캐릭터 인형, 동물과 같은 다양한 물건들을 클레이에 추가하는 것은 상징을 다양한 모양과 크기의 형태를 띨 수 있도록 만든다. 이러한 질감과 물체들은 은유적이거나 문자 그대로의 질감이 나타날 수 있게 해준다. 이러한 표면과 모양의 질은 촉각 표현에서 현저하게 다를 수 있으며 현재 변화의 미묘한 측면을 강조할 수 있다.

인형 만들기는 투사적 동일시의 기회를 제공하며, 인형에 부여된 속성을 탐구하여 자기(self)를 더 깊이 이해할 수 있다. 자기(self)와 인간의 신적인 측면을 구체화하는 방법으로써 시간과 문화를 통해 사용되는 인형과 피규어는 그것을 만드는 사람이 자신의 내면의 경험을 외현화 할 수 있게 한다. 인형은 슈퍼히어로/영웅, 스포츠 피규어, 전형적인 캐릭터 등의 형태로 자신의 경험이나 자기(self)를 나타내기 위해 사용될 수 있다.

인형 만들기는 니카라과 정부가 가한 폭력을 피하기 위해 니카라과를 탈출한 여성들의 집단을 위한 강력한 개입이었다. 지난 7년간, Gwen Sanders와 나는 그라나다의 여성, 아동, 가족을 위한 사회 정의를 지원하기 위해 만들어진 비정부 기구(NGO)인 Viva Nicaragua의 설립자이자 총괄자인 Carrie McCracken과 함께 협력하였다. 과거에 우리는 학생들과 함께 그라나다로 여행을 갔지만, 2019년에 많은 사람들이 정부가 저지르고 있는 정치적 폭력으로부터 도망치기 시작했고, 그래서 우리는 코스타리카에서 NGO와 니카라과에서 온 난민들을 만났다. 이번 여행에서 함께 일했던 사람들은 집과 가족, 그리고 직업을 잃으면서도 버텼다. 몇몇은 대학원에 있었고 그들의 기록은 타버렸다. 우리는 감옥 안에서의 체포, 납치, 고문에 대한 여러 이야기를 들었다. 우리는 Carrie에게 상담하고 니카라과에서 아이들과 함께 했던 이전 여행에서 인형을 어떻게 사용했는지를 검토하여 그들의 장점을 표현했다. 많은 사람들이 축구 선수들과 그들의 부모들을 포함하여 그들이 존경하는 사람들을 만들었다. NGO와 함께, 우리와 여성들은 인형을 다시 만들기로 결정했다.

인형은 전 세계적으로 중요한 상징성을 가지고 있고, 걱정 인형은 특히 중앙아메리카에서 인기가 있다. 재료와 관련하여 Hinz(2020)는 섬유가 여성에게 문화적으로 관련된 재료와 과정을 제공한다고 언급하였다. 섬유재료는 두려움을 줄이고, 기분을 북돋우고, 휴식을 제공하고, 자존감을 증진시킬 수 있다(Reynolds, 2000). 연구 또한 섬유 미술이 여성들에게 유익하고 휴식을 촉진한다는 것을 보여준다. 예를 들어, 47명의 여성 집단은 섬유 미술이 글쓰기 또는 조용한 숙고와 비교할 때 염증을 일으키는 면역 반응 수준에 어떻게 영향을 미칠 수 있는지를 탐구하는 연구에 참여했다(Collier, Wayment, & Birketh, 2016). 이 연구의 여성들은 부정적이고 화가 난 사건을 떠올리도록 요청받았을 때 부정적인 기분이 유발되는 경험을 하였다. 각성과 참여도가 높은 섬유예술작품을 만드는 활동을 한 여성들은 다른 집단과 비교했을 때 긍정적인 기분을 늘리고 부정적인 기분을 줄이는 데 도움이 되었다. 게다가, 섬유 예술을 하거나 조용한 숙고를 한 여성들의 염증을 일으키는 면역 반응은 완화된 반면, 글 쓰는 집단의 염증을 일으키는 면역 반응은 증가했다.

다른 연구자들은 집단에서 여성들과 소녀들이 친숙하거나 새로운 재료를 사용하여 감정을 표현하는 데 있어서 섬유와 인형 만들기가 다른 사람들과 연결되는데 유리하다는 것을 발견했다. 인형 만들기는 트라우마를 치유하고 건강과 성장을 촉진하기 위해 많은 미술치료사들에 의해 사용되어 왔다. 어린 시절 성적 학대를 경험한 여성과 함께 인형 만들기를 했던 생각에 잠기게 하는 사례로는 한 미술치료사와 함께 만든 인형 6개가 있다(Stace, 2014). Winslow(2018)의 연구에서 인형 만들기는 65세에서 79세 사이의 여성에서 자기와 세계를 건강한 시각으로 보는 Erickson의 자아 통합 단계를 향한 발달 성장을 촉진했다.

코스타리카에서 우리가 함께 일했던 첫 번째 난민 여성 집단은 의사, 언론인, 그리고 건강 옹호자들을 포함한 고등교육을 받은 전문직 여성들이다. 그 인형들은 여성들이 자신의 감정을 투사하거나, 새로운 이야기를 창조하거나(아이들의 놀이 치료에서처럼 인형을 사용함) 힘의 원천으로 사용하는 데에 대상이 된다. Laura Reaney는 Notre Dame de Namur 대학에서 미술치료를 공부하고 있는 대학원생이고, 그녀는 우리 집단과 함께 코스타리카로 여행을 갔다. 그녀는 그 여성들과 함께 인형을 만드는 것에 대해 곰곰이 생각해 보았다:

걱정인형은 우리가 여성 집단과 시작하기에 완벽한 지도였다. 라틴 아메리카에서 유래한 걱정 인형은 옷핀이나 파이프 클리너로 만든 작은 인형으로, 고민을 덜어주는 수단으로 들고 다니거나 베개 밑에 두도록 되어 있다. 우리는 여성들에게 실, 자수실, 파이프 클리너, 펠트 등 부드럽고 촉감 있는 재료들을 많이 제공했다. 우리는 그들이 모든 재료를 통해 자신의 손을 움직이거나 각각의 재료에서 가장 큰 공감을 일으키는 색깔과 질감을 찾기 위해 모든 것을 분류하는 것을 정말로 즐기고 있었다는 것을 알 수 있었다. 여성들은 프로젝트를 시작하는 것을 주저하지 않았고, 우리는 그들이 만들기를 원한다는 것을 알 수 있었다. 모든 사람들이 하나의 큰 테이블에 둘러앉아 인형을 만들고, 대화를 나누고, 웃음을 나누며, 분위기는 평화로웠고, 마치 이 여성 집단이 단지 전형적인 공예 집단일 뿐, 실제로 최근에 그들의 생명을 구하기 위해 고국을 탈출한 이방인 집단이 아닌 것처럼 느껴졌다. 모든 사람들이 끝난 뒤, 우리는 테이블을 돌아다니며 각자의 인형과 인형을 만든 경험을 공유했다[그림 2.2]. 인형의 아름다움과 화려한 색상들은 여성들이 없어지기를 원했던 고민들과 걱정들이었다. 하지만 트라우마와 공포를 풍자하면서도 마지막에는 카타르시스와 동지애가 느껴졌다.

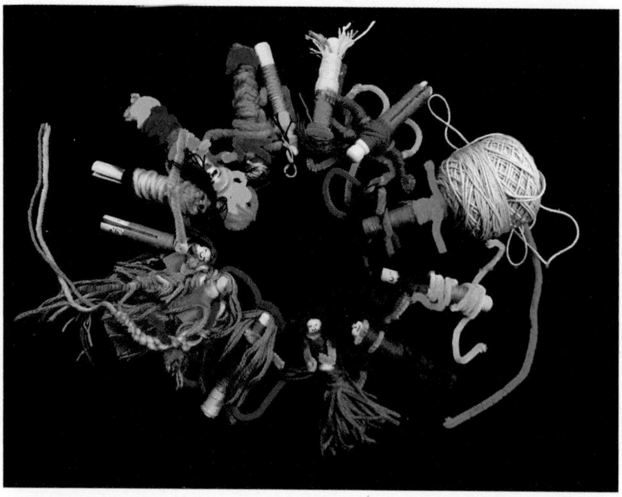

그림 2.2 코스타리카에 사는 니카라과 이민자들이 만든 걱정 인형들(사진: Laura Reaney)

인형 만들기는 여성들이 니카라과를 탈출한 최근 경험에 대해 더 깊은 대화를 나누게 했다. 인형을 만드는 행동과 위의 Laura Reaney가 묘사한 촉각 경험을 하면서 그들만의 이야기를 나누었고 이는 여성들의 최근 트라우마와 상실감을 다룰 수 있었다.

### 결론

요약하면, 치료의 두 번째 단계인 기억과 애도 단계는 외상 기억과 신체 감각에 대한 상세한 검토를 포함한다(Herman, 1997). 이러한 변환 단계(Chapman, 2014) 또는 노출 및 허용의 이야기 단계(Naff, 2014)는 트라우마 중심의 치료 부분이다. 내담자는 자신과 다른 사람들로부터 존중받기를 갈망하며, 치료사는 내담자의 이야기를 들어도 꾸준히 그들에게 무조건적인 긍정적인 존중을 가질 다른 사람들과 내담자들의 끔찍하고 두려운 경험에 대하여 공유할 수 있는 기회를 제공한다. 이 과정은 미술 또는 다른 심리 노출 치료를 통해 달성될 수 있다. 3장에서는 미술치료사가 내담자들이 그들의 트라우마를 표현하도록 만든 방법들에 대해 살펴보고자 한다.

## 트라우마 치료 3단계

치료의 마지막 단계는 Chapman이 통합 단계(Chapman, 2014), Naff가 통합 단계(치유 및 유지 관리)라고 불렀던 일상생활과의 재연결(Herman, 1997)에 몰두하는 것이다. 이 단계의 트라우마 치료에서의 과제는 과거의 트라우마를 고백하는 것에서 의미 만들기, 활동에 대한 새로운 관심, 삶에 대한 새로운 철학을 통해 자신의 삶에 다시 관여하는 것으로 전환된다. 이 최종 단계는 이상적으로 뇌의 모든 부분을 종합하고 ETC의 모든 측면을 자유롭게 사용하는 것을 포함한다(Hinz, 2020). 내담자는 한때 가능하다고 인식했던 것을 능가하는 외상후 성장을 보여줌으로써 탄력성과 회복력을 입증하여 일상생활에 다시 재연결된다. 어떤 사람들은 다른 사람들을 지지하거나, 보호하거나, 그들에게 일어났던 일을 경험하는 것을 막기 위해 논쟁에서 자신에게 일어났던 일을 활용하여 옹호하는 방식으로 나아갈 것이다.

## 자기실현 욕구

자기실현은 최대한의 잠재력을 키우고 실현하려는 욕구를 나타낸다(Maslow, 1987; McLeod, 2018). Maslow의 욕구 위계는 명백한 결핍과 충족되지 않은 욕구로부터 발생하는 정신병리학에 초점을 맞추는 것과는 대조적으로, 이 단계에서 Maslow의 욕구 위계는 인간의 잠재력에 초점을 맞추게 되어 우리가 원하는 사람이 되거나 자기(self)의 표현을 하게 된다. Maslow의 이러한 위계 단계는 트라우마 치료의 최종 단계에 해당한다(Herman, 1997; Najavits, 2014).

자기실현은 사람마다 다르고 다양한 방식으로 나타난다. 자기실현으로 이끄는 행동에는 개인적으로 책임을 지는 것, 활동에 몰두하는 것, 흐름을 따라가는 것, 창의성, 초심자의 마음을 경험해 보는 것, 새로운 것에 도전하는 것, 정직하고 진실을 추구하는 것, 그리고 인기가 없거나 대세에 어긋나더라도 개인의 신념에 따라 사는 것 등이 있다. Maslow는 약 2%의 사람들만이 욕구 위계의 정점에 도달하고 자기실현을 이룰 것이라고 추정하지만, 더 많은 사람들이 트라우마를 극복하고 외상 후 성장을 이룰 수 있다.

내담자와 학생들이 자기실현을 향해 나아가거나 외상 후 성장을 달성하는 것을 지켜보는 것은 경외심을 불러일으키는 경험이다. 그들의 잠재력을 최대한 발휘할 수 있게 하는 사람들과 함께 하는 것은 나 자신의 성장을 지속할 수 있는 영감을 제공한다. 우리는 내담자에게 자기실현을 향해 뻗어나갈 수 있는 미술과 사회적 기회를 제공할 수 있다. 상징적으로, 후기 치료 단계에서의 미술 개입은 치료자, 교사의 원형과 아동과 학생을 포함한 가상 또는 발달적으로 적절한 원형에 대한 관심을 포함할 수 있다. 원형 탐구와 미술은 내담자들이 외상 후 성장과 자기실현의 다음 단계로 나아갈 수 있는 발판을 제공할 수 있다. 원형에 대한 작업은 내담자들이 집단 무의식에 다가가게 하고 그들의 트라우마와 반응에 관련된 주제를 탐구할 수 있게 한다.

### 3단계에서의 미술

이 단계에서 어떤 미술은 옹호 미술이 될 수 있는데, 내가 성폭력 상담 센터에서 함께 일했던 사춘기 소녀들이 참여했던 미술을 예로 들 수 있다. 그들은 아동과 청소년의 성폭력에 대한 인식을 높이기 위해 공공 미술을 만들었다. 다른 내담자들은 소셜 미디어에 사회 정의에 대해 공유하거나 문제를 해결하는 데 도움이 되는 주장을 지지하기 위해 디지털 미술을 만들었다. 1990년대에 뉴욕 대학 아동 연구센터가 고통, 발견 및 희망을 반영하는 아동 미술작품에 대한 욕구를 출판하려고 할 때 나는 내담자가 그의 작품이 출판물의 일부가 될 수 있도록 제출하는 것을 도와주었다(Kopelwicz & Goodman, 1999). 작가들이 스스로 출판할 수 있는 Zines(잡지의 줄임말)와 소규모 온라인 출판물들은 내담자들이 그들의 미술을 보여줄 수 있는 다른 장소가 될 수 있다. 다른 내담자들이 정신병리학에 초점을 맞춘 전시에 그들의 미술을 제출하도록 돕는 것 외에도, 나는 많은 미술치료사들과 함께 내담자의 친구들과 가족들을 위한 클리닉과 병원에서 커뮤니티 전시를 형성할 예정이며, 이는 낙인을 줄이고 문제에 대한 인식을 높이는 역할을 한다.

이러한 기회들은 내담자들에게 그들의 이야기의 일부를 다른 사람들과 공유할 수 있는 플랫폼을 제공하며, 미술은 개인과 사회 변화의 매개체 역할을 한다. 나와 함께 일했던 내담자 중 가정폭력을 경험한 어머니와 아들 둘 다 이 주제에 대해 그들의 작품을 전시회에 출품했다. 우리는 모두 개막식에 참석했고, 나중에 모자 둘 다 그들의 경험으로부터 덜 외롭다고 느껴졌다고 보고했다. 비슷한 경험을 한 다른 사람들의 미술을 보는 것은 두 사람 모두를 예상치 못한 방식으로 감동시켰다. 그 어머니는 가정폭력에 대한 다른 사람들의 미술을 보고 감정적인 반응을 보인 후 자신의 미술에서 더 많은 위험을 감수하더라도 더 깊이 자신을 표현할 수 있도록 영감을 받았다고 언급하였다.

내담자에게 미치는 긍정적인 영향과 부정적인 영향을 포함하여 내담자의 미술을 보여주는 것의 의미를 생각해 보길 바란다. 사전동의는 여기서 필수적이며, 이것은 내담자들이 그들의 미술을 정말로 보여주고 싶어하는지 그리고 그들이 전시 전에 그들의 생각을 바꿀 수 있는 모든 기회를 갖도록 하는 것을 의미한다. 미국미술치료학회(AATA, 2013)는 내담자의 작품을 전시하는 것에 대한 지침을 제공하는데, 여기에는 미술작품이 내담자의 것인지 확인하는 것, 잠재적인 이익, 근거 및 영향력에 대하여 내담자와 이야기를 나누는 것, 전시가 대중들에게 정신 건강에 대한 정보를 제공하며 낙인을 줄이고 내담자들에게 힘을 실어 줄 수 있는 잠재력을 가진다는 것을 이해하는 것을 포함한다.

ETC와 관련하여 창의적인 경험은 운동감각 미술(Kinesthetic art) 구성을 통한 긴장감 해소와 감각 구성 요소를 통한 마음챙김으로써 외상 후 성장을 촉진하게 한다. 이 단계에서는 말로 하는 언어가 필요하지 않다. "이것은 율동적이고 촉각적이며 감각적"(Hinz, 2020, p.4)인데, 이것은 아기가 신체 경험을 통해 정보를 처음 받아들이는 방법과 동일하다. 운동감각 미술은 종이 위에 뭔가를 창의적으로 만들기 위해 섬유와 같은 재료의 감각적인 촉감이나 몸의 움직임에 의존한다. 매체 또한 정서적인 미술 구성요소를 통해 트라우마의 "복잡하고 때로는 상반되는 감정"을 표현할 수 있도록 한다(Hinz, 2020, p.152). 트라우마 경험에 대한 새로운 의미와 이해를 생성하는 것은 미술의 인지적/상징적 수준에서 촉진된다.

## 결론

트라우마 반응과 인간의 성장 욕구에 대해 우리가 알고 있는 것을 통합함으로써, 우리는 PTSD를 다루기 위해 치료 단계 전반에 걸쳐 증상 감소와 최적의 건강 모두를 촉진하기 위해 미술치료 개입을 실행할 수 있다. 심리 교육을 통해 변화가 어떻게 일어나는지에 대해 내담자에게 가르치는 것과 정보에 입각한 동의 과정은 치료 회기 초반에 이루어지지만, 트라우마 치료과정의 중요한 부분으로서 지속적으로 이루어져야 한다. 뱀과 사다리 보드게임과 유사하게, 치료사와 내담자 모두 치료에는 반드시 욕구의 반복적인 변화를 포함한다는 점을 상기함으로써 도움을 받게 된다.

초이론적 변화 모델은 치료와 변화 과정을 보편화하는 방법을 제공한다. 이 모델은 정체, 재발, 그리고 내담자들이 종종 "한 걸음 앞으로, 두 걸음 뒤로"라고 묘사하는 좌절감을 포함한다. 우리가 Maslow의 욕구 위계, 트라우마 치료의 단계, 초이론적 변화 모델에 대해 내담자에게 가르쳐 줄 때, 그들은 그들의 진전에 대해 더 많은 이해를 하고, 치료와 변화의 과정에 대해 생각하거나, 그 여정에 대한 준비를 시작할 수 있다. ETC는 내담자가 트라우마 치료 단계를 진행하기 위해 미술이 전략적으로 적용될 수 있는 방법을 제공한다. 진전과 재발은 훨씬 덜 병적이고 단순히 치료과정의 일부로 볼 수 있다. 다음 장에서는 미술치료사들이 치료의 트라우마 중심/노출 구성요소에 대한 치료의 두 번째 단계에서 어떻게 미술을 사용해 왔는지에 초점을 맞춘다.

## 참고자료

Hinz, L. (2020) Expressive Therapies Continuum: A Framework for Using Art in Therapy (2nd ed.) New York, NY: Routledge.

내담자가 미술과 어떻게 상호작용하며 미술이 회기에서 전략적으로 사용될 수 있는지에 대해 더 알고 싶다면, 표현치료 연속체(ETC)가 미술치료에서의 작업을 이해하기 위한 체계적인 방법을 제공한다.

Cohen, B.M., Barnes, M.M. & Rankin AB. (1995) Managing Traumatic Stress through Art: Drawing from the Center. Lutherville, MD: The Sidran Press.

이 워크북은 내담자가 치료 과정을 보완하기 위해 할 수 있는 과제 자료로 활용될 수 있다. 이 책은 급성 스트레스나 PTSD를 다루고 관리하며 회복하고자 하는 내담자들을 위한 미술치료 개입과 워크시트 시리즈를 제공한다. 이 책에는 미술작품과 자신의 강점을 설명하는 방법, 색칠 페이지, 특정한 감정이나 필요에 기반한 다양한 미술 개입 방법이 포함되어 있다. 이 워크북은 내담자가 치료 과정을 보완하기 위해 할 수 있는 과제 자료로 활용될 수 있다.

www.youtube.com/watch?v=ZVIQOytFCRI

"미술은 무엇을 위한 것일까요?(What Is Art for?)"는 Alain de Botton이 만든 5분 영상이다. 이 영상은 우리가 미술이 우리를 움직이게 하는 지적 이유를 즐기는 내담자와 공유할 수 있는 애니메이션 안내서이다. 이 영상은 미술을 감상함으로써 우리에게 균형을 제공하고 의미를 찾는 데 도움이 될 수 있는 방법에 대해 알려준다.

Chapter
03

# 외상 후 스트레스장애와 급성 스트레스 대상 미술치료

미술치료사들은 미술작품을 만드는 것이 자기 자신을 알거나, 화나는 경험을 처리하고, 기억, 감정, 감각을 의미 있는 이야기로 통합하는 수단을 제공한다는 것을 오랫동안 이해해왔다. 트라우마는 신체적, 심리적, 시각적 방식으로 부호화된다: 그것은 이야기의 형태로 이루어지지 않는다. 트라우마적 경험은 트라우마를 경험하는 개인을 압도한다. 이러한 경험들은 정신적으로 통합되기에는 너무 끔찍하고, 우리가 흔히 기억을 생각하는 방식으로써 트라우마에 대한 기억은 트라우마 경험이 한 사람의 자존감으로 소화될 수 있는 형태가 아니기 때문에 아마도 파악하기 어려울 수 있다(Cohen, 1985). 그 사건에 대한 정서적인 측면은 종종 분리되며, 특히 트라우마를 경험한 사람에게 있어서의 기억들은 단편적이고 종종 명확하지 않다. 트라우마 상태이거나 트라우마 후 신경학적 활성화에 기반을 두었을 때, 미술치료나 표현 미술과 같은 비언어적 표현 수단이 트라우마 스트레스를 관리할 수 있는 중요한 기회를 제공할 수 있다는 것은 놀라운 일이 아니다.

트라우마를 경험한 사람들과 함께 일하는 미술치료사를 위한 몇 가지 프로토콜과 많은 미술치료 연구가 존재한다. Linda Gantt와 Lou Tinnin, Noah Has-Cohen, 그리고 Linda Chapman은 트라우마를 경험한 사람들에게 미술치료를 적용한 매우 유명한 전문가들이다; 그 분야에서 막 부상하고 있는 연구자들을 포함하여 많은 다른 전문가들도 있다. 심리학에서의 증거 기반 실제와 같이, 미술치료 접근은 다음의 세 가지 영역에 중점을 둔다: 안전과 자기개념; 트라우마 처리; 통합, 의미 만들기, 그리고 성장. 지지적 치료와는 달리, 이러한 접근 방식은 트라우마에 초점을 맞추고 미술을 통해 트라우마에 주의를 기울일 뿐만 아니라 언어를 통해 일관된 트라우마 이야기를 만든다. 이 장에서는 나의 치료적 작업에 도움이 된 미술치료 접근을 검토하고자 하는데, 여기에는 본능적 트라우마 반응(Gant & Tinnin, 2007b, 2009, Gantt & Vesprini, 2018), 신경생물학적인 정보에 입각한 트라우마 미술치료(Chapman, 2014), 프로토콜 확인(Has－Cohen, Findlay, Carr, & Vanderlan, 2014), 시각적 대화(Spring, 2004), 미술치료 트라우마 프로토콜(Talwar, 2007)을 포함한다.

재능 있고 창의적인 많은 미술치료사들은 다양한 집단에 대한 치료에서 트라우마를 다루는 것에 대해 기록한다. 따라서, 이 장은 완벽하지는 않지만, 나는 당신이 자신의 접근 방식을 선택하는 데 방향을 제시해 주고 트라우마 중심 치료에 대한 더 많은 연구에 영감을 줄 수 있기를 바란다. 또한 이 장에서는 몇 가지 사례의 예와 기억이 어떻게 트라우마를 부호화하는지에 대한 신경학적인 지지, PTSD를 가지고 있는 여성들의 미술작품에 그림 상징의 존재에 대한 Dee Spring의 30년 연구, 그리고 더 많은 미술치료 연구의 필요성에 대한 몇 가지 관찰을 다룬다.

## 트라우마 기억 회상

PTSD를 가진 사람의 트라우마적 경험을 묘사하는 것은 상당한 어려움을 초래하는데, 여기에는 파편화된 기억, 일관된 트라우마 이야기를 형성할 수 없는 것, 트라우마를 표현하는 단어와 시간이 변경되었다는 감각을 활용하지 못하는 것을 포함한다(Herman, 1997; Gantt & Tinnin, 2009; Gantt & Vesprini, 2018). 예를 들어, 내가 치료했던 베트남 참전용사는 또 다른 군인이 팔다리가 잘려 죽은 사고를 목격했다고 묘사했다. 우리는 장시간 노출 프로토콜을 사용하여 몇 달 동안 그 경험을 이야기했고, 그는 매 회기마다 그 이야기를 했다. 지속적 노출은 해리, 회피, 무감각과 같은 외상 반응을 줄이기 위한 증거 기반의 매뉴얼화된 치료이다. 그것은 스토리텔링과 행동수정 전략을 통해 트라우마 기억들에 대한 노출을 증가시키는데, 이것은 바람직하지 않은 반응을 소멸시킨다. 지속적 노출에 대한 자세한 내용은 이 책의 뒷부분에 나와 있다. 이 참전용사의 기억에는 친구와 동료 병사가 들판을 건너는 것을 본 사고 약 15초 전의 기억을 포함했다. 사고와 그 병사의 죽음은 그 후 몇 초 안에 일어났다. 나의 내담자는 이 기억에 대하여 몇 달 동안 보고했고 다음과 같은 내용이 포함되어 있었다: (a) 군인이 걸어가는 것을 봤고, (b) 내담자는 그 순간 한눈을 팔아서 그 사고를 보지 않았고, (c) 그 기억은 이미 일어난 사고를 보았을 때 되살아났다.

몇 달 동안 그의 트라우마 기억을 연구한 후, 내담자는 그가 정말로 사고 자체를 목격했다는 것을 깨달았을 때 놀라움과 충격을 받은 것 같았다. 그리고 그는 사실 한눈을 팔지 않았고 사고 장면을 놓치지 않았었다. 그의 시간 감각은 그가 처음 자신의 이야기를 하기 시작했을 때 바뀌었고, 이야기를 순차적으로/일시적으로 정리하는 능력은 손상되었다. 그는 혼선을 이해하려고 애쓰면서 "잠시 아래를 내려다보거나 시선을 돌렸나 보다"며 이야기에 몇 가지 핑계 아닌 이유를 더하며 기억 혼선을 설명하려 했다. 그 트라우마에 대한 암묵적인 기억은 수개월간의 치료와 이야기의 말과 재연에서 나타났다. 이후 실제 사고에 대한 기억이 시간적으로 정리되면서 자신이 목격한 내용을 이야기의 모든 비판적 측면을 담은 조리있고 일관된 이야기로 정리할 수 있었다.

앞에서 언급했듯이, 트라우마는 주로 비언어적 현상(Gantt & Tinnin, 2009)이며, 본질적으로 자아에 통합될 수 없고 언어적 수단으로 표현될 수 없다. 트라우마 생존자들은 종종 그 사건의 다른 사실들과 일치하는 타임라인을 만들 수 없다는 것을 발견한다. 법정 소송에서 "신뢰할 수 없는 증인"이 된다는 것은 부정직함, 속셈, 지능의 부족, 또는 주의를 기울이지 못하는 것을 의미하지 않는다. 그것은 스트레스를 받을 때 뇌가 기능하는 방식을 반영한다. 예를 들어, 성폭행을 묘사하는 여성은 폭행의 구체적인 세부 사항은 기억하지만 그 후 일어난 일에 대한 일반적인 정보는 기억하지 못한다. 기억력은 노르에피네프린과 같은 뇌의 신경 조절제 때문에 가라앉거나 강화될 수 있는데, 이는 뇌가 어떤 기억을 우선시하고 유지할 것인지를 결정하도록 도와준다. 예를 들어, 어떤 세부 사항들은 우리의 기억 속에 분명히 보존되어 있는 것처럼 보이는 반면, 다른 것들은 일시적으로 혹은 영구적으로 기억이 안 나는 것처럼 보인다.

Christine Blasey-Ford는 2018년 가을 의회 앞에서 성폭행을 당한 것에 대해 증언했다. 그녀의 증언은 내담자들의 트라우마에 대해 내가 내담자들과 이야기하면서 본 것과 일치했다. 그녀의 이야기에는 그 이야기와 무관해 보일 수도 있는 세부 사항들이 주를 이루고 있는 반면, 다른 기본적인 세부 사항들은 기억해 낼 수 없었다. Blasey-Ford의 묘사를 상당히 독특하게 만드는 것은 그녀의 이야기가 신경심리학자로서의 관점에서 자기 반영적인 관찰들로 가득 차 있다는 것이다. 사건에 대해 가장 기억에 남는 것이 무엇이냐고 묻자, 그녀는 "해마에서 지울 수 없는 것은 두 사람[남자] 사이의 웃음소리와 그들이 나를 이용하여 즐거워하는 것"이라고 보고했다(Ducharme, 2018). 그녀의 기억과 관련하여, 그녀는 뇌의 어떤 부분이 기억에 의해 가장 큰 영향을 받았는지 설명할 수 있었다. 그녀는 자신의 경험에 대한 목격자 및 증인이었고, 트라우마를 기억할 때 뇌가 어떻게 경험을 처리하는지에 대한 전문가적인 목격자였다(Wallace-Wells, 2017). 그녀가 기본적인 사실을 기억하지 못한다는 것은 기억들이 일반적이고 트라우마가 아닌 기억들보다 트라우마에 대해 다르게 부호화되고 저장되고 기억된다는 것을 나타내는 신경학적 증거와 일치한다.

## 트라우마에 대해 언어로 말하기

앞서 언급했듯이, 트라우마는 비언어적 현상이며, 다양한 연구 성과가 이 개념을 지지한다. PTSD를 가진 사람들의 트라우마에 대한 언어적 설명을 하는 데 있어서 첫 번째 문제는 트라우마 동안 뇌의 언어 처리 구성 요소인 신피질 영역에서의 억제이다. 트라우마 경험 중 대뇌변연계 활성화는 트라우마 경험이 언어로 부호화되는 것이 아니라(Chapman, 2014; Gantt & Tinnin, 2009; Gantt & Vespriini, 2018), 다소 신체 및 정서적 감각, 느낌(Rapport, 2014), 시각적 이미지(Backos & Mazzeo, 2017)로 부호화된다는 것을 나타낸다. 저명한 트라우마 전문가인 Bessel van der Kolk는 일상적  사건에 대한 우리의 기억은 자주 변하기 쉬우나, "외상적 사건은 말로 표현하기가 거의 불가능하다"고 말한다(van der Kolk, 2014, p. 233). 더욱이, "트라우마 경험은 대부분 비언어적이고, 몸에서 느끼거나, 목격한 것을 통해 경험한다."(Backos & Mazzeo, 2017, p. 167).

PTSD를 가지고 있는 사람에게 나타나는 정서적, 인지적 장애는 신체 및 기타 언어 이전의 인식에서 나타난다(Kass & Trantham, 2014). 트라우마 기억을 회상하는 PTSD를 가지고 있는 사람의 경우 함축적인 과정과 전체 또는 부분 기억에 대한 접근을 하지 못하게 된다(Gantt & Tripp, 2016). 특히, 감정 및 언어 통제를 조절하기 위한 주의와 관련된 전대상피질은 PTSD가 없는 사람들이 트라우마 기억을 떠올릴 때 활성 상태로 남아 있다. 그러나 이러한 부분은 PTSD를 가지고 있는 사람들에서는 상대적으로 비활동적이다(Backos & Mazzeo, 2017; Gantt & Tinnin, 2009). 즉, PTSD를 가지고 있는 사람들이 그들의 트라우마에 대해 말하려고 할 때, 전대상피질이 비활성화된다; 그들의 뇌는 그 이야기를 전달하는 방법을 알 수 없게 된다. 불행하게도, PTSD 증상 중 하나인 회피는 트라우마 이야기를 분명하게 표현해야 하는 생물학적인 어려움과 더불어 지지적인 토크 치료에 참여하는 내담자들에게 중요한 도전이 된다. 미술과 표현치료는 전대상피질에 제한된 접근으로 인해 언어적인 접근이 어려운 트라우마 기억에 대한 접근을 가능하게 한다.

이러한 신경학적 관찰은 미술과 표현치료가 이미지와 이야기가 나올 수 있는 통로가 될 수 있는 방법을 지원한다(Chapman, 2014). 기억들을 통합하기 위한 미술작업 이후에도 일관된 트라우마 이야기가 여전히 필요한 것으로 보인다(van der Kolk, 2014). 트라우마와 관련된 이미지를 표현한 후, 개개인은 암묵적인 트라우마 기억에 접근해야 하며, 나중에 일관된 트라우마 이야기가 내담자에게 명백해질 수 있다. 또한 치료에서의 미술작업은 트라우마 및 안전과 관련된 불편한 감정을 조절하기 위한 감각 운동 경험을 제공한다(Has-Cohen, 2003; Gantt & Tinnin, 2009).

초기 치료에서 논리적, 순차적 또는 선형적 질문을 거의 하지 않는 것은 내담자의 정서적 경험에 주의를 기울이게 만들며 동시에 안전과 자기 감각이 확립된 이후에 순차적인 순서 및 트라우마 기억 회상에 대한 노력을 덜할 수 있게 만든다. 즉, 일관성 있는 이야기의 전개는 안전성이 확립된 후에만 탐색되어야 한다. 성인과 청소년의 경우, 치료의 중후반 단계는 트라우마에 보다 더 직접적인 관심과 일어난 일에 대한 이야기를 만드는 것을 포함한다(Chapman, 2014; Herman, 1997). 아주 어린 아동들에게는, 특히 학대가 시작될 때까지 언어가 발달하지 않았다면, 이야기가 없을 것이다. Klorer(2005)는 언어 발달 전 트라우마를 경험한 아동들에게 자신의 경험에 대해 서술적으로 이야기하도록 하는 것은 성공적이지 못했으나 성장, 보상, 애착에 대한 시도가 미술작업에서 나타났다고 언급했다. 치료의 초기 단계에서 이러한 지지적 치료 접근은 경찰이나 변호사가 법적 소송의 증거를 찾는 데 필요한 것과는 직접적인 대조를 이룬다. 만약 당신들의 내담자가 안전하고 힘을 다시 얻었다고 느끼기 전에 경찰이나 다른 사람들에게 그들의 경험에 대해 이야기를 한 적이 있다면, 자신의 경험들을 당신들과 공유하는 것을 주저할 수 있다. 안전이 확립되기 전에 이야기를 하는 것은 트라우마를 재발하는 안 좋은 방법이다. 이와는 반대로, 트라우마에 대해 이야기하기 위해 너무 오래 기다리는 것은 내담자들이 트라우마에 대해 이야기하는 것을 훨씬 더 두렵게 만들 수 있다.

미술치료는 트라우마를 표현하는 비언어적 특성과 경험적 과정 때문에 적절한 치료이며 다른 언어치료의 대안으로 보인다(Backos & Mazzeo, 2017; Chapman, 2014; Schouten et al., 2019). 언어는 혼란, 두려움, 좌절감을 유발하는 트라우마와의 관계에서 상실된 것처럼 보인다. 내담자들은 그들의 감정과 경험을 단어로 묘사하는 데 있어서 매우 부족하다고 보일 수도 있지만, 아마 그들은 자신의 감정을 미술로 묘사하고 나중에 그것을 언어로 표현할 수 있을 것이다. 이 경험은 아마 우리가 시간이 단축된 상황에서 꿈을 기억하려고 할 때나 명확한 논리와 명료한 이야기가 포함된 꿈을 기억하지 못하는 경험과 연관될 수 있다. 언어는 트라우마가 부호화되는 수단이 아니므로 언어가 트라우마 기억에 접근하는 가장 빠른 경로가 아니라는 것을 의미한다. 다시 말하면, 미술치료사와 표현치료사들은 비언어적 기억에 대한 접근 지점을 제공하고 트라우마에 대한 일관된 이야기의 필요한 창작과 표현을 촉진할 수 있다.

트라우마를 다루기 위해 치료에 미술을 적용하면 내담자는 트라우마의 시각적 경험과 언어 습득 이전의 경험에 접근할 수 있다(Backos & Mazzeo, 2017). 미술은 시각적 방식으로 트라우마를 표현하는데, 이는 경험에 대한 실제 부호화에 더 가까우며(Backos & Mazzeo, 2017), 미술치료는 PTSD 증상뿐만 아니라 PTSD를 유지하는 근본적인 과정을 목표로 삼을 수 있는 능력을 가지고 있다(Collie et al., 2006).

## 시간

PTSD를 가지고 있는 사람들은 트라우마 기억에서 시간의 손실이나 시간의 변경을 보고한다. 선(Zen) 선생님인 Shunryu Suzuki는 마음을 과거의 기억, 미래에 대한 걱정에서 유동적으로 움직이며, 마침내 현재 순간에 휴식을 취하는 시간 여행의 능력으로 묘사한다(Suzuki, 1970). 트라우마에 의해 손상될 때 몽키 마인드(*monkey mind*)[2]로 언급되는 우리 모두가 가지고 있는 마음의 이러한 측면은 과거(기억, 감각 및 신체 경험) 또는 무의식적으로 과잉 경계와 다음 트라우마가 발생할 미래에 초점을 맞춘 닥쳐오는 운명에 대한 느낌 형태로 꼼짝도 못하는 상태로 자주 남아 있다.

PTSD를 가지고 있는 사람은 침습 생각이나 신체적 기억을 경험할 때 현재 순간에 대한 인식은 극도로 어려워진다. 정신과 육체는 직접적인 기억(예: 트라우마의 정확한 위치)에 의해 트라우마 경험으로 되돌아간다. 그리고 나서 원래의 기억과 관련된 주변적 관련 기억(예: 트라우마가 발생한 지역 전체, 접촉, 무의식적인 연관성을 불러 일으키는 얼굴 표정)에 의해 트라우마를 겪었을 때의 경험을 다시 겪게 된다. PTSD를 가지고 있는 사람은 "감각적인 기억의 단편들이 현재 순간에 침입하는" 해리 상태로 변할 수 있다(van der Kolk, 2041, p.66). PTSD를 가지고 있는 사람들은 기억, 소리, 감정, 육체적 감각 및 생각에 대한 내면의 경험들을 피하고, 통제하고, 도망치려고 상당한 시간을 소비한다.

장기간 PTSD와 함께 살아온 내담자들에게는 피하고 싶은 충동이 스스로의 삶을 차지하게 되고, 그 문제는 그들의 삶의 거의 모든 측면을 차지하게 된다. 예를 들어, 마음이 트라우마를 생각나게 하는 것과 관련된 것이 주변으로 확대될 때 거의 모든 것이 트라우마 기억의 촉발 요소로 작용할 수 있다. 또한 촉발되는 것을 피하기 위해 생각나게 하는 것을 통제하려는 시도는 종종 격리, 무감각(마비) 또는 약물 사용을 증가시킨다. PTSD를 가지고 있는 사람의 경우 다음의 트라우마 시련을 예기하고 걱정하는 경험은 항상 존재한다. 높은 경계심인 상태에서 긴장하고 언제든 다음

2) 역자주: 시끄럽고 집중을 못 하는 마음가짐.

트라우마를 완전히 예상하는 경험은 "과잉경계심을 포기하는 것을 불가능"하게 만든다(Gantt & Vesprini, 2018, p. 149).

나와 함께 일했던 걸프전 참전용사는 원치 않는 내면의 경험을 피하고 또 다른 트라우마 경험의 가능성을 통제할 수 있다는 환상을 시도하기 위한 활동들을 주로 해왔었다. CC는 수백 명의 아군들이 살해된 대규모 군사 작전에 참여했고, 나머지 부대원들과 그들이 탈출할 수 있을 때까지 며칠 동안 전사자들과 함께 있어야 했다. 그 상황의 공포와 무력감은 그에게 남아 있었고, 그는 고위험 섹스, 절도, 안전하지 않은 운전, 도박 등 무력감을 다루기 위한 시도로 고위험 행동을 했었다. CC는 이러한 아드레날린으로 가득 찬 행동들을 하는 것이 두려움을 덜 느끼도록 도와주었고, 이러한 회피 전략들은 그의 기억으로부터 주의를 돌리는데 몇 달 혹은 심지어 1년 정도까지만 효과가 있었다. 결국 그 기억들과 신체 감각들은 그 위험 행동에 의해 더 이상 약화되지 않았고 CC는 고도의 경각심을 가진 과거에 대한 불안감에 빠져들게 되었다. 그는 새롭고 위험성이 더 높은 행동을 추구하기 시작하였고 그 악순환은 계속되었다.

때때로 변화가 일어나는 순환적 경로와 점진적인 속도를 보여주기 위해 CC는 매주 현재의 자각과 고통을 참는 일에 힘썼고, 자신의 불안감을 관리하기 위해 어떤 강박적인 회피 행동을 했는지 보고했다. 우리의 미술 작업은 그가 안전하다고 느끼는 장소와 시간을 확인하는 것뿐만 아니라 안전하다고 느끼는 내면의 경험을 파악하도록 안전에 초점을 맞췄다. 나는 미술 재료, 과제, 주제, 회기 시간, 간식에 대해 선택할 수 있도록 하였다. 이러한 기회들로 인해 선택과 역량강화를 기를 수 있도록 하였다. 9개월 동안, 그는 절도 같은 고위험 행동에 가담하려는 소망에 앞서는 감정을 인식하며, 이러한 행동으로 인해 불안이 고조되고 긴장이 감소하는 패턴을 인식할 수 있었다. 그 시기에 CC는 일주일에 몇 번씩 작은 물건을 훔침으로써 불안감에서 벗어나고 싶은 욕구를 아직 떨쳐버리지 못했지만, 그만큼 자아감이 높아졌고 자신의 감정을 더 잘 이해했으며 또한 행동을 통해 자신의 불안감을 관리하려고 노력하는 모습도 보였다.

## 트라우마 중심 미술치료 접근법

다음 부분은 트라우마 중심 미술치료 접근법의 프로토콜에 대한 개요를 제공한다(Backos & Mazzeo, 2017; Chapman, 2014; Gantt & Tinnin, 2007a, 2007b, 2009; Gantt & Vesprini, 2018; Has−Cohen et al., 2014; Spring: 2004; Talwar, 2007). 일부 프로토콜은 많은 연구를 뒷받침하는 반면, 일부는 개인 및 집단 미술치료를 위한 임상 프로토콜을 제공한다. 나는 당신이 PTSD를 위한 노출 기반 미술치료의 각 부분에 대해 탐구하는 것을 추천한다. 항상 그렇듯이, 만약 이러한 접근법이 당신에게 새로운 것이라면, 매체와 미술 과정을 통해 유발되는 감정과 절차에 익숙해지기 위해 먼저 스스로에게 이러한 접근법들을 연습해 보길 바란다. 트라우마에 초점을 맞춘 미술치료에 참여하는 것은 치료사와 내담자에게 특히 감정적으로 다가오기 때문에, 나는 당신이 내담자와 함께 시행하기 전에 동료나 슈퍼비전 때 개입에 대해 논의하고 당신의 미술작품의 예를 공유하길 바란다. 만약 당신이 개인 치료사가 있다면 치료사와 상담을 통하여 자신의 통찰력과 내담자와의 회기에서 당신의 잠재적인 감정 반응에 대해 인식할 수 있기를 바란다.

### 본능적인 트라우마 반응

본능적인 트라우마 반응은 Linda Gantt와 Lou Tinnin에 의해 만들어졌다. 미술치료를 사용하여 트라우마 반응을 치료하기 위해 잘 개발되고 연구된 트라우마 중심 프로토콜인 본능적 트라우마 반응은 다양한 트라우마 치료를 제공한다(Gantt & Tinnin 2007b; Tinnin & Gantt 2013; Gantt & Trip, 2016; Gantt & Vesprini, 2017). 특히, 이러한 트라우마 중심의 접근법은 전투, 자동차 사고, 의료적 트라우마, 자연재해, 아동학대, 납치, 감금, 강간 및 산업재해 등과 관련된 트라우마에 노출된 사람들에게 적용되어 왔다(Gantt & Vesprini, 2017). 지지적 치료 방법과 달리, 본능적 트라우마 반응 프로토콜은 내담자들에게 외상성 기억의 노출을 제공하는데, 이 방법은 종종 트라우마를 극복하는 데 필요하다. 미술치료 개입의 맥락에서의 노출은 미술이나 그 미술에 대해 토론하는 대화를 통해 트라우마 사건에 노출되는 것을 의미한다.

Gantt와 Tinnin(2007a, 2007b)은 얼어붙은 듯 움직이지 못하거나 통증에 대한 감각 상실 등의 반응을 포함하는 동물들의 생존 전략과 유사한 사람의 트라우마 반응을 비교한다. 트라우마적 상황을 경험한 사람들은 예측 가능한 방식으로 반응한다(Gantt & Vesprini, 2017). 이 정보를 내담자들과 공유하는 것은 트라우마에 대한 그들의 반응에 대한 생각과 감정이 어떤지 알아볼 수 있게 한다. 다른 사람들이 보고한 것과 마찬가지로(Herman, 1997; Van der Kolk, 2014), Gantt와 Tinnin은 트라우마를 겪는 중과 트라우마 후 특정 반응을 확인한다. 그들이 내담자들에게 트라우마에 대한 반응을 교육할 때 사용하는 순서는 총 7단계를 포함한다. 첫 번째는 (a) 놀라움으로, 놀람과 행동을 포함하는 깜짝 놀람이며, 투쟁 또는 도피를 수반할 수 있다. 다음 단계는 (b) 좌절된 의도이며, 이는 위협적인 상황을 피하려는 시도가 실행 불가능하다는 것을 깨달았을 때 발생한다. 탈출이 좌절된 것을 깨달았을 때 (c) 동결상태는 무감각, 마비, 긴장증, 그리고 움직일 수 없는 상태로 나타난다. 그 후, 개인은 종종 해리, 이인화, 현실감 상실로 특징지어지는 (d) 의식 상태 변화를 경험한다.－그들이 자신이 몸 안에 있지 않거나, 아마도 천장에서 보고 있거나, 텔레비전에서 그들이 처한 상황이 일어나고 있는 것처럼 느끼는 감정이나 생각. 다음으로 (e) 신체 감각은 경험이 몸 안에 부호화되는 과정으로, 나중에 신체 기억으로 돌아올 수 있는 비언어적 경험을 포함한다. 예를 들어, 통증과 구토와 같은 신체적 감각. 가해자에 대한 무의식적 순종이 나타나는데, 이러한 (f) 자동 순종은 "순종적인 마비 상태 또는 기계적으로 하는 행동"(p.169)을 가리킨다. 이 후반부는 대참사 생존자들과 함께 한 Krystal의 연구(1985)에 의해 뒷받침된다. 트라우마에서의 이러한 자기 보호 행동은 예를 들어, 가해자의 명령을 따르기 시작했을 때, 성적 또는 신체적 폭행에 자신도 가담했다고 느꼈을지도 모르는 사람들에게 나중에 혼란을 줄 수 있다. 마지막 단계는 (g) 자기 교정에 관한 것으로, 자거나, 씻기, 흔들기, 스스로 진정하거나 조용한 장소로 대피하는 것을 포함할 수 있다. 본능적 트라우마 반응은 내담자 자신의 트라우마 기억을 탐색하고 표현할 수 있도록 돕는 다중 단계 과정이다(Gantt & Tinnin, 2007b). 이것은 심리적 치료를 하는 데 있어서 구조를 제공하는데, 그것에 의해 내담자는 트라우마를 해결하기 위해 세 단계를 거치게 된다: 이야기 과정, 해리 해결, 피해자 신화 해결. 치료의 본질적인 과제는 시작, 중간, 끝을 가진 트라우마 스토리를 자서전적 방식으로 전개하는 것이다. 당신의 내담자들이 그들이 경험한 비언어적인 세부사항과 이미지에 대한 충분한 기억을 가지고 있다면, 그들은 그 이야기를 만들어 낼 수 있다.

앞에서 언급했듯이, 본능적인 트라우마 반응의 첫 단계는 내러티브 처리과정을 포함하는데, 이것은 단편적인 기억을 과거 상황에 있는 이야기로 전환함으로써 트라우마 기억에 종결을 가져오도록 만든다(Gantt & Vesprini, 2017). 여기서 미술과 놀이는 일관된 이야기를 만들 수 있는 기회를 제공한다. 다음 단계는 내담자의 해리 문제를 해결하는 것을 포함한다. 사람들이 트라우마 경험 중에 얼어붙은 것처럼 꼼짝도 못하는 상태를 경험할 때, 그들은 트라우마를 언어적으로 처리할 수 있는 능력을 잃는다. 이러한 상태는 트라우마에 대한 기억이 있을 때와 해리가 나타났을 때 발생할 수 있다. 다시 말하지만, 현재가 아닌 과거에 일어났다는 것으로 이야기를 확인하는 데 주의를 기울이는 것은 해리를 해결하기 위한 시작을 할 수 있다. 마지막 단계는 이 위험한 세상에서 피해자가 되어버린 것에 대한 내담자의 생각을 해결하는 것이다. 여기서 안전과 신뢰 문제는 창의적 미술 또는 놀이를 통해 외현화되며 피해자라는 의식에 기반을 두지 않고 견고한 정체성을 만들기 위한 방법으로 사용된다.

## 신경생물학적 정보에 근거한 트라우마 미술치료

신경생물학적인 정보에 근거한 관점의 미술치료는 아동학대를 받는 동안 손상되었던 뇌의 부분을 강화하는 수단을 제공한다. Chapman(2014)은 2002년에 신경발달 미술치료를 도입하였다. 이 접근법은 학대, 방임 또는 관계적 트라우마를 경험한 아동들을 치료하기 위해 마음과 신체를 활용한다. 그녀는 나중에 이 모델에 애착이론과 신경생물학을 추가해 발달 욕구와 트라우마 반응을 다루기 위해 설계된 잘 갖춰진 프로토콜로 만들었다. 특히, 트라우마를 겪은 아동의 뇌는 부주의, 초조함, 정서적, 육체적 인식의 단절, 신체적, 심리적 발달지연을 포함한 일련의 행동 문제에서 나타날 수 있다. Linda Chapman(2014)은 자신의 접근법에서 "미술치료의 실제는 트라우마의 신경생물학과 일치한다"(p.xxiv)라고 주장한다.

앞서 논의한 바와 같이, 트라우마 치료에 대한 접근법에는 안전성 확립, 트라우마 이야기 작성 및 해결을 포함한 순차적 치료 단계가 포함된다. Chapman의 모델(2014)은 회기에서 안전성과 예측 가능성을 강조하며, 각 미술치료 회기는 아동과 청소년의 PTSD 증상을 해결하기 위해 일관된 패턴을 따른다. 그녀는 미술작업 활동을 천천히 소개함으로써 내담자에게 동기를 부여하고, 자체적인 미술작업을 통해 회기를 시작한다. 그녀의 프로토콜의 다음 단계는 시간이 지남에 따라 언어 처리 과정에 할애되는 시간이 늘어남에 따라 언어로 미술 이미지를 탐색하는 것이다. 마지막으로 각 회기는 명확한 종료와 다음 회기를 위한 계획으로 마무리된다.

Chapman(2014)의 신경발달 미술치료는 트라우마에 노출된 아동과 청소년을 위한 치료를 네 가지 단계로 다룬다: 자기(self) 단계, 문제 단계, 변형 단계, 그리고 통합 단계. 여기서는 이러한 각 단계를 몇 가지 예시와 함께 설명하며, 신경생물학적 정보에 근거한 미술치료에서 트라우마를 경험한 청소년과 아동을 위한 그녀의 중요한 작업과 개입에 대해 더 자세히 읽을 수 있다(Chapman, 2014). 자기 단계에서는 내담자가 자신의 행동에 대한 자기 통제력을 가지고 구체적이고 편안한 자기의식을 확립할 수 있도록 돕는 데 중점을 둔다. 이 단계에서는 치료사가 안전에 많은 초점을 두어야 하며, 안전이라는 단어를 사용하고, 실내 온도가 편한지를 묻고, 배가 고프거나 목이 마르면 간식을 제공하는 등 내담자의 신체적 욕구에 주의를 기울인다. 해리된 아동들은 감정과 신체 감각을 구별할 수 없으며, 회기에는 아동과 청소년이 이러한 구별에 주의를 기울이도록 돕는 것을 포함한다. 이 단계에는 고도로 구조화된 미술 재료와 Chapman이 "감각-운동 미술"이라고 부르는 상호 낙서와 같이 최소한의 기술을 요구하는 비위협적인 미술 활동이 포함된다(p. 55). 연필, 마커 및 크레용과 같은 고도로 구조화된 재료는 내담자가 매체를 통제할 수 있도록 한다. 그 재료들은 익숙하고 크레용으로 그린 것은 색상, 모양, 느낌 면에서 예측 가능하고 예측 가능한 선을 만들기 때문에 내담자들이 그것들을 사용해도 놀랄 일이 없을 것이다.

신경발달 미술치료 프로토콜의 두 번째 단계(Chapman, 2014)는 치료사들이 내담자의 정서적 조절과 항상성을 확립하는 것을 돕는 데 초점을 맞추는 문제 단계이다. 또한, PTSD 문제 또는 그에 따른 행동 문제는 미술에서 보다 직접적으로 다루어지며, 아동이 나이가 많거나 10대인 경우 언어로 다루어진다. 이 치료의 구성 요소는 아동이나 청소년의 트라우마 경험을 탐색하며, 더 많은 감정 표현을 유도하기 위한 노력으로 분필, 액체물감, 수채화와 같은 더 많은 유동 매체를 추가하는 것을 포함한다. 이 단계의 프로젝트는 내담자가 다시 선택권을 갖고 선호도를 탐색하며 토론할 수 있도록 통제된 매체와 유동적인 매체를 모두 포함해야 한다. 이 단계에는 슬픔과 상실감뿐만 아니라 수치심과 비밀에 대해 특별한 주의를 기울임으로써 가족과 다른 관계와의 감정에 대한 탐색이 포함된다,

Chapman(2014)의 신경발달 미술치료 프로토콜의 변환 단계는 자신의 자기(self)를 재정의하고 대처 기술과 새로운 행동에 주의를 기울인다. 이 단계는 PTSD 증상이 완화되었을 때 시작되며, 미술은 자기 이야기와 자서전적 미술에 대한 탐색을 포함한다. 미술은 길이나 다리의 예술적 창작의 형태로 이야기를 창조하고 미래의 목표를 탐색하는 것을 포함한다. 여기서 많은 매체가 제공될 수 있고, 다시 말하지만, 내담자들은 자신의 미술 선택에 대한 통제권을 가지게 된다. 마지막 통합 단계는 과거의 경험을 현재의 자기감과 분리하는 것을 강조한다. 치료는 미래에 초점을 맞추는 것으로 전환되고, 미술은 현명한 내면의 목소리를 개발하는 것을 포함한다. 내면의 목소리를 확인하고 키우는 것은 동물 토템과 경계 그릇(boundary bowl)의 사용을 포함할 수 있다. 치료의 이 부분에서는 관계를 검토하거나 종결 부분을 검토한다.

## 프로토콜 확인

신경생물학적 이론에 근거하여, Hass-Cohen et al.(2014)의 프로토콜 확인은 재균형, 일관된 트라우마 이야기, 트라우마 이야기에 대한 자서전적 일관성을 촉진한다. 두려움, 회복성, 트라우마 반응에 대한 신경생물학적 이해뿐만 아니라 앞에서 언급한 트라우마 회복에 대한 Judith Herman(1997)의 3단계 접근법을 기반으로, Hass-Cohen의 프로토콜은 대처, 통제 및 숙달성을 촉진하기 위해 설계된 다섯 가지 미술 개입을 포함한다. 자서전적 트라우마 타임라인, 트라우마 그리기, 언어적 서술, 이전 이미지의 변형, 자기 강점 이미지, 낙관적인 미래의 이미지 등이 포함된다. 프로토콜 확인은 내담자가 상상하고, 서술하고 각 자서전적 트라우마 사건을 처리하

는데 필요한 횟수만큼 반복될 수 있다.

위에서 언급한 다른 프로토콜들과 마찬가지로, 프로토콜 확인(Has－Cohen et al., 2014)은 먼저 과거에 위치한 트라우마를 다룬다. 첫 번째 그리기는 현재에 대한 인식을 촉진하고 트라우마 이후 시간의 흐름에 대한 인식을 심어준다. 그리기는 트라우마가 과거에 발생한 것을 시각적으로 묘사하고 현재와 구별되는 "트라우마 사건의 자서전적 타임라인을 그리세요"(Has－Cohen et al., 2014, p.73)라는 지시사항으로 시작한다. 그다음의 미술 개입은 트라우마에 초점을 맞추며 지침은 다음과 같다: "만약 당신이 일어난 일이나 당신이 묘사하기 편안한 것의 한 측면을 그림물감으로 칠하거나 그린다면, 그것은 어떻게 보일까요?"(Has－Cohen et al., 2014, p.73). 이 개입의 목적은 내담자를 사건의 트라우마 기억에 노출시키는 방법을 만드는 동시에 어떤 기억 혹은 어떤 순간이 공유될 것인지를 통제할 수 있게 만드는 것이다. 이 작품은 나중에 사용하기 위해 디지털로 캡처되며 제목과 서술된 이야기가 포함되어 있는데 이는 미술치료사와 공유된다. 이러한 서술된 이야기의 생성과 읽기는 이미지를 트라우마 기억의 감정적, 인지적 측면과 통합하는 데 도움이 된다. Hass－Cohen et al.(2014) 또한 이야기를 쓰고 공유하는 것이 트라우마에 대한 인지 왜곡을 줄이는데 도움이 된다고 가정한다.

프로토콜 확인의 세 번째 그리기(Has－Cohen et al., 2014)는 내담자에게 "만약 당신이 그림을 그리거나 그림의 한 측면을 변경하거나 유지할 수 있다면, 당신은 어떤 측면을 선택할 것이며, 그것은 어떻게 보이는가?"라고 묻는 구두적인 "체크인"을 포함한다(p.73). 이러한 논의 후에 추가 지시사항이 제공되며, 내담자는 이미지를 변경하도록 요청받는다. 미술치료사는 내담자에게 "잘라내거나, 잘라낸 부분을 보관하거나, 버리거나, 그 위에 배경색을 사용하여 페인트를 칠할 수 있고 추가 이미지를 그리거나 칠하거나 붙이거나, 구조를 보완한 부분을 새로운 페이지에 붙여 새로 시작하는 것도 고려해 보세요"(p.73)라고 안내한다. 내담자에게 변경된 이미지의 제목을 정하고 설명한 다음, 이전에 디지털로 캡처한 이미지와 변경된 이미지 간의 차이에 주의를 기울이도록 한다. 이 토론은 정서적 인식과 내적 통제감을 높이기 위해 설계되어 있다.

네 번째와 다섯 번째 그리기는 회복력을 증진시키고 내담자에게 "당신의 장점/

강점을 그리시오"라고 요청한 다음, 나중에 "낙관적인 미래가 어떤지에 대한 이미지"를 그리도록 고안되었다(Has-Cohen et al. 2014, p.73). 이 단계에서 치료사는 다른 테이블에 다양한 재료를 제공하여 내담자가 원하는 미술매체를 이동하고 선택하여 미술 제작 테이블로 가져올 수 있도록 해야 한다. Hass-Cohen et al.(2014)은 다른 테이블에서 매체를 가까이 하거나 멀리하는 것이 목적이 있는 통제감을 가능하게 하며, 이는 꼼짝 못하고 얼어붙은 반응을 줄이는 데 도움이 되도록 더 탐색할 수 있다고 주장한다. 앞서 언급했듯이, 내담자가 추가적인 외상적 기억과 이미지를 다루기 위해 필요에 따라 다섯 가지의 그리기들을 반복할 수 있다.

프로토콜 확인(Has-Cohen et al., 2014)은 치료의 중간 단계에 적용할 수 있는 특정 노출 기반 치료를 제공한다. 일단 안전과 신뢰가 확립되고 대처 기술이 신뢰할 수 있고 잘 준비된다면, 이 프로토콜은 내담자가 자신의 속도로 트라우마 기억에 노출될 목적으로 예측 가능한 일련의 미술 개입에 참여할 수 있도록 한다.

## 시각적 대화

미술치료사들은 미술에서의 상징과 심리진단 사이에는 일대일 관계로만 존재하지 않는다는 것을 이해해 왔으며, Spring(1988; 2004)은 성학대로 PTSD를 가지고 있는 성인 여성들을 대상으로 30년 동안 연구를 수행해왔다. 그녀의 초기 연구에서는 그들의 작품에서 두 가지 영역(육체가 없는 눈과 쐐기(wedges))에서 반복되는 그래픽 형태를 보여주었다. 초기 연구결과를 더 평가하고 확인하기 위해 고안된 이후의 연구에서는 성적 학대 여성과 트라우마에 노출되지 않은 통제집단 간의 미술 작품에서 이러한 그림 표시의 수에서 상당한 차이를 발견했다.

Spring(2004)은 성폭력외상센터에서 일하면서 연구를 위해 다섯 가지의 그리기 시리즈를 개발하였고, 30년 이상 이 방법을 사용하였다. 첫 번째 그림은 자화상으로, 내담자에게 "나"에 대한 그림을 그리도록 요청한다(Spring, 2004, p.203). 다음으로, 내담자들에게 그들의 공간을 세상과의 관계 속에서 어떻게 바라보는지 고려하도록 요청한다. 이를 위해, 내담자들에게 나의 공간이라고 불리는 그림을 그리도록 요청한다(Spring, 2004, p.203). 세 번째 그림은 나의 인생길이라고 불리는 자서전적 일대기 그림이다(Spring, 2004, p.203). 마지막 그림은 "나의 가족과 나"(Spring, 2004, p.203)이며, 마지막 그림은 자화상의 반복이다. 이 지시사항 중 특별히 여성의 트라우마에 대한 그림을 요구하지 않기 때문에 이 시리즈는 확실히 다른 대상들에게 함께 사용될 수 있다. 그러나 Spring은 이 시리즈가 여성들이 성적 학대 트라우마에 대한 이야기를 표현하기 시작할 때 도움이 되며 공통적인 주제가 나왔다는 것에 주목했다.

## 미술치료 트라우마 프로토콜

Savneet Talwar(2007)가 설계한 미술치료 트라우마 프로토콜은 신체적, 비언어적 트라우마 기억을 다룬다. Talwar의 임상 실제에서 비롯되었으며 Francine Shapiro의 안구 운동 민감 소실 및 재처리 요법(EMDR)(Shapiro, 2001; Shapiro, Snyker, & Maxfield, 2002)에 영향을 받은 이 미술치료 접근법은 내담자의 자기 인식과 근원적인 부정적인 감정 및 정서적 반응을 다루기 위해 뇌 통합에 대한 신경생물학적 이해를 강조한다. 내담자가 트라우마에 대한 명확한 기억을 가져야 하는 EMDR과 달리, 미술치료 트라우마 프로토콜은 내담자에게 고통스러운 모호한 기억이나 감각에 주의를 기울일 수 있는 능력을 제공한다. Talwar의 접근법은 큰 종이(22"×29"인치)와 템페라 물감을 사용하여 3단계에서 비언어적 트라우마를 다룬다. 용지는 물감과 멀리 떨어뜨려 놓아서 내담자가 물감을 사용하고 있는 종이를 앞뒤로 이동할 수 있도록 한다. 움직임과 자기수용감각(공간에서 자신의 신체에 대한 인식)에 대한 이러한 강조는 양쪽 뇌 자극을 유발한다.

미술치료 트라우마 프로토콜(Talwar, 2007) 첫번째 단계는 내담자에게 생각을 중단하고 그림물감으로 칠하도록 요청하면서 그림물감이 있는 테이블과 종이가 걸려 있는 벽 사이를 앞뒤로 이동하는 것으로 시작한다. 완성되면, 내담자에게 "그림과 관련된 지배적인 감정을 말로 표현하세요"(p.30)라고 요청한다. 두 번째 단계에서는 내담자에게 부정적인 자기표현 또는 인식을 분명히 하도록 요청하고, 이어서 원하는 긍정적인 자기표현 또는 인식을 분명히 하도록 한다. 예를 들어, 내담자는 "나는 사랑스럽지 않다"라고 말할 수 있고, 그것을 대체하는 것은 "나는 사랑받고 있다"이다.

그런 다음 내담자에게 자신의 인식에 대한 믿음을 1－7의 척도로 평가하도록 요청한다. 이 단계에서, 그들은 자신이 주로 사용하지 않는(오른손잡이면 왼손으로, 왼손잡이면 오른손으로)으로 새로운 종이에 그림을 그린다. 그림을 그리는 동안, 내담자들에게 그들의 부정적인 인식과 신체적 감각을 염두에 두고, 충격적인 트라우마 기억에 집중하도록 요청한다. 세 번째 단계에서는 내담자가 트라우마 기억을 떠올릴 때 더이상 불안한 감정을 알아차리지 못할 때까지 매번 새로운 종이를 사용하여 주로 사용하는 손과 사용하지 않는 손을 바꿔가면서 그림을 계속 그린다.

## 외상 후 스트레스장애를 위한 ACT 미술치료 프로토콜

클리블랜드 퇴역군인 관리 병원의 심리학자 Corrie Maze와 나는 PTSD를 가지고 있는 다양한 전쟁의 퇴역군인들을 위한 트라우마 중심 미술치료 집단을 형성하였다(Backos & Mazzeo, 2017). PTSD 클리닉에서 함께 일하면서 참전용사들에게 노출치료뿐만 아니라 집단상담, 개인상담 등 지원서비스를 제공하였다. 우리는 마음챙김 요소를 지닌 제3의 흐름인 CBT 접근 방식의 수용전념치료(ACT)를 함께 제공하였다. 우리는 PTSD 진단을 받았던 참전용사와 PTSD 클리닉에서 개별 치료를 받았던 참전용사들을 2년 동안 지속적으로 8주 집단치료를 진행하였다.

ACT 미술치료 집단은 두 시간 회기 동안 예측 가능한 순서를 따랐다: 마음챙김 미술 개입, 정신교육, ACT 미술치료 체험, 토론, 종결, 미술과제 제시(Backos & Mazzeo, 2017). 마음챙김은 ACT의 핵심 특징이며, 우리는 각 집단의 시작에 "체크인 만다라(check－in mandala)"를 사용했다. 이를 통해 퇴역군인에게 동그란 원이 있는 밝은 색상의 카드 종이에 선, 모양, 색을 사용하여 이미지를 만들도록 요구하였다. 우리는 마커, 색연필, 크레파스와 같은 구조화된 미술재료를 제공했다. 우리는 매주 참전용사들에게 "만다라를 만드는 올바른 방법은 없으며, 당신이 어떻게 하든 괜찮다"고 상기시킨다.

각 집단의 정신교육 구성요소는 ACT에서 여섯 가지 핵심 과정, 즉 마음챙김, 문제로서의 통제, 의지, 인지적 탈융합, 가치, 전념적 행동 등을 활용하였다(Walser & Westrup, 2007). ACT의 맥락에서, 마음챙김은 개인이 현재의 현실을 주시하면서 현재를 유지할 수 있도록 돕기 위해 자신의 내적 생각, 감정, 신체 감각에 대해 비판단적인 태도로 주의를 기울이는 것이다(Harris, 2008). 통제는 자신의 현재 현실을 받아들이는 것과는 반대되는 것으로, PTSD의 맥락에서 특히 PTSD의 증상을 다룰 때 자신의 생각과 감정을 통제하려고 노력하는 경향을 말한다. ACT의 맥락에서 융합은 "생각과 그것(이야기와 사건)이 하나로 합쳐져 있는 것"을 의미한다(Harris, 2008, p.39). 사람들이 그냥 단순히 머릿속에서 일어나는 생각 대신에 마음에서 진실이며 사실이라고 판단되는 것을 믿을 때 그들은 인지적 융합을 경험하게 될 것이다. 그 반대인 인지적 탈융합은 개인이 자신의 생각을 현실로 보지 않고 있는 그대로 볼 수 있는 관찰 과정이다. 이것은 퇴역군인들이 수치심, 죄책감과 관련된 자기 비난과 자기 가치에 대한 부정적이거나 강렬한 생각에 직면했을 때 감정에 더 좌우되지 않게 한다. 가치를 분명히 확인하는 것은 개인들이 PTSD 증상이 있음에도 불구하고 그들이 살고 싶은 삶을 살도록 인도하는 데 도움이 되는 반면, 전념 행동은 그러한 가치를 향한 일상적인 행동 단계를 밟는 것을 포함한다. 이러한 개념들은 5장에서 더 자세히 다루어질 것이다.

미술 개입은 집단구성원들이 선택하거나 집단 내에서 공유하는 것이 편안하다고 느끼는 것을 글로 쓰거나 공유하는 것으로 이어졌다. 그들은 개인 치료사들과 그들의 미술에 대해 더 많이 이야기하도록 격려되었다. 과제로 매일 만다라 그림을 그리도록 했고 우리는 그들이 집에서 사용할 수 있도록 종이와 색연필을 제공했다.

집단 개입 첫 주에는 마음챙김이 포함되었으며, 호흡 작업과 휴식을 동반하는 도구로서 만다라를 만드는 것은 집단구성원들에게 현재에 대한 인식을 촉진시키기 위해 고안되었다. 둘째 주에서는 문제로서의 통제에 대한 ACT 개념을 강조하였는데, 이는 특정 인지통제전략을 통해 PTSD 증상을 조절하려는 시도에 대해 집단구성원들이 인식을 할 수 있도록 하는 것이다. 통제 전략의 영향을 설명하기 위해, 우리는 참전용사들에게 다양한 재료로 두 개의 자유 그림을 그릴 것을 요청했다. 우리는 두 번째 그림에서 매 순간마다 끼어들며, 그들에게 다양한 색상의 사용을 중지하고, 그다음 다양한 선이나 모양을 사용하지 말라고 하였다. 우리는 그들에게 그들의 두 그림을 비교하도록 했고, PTSD로 인해 스스로 부과된 통제와 행동의 제한이 어떻게 그들의 삶을 점점 PTSD 중심으로 만들었는지에 대해 논의했다.

세 번째 ACT 미술치료 개입은 그들의 고통스러운 기억에 접촉하려는 의지에 초점을 두었다(Backos & Mazzeo, 2017). 우리는 참전용사들에게 트라우마에 대한 이미지를 묘사하고, 트라우마에 대해 쓰고, 그 집단에서 그와 관련된 것을 공유하라고 요청했다. 다음으로, 인지적 탈융합은 자신의 마음을 관리하고, 퇴역군인들이 무비판적 태도로 생각과 감정에 주의를 기울이도록 격려하며, 그들의 생각을 오고 가는 마음의 단순한 측면으로서 보기 위한 도구로서 소개되었다. 우리는 그들에게 원치 않는 생각을 반영하기 위해 몬스터를 만들라고 요청했고, 이 개입에 대해서는 5장에서 더 자세히 설명할 것이다.

마지막 2주간은 특정 가치를 파악하고 그 가치에 부합한 일상적 단계를 밟는 데 초점을 맞췄다. 그들은 현재 자신의 삶에서 가장 우선시되는 영역에서 가족, 교육, 일, 영성, 또는 건강을 포함하는 가치를 선택했다. 그러고 나서 그들은 그들의 가치를 상기시키기 위해 차나 문손잡이에 걸 수 있는 작은 모빌들을 만들었다. 마지막 주는 PTSD 회피 증상이 있음에도 불구하고 그들로 하여금 그들의 가치에 대한 매일의 행동에 전념하도록 하였다. 이러한 개입은 「군인집단 대상 미술치료(Art Therapy with Military Populations)」라는 책에서 더 자세히 설명되어 있다(Howie, 2017).

Mazzeo와 나는 PTSD를 위한 ACT 미술치료 프로토콜을 공동으로 만들었고, 우리는 2년 동안 이 집단들을 운영했다. 나는 미술치료사가 아닌 전문가로서 그녀가 미술치료에 대해 특히 도움이 된다고 생각하는 것이 무엇인지 알고 싶었다(C. Mazzeo, 개인적 대화, 2019년 9월 16일):

> 종종, 나는 트라우마 환자들에게 "뭐라 말할 수 없다"라고 말하는 나 자신을 발견한다. 공감에 대한 나의 시도...... 뭐라 말할 수 없다. 내 환자들이 백만 번 동안 그들의 마음과 악몽 속에서 경험하고, 목격하고, 다시 느꼈던 감정들에 대해서 묘사할 단어가 없다. 우리는 상한 우유에서부터 우는 아기까지 다양한 것들을 묘사하기 위해 일상생활에서 "끔찍하고, 역겹고, 가슴 아프고, 속이 쓰라리다"라는 단어를 사용하는 경향이 있다. 그래서, 만약 우리가 이 단어들을 그저 약간 화가 나는 것들에 그렇게 자유롭게 사용한다면, 사람들이 삶에서 최악의 일들을 진정으로 경험할 때, 어떤 단어들이 남아

있는 것인가? 우리가 환자로서, 치료자로서 막혔다고 느낄 때? 미술치료가 그 공백을 메울 수 있다. 말이 없을 때 환자가 자신을 표현할 수 있는 방법이 있는데, 이는 환자와 치료사 모두에게 안도감을 준다.

베트남 참전용사가 그린 그림이 기억에 생생하다. 나는 전에 없던 수준으로 그를 이해했다. 그것은 막대 사람 그림이었다. 그 모습의 자세는 마치 세상의 무게를 짊어지고 혼자 있는 것처럼 지칠 대로 지쳐 보였다. 이 순간, 나는 미술치료의 힘을 깨달았다. 그것은 자신을 "창조적" 또는 "예술적"이라고 생각하는 사람들에게만 국한되는 것이 아니라 모두를 위한 것이다. 한낱 막대 사람 그림이라도 걸작만큼 강력할 수 있다.

트라우마 환자들은 매우 많은 이유로 경계하는 경향이 있다. 이것 자체가 심리치료를 극도로 어렵게 만들 수 있다. 내 환자들은 취약하다고 느끼는 것을 좋아하지 않는다. 미술치료는 치료사 또는 다른 집단구성원과 얼마나 많이 공유하는지에 대한 완전한 통제력을 유지하면서 자기 자신을 완전히 표현할 수 있게 해준다.

완전한 통제에 관한 Mazzeo의 마지막 요점은 적절하다. 치료사로서, 우리는 내담자가 PTSD로부터 회복하는 데 있어서 스스로 선택할 수 있도록 역량을 강화할 수 있게 도와준다. Mazzeo는 이를 위해 미술치료가 어떻게 매체를 활용하는지 강조한다. 즉, 미술 재료를 통해 통제가 제공되고, 무엇을 사용할지, 무엇을 만들 것인지, 무엇을 언어로 공유할지 하지 않을지에 대한 선택은 오로지 내담자의 몫이다.

## 트라우마 치료를 위한 미술치료 연구

국제외상스트레스학회(ISSTS)는 미술치료를 트라우마를 위한 유용한 보조치료로 규정하고 있다(Foa, Keane, & Friedman, 2000). 그러나, 미술치료는 증거 기반한 실제로 분류되는 데 필요한 무선표집한 통제 연구(randomized and controlled studies)를 가지고 있지 않다. 미술치료는 왜 이런 종류의 증거가 부족한가? 트라우마를 다루기 위해 창의적 요법을 사용한 연구의 메타 분석에서 일부 해답을 찾을 수 있는데, 이는 12년간 상호 검토된 심리학 저널에 보고되었다(Blignaut-van Westrenen & Fritz, 2014). 다양한 저널에 걸쳐 516개의 논문을 검토하면서, 저자들은 각각의 논문의 진리 가치(연구 과정의 내적 타당성), 적용 가능성(외적 타당도 및 그 결과가 일반 지식에 기여하고 어떻게 적용될 수 있는지), 일관성(연구의 복제가 가능한 방법의 신뢰성). 연구의 중립성(연구자의 객관적 입장과 한계와 편견에 대한 인정)을 평가하였다. Blignaut-van Westrenen과 Fritz(2014)는 특히 창의적인 미술 개입이 연구보다는 임상 실제에 중점을 둔다는 점을 고려할 때 창의력을 조사하는 데 있어서 실험 연구를 수행하는 데 더 많은 어려움이 있다는 점을 인정하였다. 그들은 대부분의 연구가 연구자들이 트라우마를 다루기 위한 창의성의 효과에 대해 결론을 내릴 수 있는 설계가 부족하다는 것을 발견했다. 사례연구는 여전히 창의적 미술에서 활용되고 있으며 그 이후 연구를 보장하기 위한 유용한 실제의 예를 제공한다. 사례에 의존하는 이러한 유형의 연구는 미술치료의 효과를 입증하거나 트라우마에 대한 미술치료를 모범 사례 또는 강력한 증거 기반을 가진 범주로 포함시키는 데는 불충분하다. 또한, 저자들은 CBT와 EMDR과 같은 증거 기반 접근법이 가지고 있는 통일된 창의성 이론이 부족하다는 것에 주목했다.

특히, 창의적 미술 출판물의 연역적 연구에 초점을 맞추면서, 강력한 증거 기반을 확보하는 데 있어 창의적 치료의 진전에 한계가 있었다. 연역적 연구는 이론적인 접근으로 시작하고, 이론에서 생성된 가설을 시험한다. Blignaut-van Westrenen과 Fritz(2014)는 미술치료 연구가 보다 엄격한 관찰 절차, 보다 정밀하고 세부적으로 내담자의 문화와 다양성을 보고하는 데 대한 관심과 명확성, 귀납적인 연구 실제의 포함으로부터 혜택을 얻을 것이라고 제안한다. 귀납적 연구는 치료과정에 대해 관찰을 하거나 이론을 개발하기 위해 관찰법을 사용하는 것을 포함한다. 저자들 또한 현재의 연구 보고서를 강화하기 위한 수단으로 데이터를 삼각측량할 것을 권장하였다. 이것은 관찰에 대한 내담자의 피드백이나 아동의 경우 부모 및 교사 피드백을 활용함으로써 연구자가 미술치료가 트라우마 치료에서 증상을 유의하게 감소시킨다는 결론을 내릴 수 있게 만든다(Blignaut-van Westren & Fritz, 2014).

## 다른 트라우마 중심 치료와 함께 하는 미술치료

다른 표준화된 모델에 미술치료를 추가하면 기존 양식의 이점을 뛰어넘는 치료를 제공할 수 있다. 이 아이디어는 미술치료가 그 자체로 치료가 아닌 개입이라는 것을 암시할 수 있지만, 미술치료 연구에 대한 이러한 접근 방식은 치료에서 미술치료가 제공하는 것에 대한 독특한 통찰력을 제공한다. 예를 들어, Campbell과 동료들(2016)은 VA 병원의 트라우마에 대한 표준 증거 기반 치료인 인지처리치료(CPT) 과정에 미술치료를 추가하는 데 있어 놀라운 이점을 발견했다. 이 무작위 대조 실험에서, 저자들은 PTSD를 가진 16명의 남성 퇴역 군인으로 구성된 집단에서 미술치료와 병합된 CPT가 단독 CPT보다 더 유용할 수 있는지 탐구했다. 우울증과 PTSD 증상의 개선은 8주 후 두 집단에서 모두 뚜렷하게 나타났지만, 두 집단 간의 유의미한 차이는 발견되지 않았다.

Campbell 등(2016)의 연구결과는 미술치료가 PTSD 증상을 감소시키는 데 추가적인 이점을 제공하지 않는 것으로 나타났지만, 완료율에서 집단 간에 뚜렷한 차이가 있었다. CPT + 미술치료 집단(n=5)은 탈락률이 없는 반면, CPT만 받은 집단(n=11)의 참여자는 40%가 포기/탈락하였다. 구체적으로 말하자면 CPT 단독 집단에 참여한 11명 중 5명이 탈락했다. 미술치료 집단 참가자 5명 모두 치료과정을 수료하고 미술이 자신의 트라우마를 더 깊이 탐구할 수 있게 해주어 도움이 되었고, 미술이 언어보다 트라우마를 탐색하는 데 있어서 더 쉬웠으며, 심리적인 변화가 미술에서 눈에 띄게 나타났다고 보고했다.

CPT 프로토콜에 미술치료를 추가하는 것은 CPT 단독에 비해 그 이상의 질적 이점을 갖는 것으로 나타났다. 미술치료 집단에서 탈락률이 적은 것은 주목할 만한데, 왜냐하면 CPT가 PTSD에서 치료에 가장 저항이 강한 증상인 회피를 극복하고자 하는 스트레스 경험 때문에 높은 탈락률(36-40%)을 가지고 있기 때문이다. 따라서, 미술치료의 추가는 참가자들이 CPT 경험에서 더 잘 견딜 수 있게 했으며, 이는 미술치료의 추가가 더 많은 사람들이 치료의 혜택을 받을 수 있음을 나타낸다. 따라서, 이러한 연구결과를 이해하고 증명하기 위해 더 많은 연구가 필요하다.

## 결론

트라우마는 본질적으로 정신에 통합될 수 없다(Cohen, 1985). 체내에 저장된 트라우마에 접근할 수 있는 도구가 없으면 자기표현이 가능한 형태의 일관된 트라우마 이야기를 만드는 것이 어렵다(van der Kolk, 2014). 미술치료는 무의식적이고 말로 표현하지 못한 트라우마 경험을 다루며 먼저 이미지로, 그리고 나서 언어로 변형시킨다. 트라우마 중심 미술치료는 안전과 정서조절에 대한 내담자의 욕구를 지원하고 언어적 표현보다 이미지와 감정을 강조한다. 트라우마 중심 미술치료에는 안전성 확립, 트라우마 해결, 통합의 단계가 포함된다. 이후의 단계는 일관된 트라우마 이야기를 만들기 위해 더 많은 언어적 요소를 포함하는데, 이는 트라우마 문제해결에 필요한 것으로 보인다. 많은 미술치료사들은 노출 기반 치료에서 미술을 사용하는 이점을 극대화하기 위해 트라우마 중심 치료 프로토콜을 제공한다(Backos & Mazzeo, 2017; Chapman, 2014; Gantt & Tinnin, 2007a, 2007b, 2009; Has-Cohen, et al., 2014; Spring 2004; Talwar, 2007).

## 참고자료

Neurobiologically informed trauma therapy can be found here:

Chapman, L. (2014) *Neurobiologically Informed Trauma Therapy with Children and Adolescents: Understanding Mechanisms of Change.* New York: W.W. Norton and Company.

The ACT art therapy for PTSD interventions can be found here:

Backos, A. & Mazzeo, C. (2017) Group therapy and PTSD: Acceptance and Commitment Therapy Groups with Vietnam Veterans with PTSD. In P. Howie (ed.) *Art Therapy with Military Populations: History, Innovations and Applications.* New York, NY: Routledge.

The art therapy trauma protocol can be found here:

Talwar, S. (2007) Assessing traumatic memory though art making: An art therapy trauma protocol (ATTP). *The Arts in Psychotherapy* 34, 22–35.

The check protocol can be located here:

Hass–Cohen, N., Findlay, J.C, Carr, R. & Vanderlan, J. (2014) Check, change what you need to change and/or keep what you want: Art therapy neuro–biological–based trauma protocol. *Art Therapy: Journal of the American Art Therapy Association 31*(2), 69–78.

Spring, D. (2004) Thirty–year study links neuroscience, specific trauma, PTSD, image conversion, and language translation. *Art Therapy: Journal of the American Art Therapy Association 21*(4), 200–209.

The instinctual trauma response can be found here:

Gantt, L. & Tinnin, L. (2007) The Instinctual Trauma Response. In D. Arrington (ed.) *Art Angst and Trauma.* Springfield, IL: Charles C. Thomas Publisher.

Chapter

04

# 이론의 중요성

자신의 이론을 선택하는 것은 장기적인 의무이다. 잘 선택함에 있어, 우리는 우리의 업무에 상당한 지원을 제공하고 내담자를 위한 최적의 관리를 제공하는 접근 방식으로 오랫동안 의미 있는 관계를 맺을 수 있다. 이론을 되는대로 선택하거나 우리의 이론에 완전히 몰두하지 않고 선택하는 것은 우리를 만족스럽지 못하고 확고한 기반이 없게 만든다. 뿐만 아니라 우리의 이론에 대한 애매함은 내담자들에게 일관되지 않고 예측할 수 없는 전략을 제시하여 그들의 목표를 달성하는데 어려움을 줄 수 있다. 내가 제공하는 미술치료에는 여성주의 심리학, ACT, 문화적 겸손이라는 세 가지 철학이 있다. 이러한 접근 방식은 내가 세상을 보는 방식과 트라우마를 경험한 내담자에게 일어나는 변화를 보는 방식과 일치한다. 이 장에서, 나는 당신이 PTSD를 가지고 있는 내담자들을 위해 이러한 이론이나 다른 이론들이 어떻게 PTSD 내담자들의 변화의 메커니즘을 개념화하는 데 도움을 줄 수 있는지 더 깊이 생각해 보기를 바란다. 일관된 사례개념화는 당신이 작업을 윤택하게 하고 내담자의 치료 경험을 향상시킨다.

여성주의 심리학은 억압과 학대로부터 계속되는 상처를 지지하고 유지하는 더 큰 권력 체계를 탐색함으로써 고통과 트라우마의 맥락을 개념화한다. 또한, 여성주의 심리학은 치료사와 내담자가 의식 함양을 위한 옹호 활동에 참여하고 정신 건강 문제를 지속화시키는 문화적 규범과 사회기반 시설을 개선하도록 한다. 다음으로 문화적 겸손은 우리 자신과 타인을 개별적으로 또는 집단적으로 이해하는 철학적 접근을 제공한다(Hook et al., 2013; Tervalon & Murray-Garcia, 1998). 이러한 접근은 치료사로 하여금 문화에 대한 사회적으로 인정된 내적 신념을 탐색하고 해체하거나, 자기비판을 통해 "다른" 사람들에 대한 편견을 탐색하며, 문화적으로 겸손하고 가부장적이지 않은 입장에서 다른 사람들과 함께 참여하기 위해 개인적인 행동을 취하도록 도전하게 한다.

이러한 사회 정의에 대한 시각 외에도 내가 치료에 활용하는 구체적인 이론적 접근법은 ACT인데, ACT는 개인적인 가치를 파악하고 가치 기반 삶을 향한 일상적인 단계를 취함으로써 트라우마 이후 자신의 삶을 다시 시작할 수 있는 실용적인 내·외적 구조를 내담자에게 제공한다. 여성주의와 문화적 겸손 철학과 ACT의 이론적 접근은 내 일과 삶에서 마음챙김을 필요로 한다; 그것들은 또한 나 자신, 다른 사람들, 그리고 나의 공동체에 대한 나의 이해를 깊게 하는 데 도움이 된다. 사회 정의에 대한 시각을 가지고 나의 내담자와 사회를 위한 정의를 향해 일하는 것은 나의 일에 의미와 목적을 더한다. 나는 문제를 지속시키는 상황에 대해 변화를 줄 수 있는 위치에 있다고 느끼며, 이는 학대를 치료하는데 종사하는 것만이 아니라는 것을 의미한다. 이것 또한 내 일의 의미를 이해하는데 도움이 된다.

우리는 강한 이론적 지향이 치료사와 내담자에게 어떻게 도움이 되는지 좀 더 자세히 살펴보고, 거기서 PTSD의 문제를 개념화하고 치료하기 위한 수단으로써 여성주의 심리학, 문화적 겸손, ACT를 더 깊이 들여다볼 수 있을 뿐만 아니라 PTSD를 지속시키는 시스템에 도전할 수 있을 것이다. 이 장을 통해 문화적으로 겸손한 입장을 담은 일관된 이론을 통해 트라우마를 개념화할 수 있도록 도움이 되기를 바란다.

## 이론이란 무엇이며 왜 중요한가

이론은 치료사들이 그들의 치료작업 전체를 개념화하는 방법을 설명하고 안내한다. 이론은 치료사들이 내담자의 내적 심리적 경험, 대인관계 상호작용, 사회적·문화적 맥락, 건강하지 못한 발달, 치료의 변화 메커니즘을 이해하는 방법을 제공한다(Carolan & Stafford, 2018). 또한 이론은 역전이에 대한 우리의 이해와 내담자의 문제를 해결하기 위해 내담자의 고유한 강점에 일관되게 접근하는 방법을 지지할 수 있다. 가장 기본적인 수준에서 이론은 심리역동적 접근과 인지행동적 접근의 두 가지 범주로 나뉜다. 우리는 우리가 이미 세상을 보는 방식과 변화를 보는 방식에 따라 이상적으로 우리의 이론적 방향을 선택한다. 심리역동적 관점은 사람들이 생물학적으로 움직이며, 내면의 경험과 행동은 인생의 첫 5년 안에 경험으로부터 발전하는 무의식적인 동기들에 의해 이루어진다고 가정한다. 이러한 관점에서 트라우마 경험은 무의식에 영향을 미치는 것으로도 이해된다. 변화는 내담자 속의 무의식적인 재료가 의식을 갖게 되고 카타르시스를 통해 통찰력을 얻을 때 일어날 수 있다. 인지행동적 접근으로 일하는 치료사들은 행동과 생각이 환경의 사건에 대한 해석인 인지적 평가를 통해 우리의 환경에 의해 형성된다고 믿는다. 이 관점은 또한 우리의 행동이 평생 동안 보상, 강화, 그리고 처벌 및 결과에 의해 조건화된다고 가정한다. 치료사와 내담자가 부적응적인 생각에 도전하고 긍정적인 감정을 증가시키고 증상을 감소시키며 건강을 증진시키기 위해 행동을 바꿀 때 변화가 일어난다.

어떤 이론도 인간 경험의 모든 측면을 포착하지 못하지만, 우리는 인간의 경험과 변화를 설명하는 데 있어 이 두 이론이 개념적으로 상충되기 때문에 심리역동과 인지 이론의 기본을 혼합할 수 없다. 하나의 이론적 접근법을 선택하면 이론의 철학적 기초, 변화의 메커니즘, 인간의 발달, 강점, 문화와 맥락의 역할 측면에서 무엇을 제공하는지 깊이 탐색할 수 있다. 많은 이론들을 혼합하는 것은 우리 자신과 내담자들에게 혼란을 야기한다. 이론의 근본적인 측면을 이해하면 각 내담자의 경험의 미묘한 차이를 발견하고 내담자가 원하는 변화를 촉진할 수 있는 도구가 된다.

특히, 일관된 이론을 활용하는 것은 내담자가 치료에서 기대하고, 필요로 하며, 마땅히 받아야 할 개입 구조를 제공한다. 명확하게 확인된 이론에 의존하는 것은 치료사와 내담자 모두에게 힘을 실어준다. 명확하게 확인된 이론을 통해 치료사는 내담자의 경험과 문제를 개념화하는 신뢰로운 방법을 개발하고 개입을 위한 구조를 이끌어낼 수 있다. 통일된 이론으로부터, 내담자들은 치료 작업이 끝난 후에도 오래 지속되는 그들 자신의 변화를 만들고 유지하기 위한 구조를 배운다. 나는 나의 치료적 작업에 대해 알려주고자 심리학 이론으로 ACT를 어떻게 사용하는지에 대해 내담자와 직접 이야기를 한다. 나의 치료적 작업은 내가 문화적으로 겸손한 입장을 취함으로써 알려질 수 있으며 자아성찰을 수반한다. 우리 작업의 이러한 투명성은 내담자가 자신의 경험에 대해 생각할 수 있는 방법과 치료 이외의 책이나 팟캐스트와 같은 추가 자료를 찾기 위한 평가 기준을 제공함으로써 내담자에게 힘을 실어준다. 내담자는 우리의 치료 작업이 기존에 해왔던 정확한 방법에 기반을 두고 있다는 것을 알기 때문에 내가 나의 이론과 자원을 공유함으로써 내담자의 신뢰가 우리의 관계에 도움이 될 것이라 믿는다.

아직 한 가지 철학적 접근 방식을 사용하는데 확신이 없다면 몇 가지 예를 들어 보고자 한다. 나에 대한 치료에서 최고의 치료 경험은 일관된 접근 방식을 사용한 사람들을 통해서였다. 하나는 18년 전에 이야기 접근 방식을 따르는 결혼 및 가족치료사로부터였다. 그녀는 치료사로서 수련시간이 적었지만, 그녀는 우리의 치료작업에서 진실성과 신뢰할 수 있고 예측 가능한 접근 방식을 실시했으며, 덕분에 그녀의 접근 방식을 내 생각에 통합할 수 있었다.

내가 몇 년 후에 경험했던 또 다른 훌륭한 치료 경험은 숙련된 정신분석학자에게 받았으며, 비록 소파에 누워서 역동적인 접근에서 일하는 것이 치료적인 접근은 아니었지만, 나는 치료에서의 안정감을 형성했던 그녀의 안정적이고 전통적인 접근 방식을 따라왔고, 우리의 치료작업이 매우 도움이 되었다는 것을 알았다. 이 두 사례 모두에서, 나는 우리가 했던 치료작업을 안정적으로 내재화할 수 있었다. 왜냐하면 나는 그들이 일관되게 함께해 주는 것과 이론에 기초한 개입을 기반으로 나의 생각과 행동에 대한 내적인 작동 모델을 개발할 수 있었기 때문이다.

반대로, 나는 최근에 치료사와 함께 일했는데, 이 치료사는 개입을 적용하는 데 혼란스러울 정도로 일관성이 없었다; 그녀는 나를 이해하고자 매주 다른 접근법을 시도했다. 어느 날, 나는 대상관계치료 개입을 인지했고, 또 다른 주에는 그녀가 질문을 던지고, 인지행동치료(CBT) 개입을 적용했다. 그녀는 가끔 나의 무의식적인 요소를 확인하기 위해 내가 한 말을 정신역동적으로 해석하려고 했다. 그녀는 종종 회기에서 약간 길을 잃은 것처럼 보였고, 명확한 지도 철학을 가진 일관된 존재가 되는 대신에 심리학 분야에서 이용할 수 있는 방대한 양의 자료로부터 무엇인가를 생각하려고 한다는 인상을 주었다. 라포형성은 되어 있었지만 매우 혼란스러웠던 치료였다. 왜냐하면 그 회기들 동안 나는 더 기분이 나빠졌고 마치 나는 나쁜 환자여서 그녀가 나를 이해할 수 없었기 때문에 무수한 접근 방법을 시도했다고 오해하게 만들었기 때문이다.

치료에서 일관된 존재가 되는 것은 내담자에게 예측 가능하고 신뢰할 수 있는 것이며, 이론과 개입을 일관되게 사용하는 것을 포함한다. 예를 들어, 증거 기반 치료는 우리가 편한 부분만 선택하고 증거 기반의 다른 부분은 내버려 둘 때 더이상 증거 기반이 아니다. 이론적으로 근거가 없는 혼란스러운 치료는 단기적으로 내담자에게 해가 될 뿐만 아니라 장기적으로 그들의 성장 및 향상 능력을 크게 제한한다.

내담자의 경우, 무엇을 기대해야 하는지 알고 치료사의 목소리나 철학을 성공적으로 내재화할 수 있어야 회기 간에 지속적인 성찰을 할 수 있다. 회기 사이에 어려움을 겪을 때, 그들은 "내 치료사가 뭐라고 말할까?"라는 질문을 하고 성공적으로 대답할 수 있다. 치료사의 지향성은 문제를 해결하기 위한 내부 구조를 내담자에게 제공한다; 그것은 우리의 내담자에게 힘을 주고 그들이 자신의 건강에 대한 새로운 구조화된 접근 방식을 개발할 수 있도록 한다. 내담자 내적 모델과 개인 자원과 대처 기술을 개발할 수 있도록 돕는 것은 내담자의 나이와 심리적 문제에 따라 크게 달라 보일 수 있다. 그러나 내담자 개인적인 내적 모델을 개발할 수 있도록 돕는 것은 스트레스를 관리하고 개인의 가치에 따라 삶을 살아가는 데 대한 치료 의존도를 줄일 수 있게 한다.

## 지지치료 대 트라우마 중심 치료

심리치료는 지지적일 수도 있고 트라우마에 초점을 맞출 수도 있다. 한 치료사가 두 가지 유형의 치료를 모두 수행할 수 있지만 단계는 엄연히 다르다. 지지치료는 내담자가 진행 중인 문제에 대처하는 것을 돕기 위한 전통적인 심리치료의 한 형태이지만, 과거의 트라우마에 특정한 초점을 제공하지는 않는다. 증거기반 치료의 사용과 같은 트라우마 중심 치료는 PTSD 증상을 줄이기 위한 노력으로 트라우마를 직접 해결하도록 한다. 트라우마 중심 대화치료는 트라우마의 기억과 트라우마가 내담자에게 주는 의미에 초점을 맞추고 트라우마 기억에 대해 생각하고, 이야기하거나, 시각화하고 8~16회기를 포함한다. 이를 뒷받침하는 연구가 가장 많은 치료법으로는 장기 노출과 CPT를 포함한 매뉴얼화된 인지기반 치료와 EMDR이 있다(Haagen et al., 2015; Watts et al., 2013).

국가보훈처(VA)에서는 PTSD를 완화 또는 치료할 수 있는 트라우마 중심 치료와 집단 심리치료와 같이 지지적이지만 PTSD에 초점이 덜 맞춰져 있는 다른 서비스를 구별하고 있다(National Center for PTSD, 2019). PTSD를 해결하기 위해 개별 치료나 약물치료 없이 단독 집단치료를 제공하는 것에 대해서는 문헌에 별로 제시되어 있지 않다(Haagen et al., 2015). VA는 치료 성공과 관련해 트라우마 중심 심리치료를 받은 참전용사 100명 중 53명이 증상의 감소를 경험하여 더이상 PTSD 기준을 충족시키지 않는다고 보고했다(National Center for PTSD, 2019). 이에 비해 PTSD 약을 복용하는 참전용사 100명 중 42명은 증상이 감소하여 더이상 PTSD 진단조건을 충족하지 않을 것으로 예상된다(National Center for PTSD, 2019).

당신이 어떤 종류의 치료를 제공하고 있는지 신중하게 고려하길 바란다. 이것은 내담자와 대화할 때 중요한 차이점이 될 수 있다. 트라우마에 초점을 맞추지 않은 치료는 지지적일 수 있고, 다른 일상적인 문제들을 해결할 수 있으며, 종종 내담자들에게 잘 받아들여진다. 트라우마 생존자들과 함께 일하지만 트라우마 자체를 다루지 않는 경우, 지원 서비스는 트라우마 정보에 입각되어 제공되어야 한다. 그러나 임상의로서, 우리는 우리의 서비스와 예상 결과를 지지 치료 또는 트라우마 중심 치료인지를 정확하게 기술해야 한다. 트라우마에 초점을 맞추지 않은 치료법은 이 치료법이 PTSD로부터 개인을 치유할 수 있다는 것을 증명한 연구들이 없다. 그러나 내담자는 EMDR 또는 본능적 트라우마 반응 치료와 같은 트라우마 중심 치료를 준비하기 위해 지지치료의 혜택을 받을 수도 있다(Gantt & Tinnin, 2009).

집단심리치료와 같은 지지적 치료작업은 증거 기반 작업을 통해 PTSD 증상에 집중하기 때문에 삶의 변화를 처리하고 통합하는 데 도움이 될 수 있다. 만약 트라우마 중심 치료에 대한 교육을 받지 않았고 당신의 내담자가 PTSD가 활성화되어 있거나 약간의 감소 후 PTSD 증상이 지속되는 경우라면 내담자에게 트라우마 중심 치료를 받도록 권고할 수 있다. 이러한 작업들이 끝나면, 치료를 계속하기 위해 당신에게 다시 치료를 받을 수 있다.

트라우마에 초점을 맞춘 작업이 없는 지지치료는 내담자의 회피 전략을 강화시킬 수 있으며, 고의적이지는 않지만 당신이나 그들이 트라우마 이야기에 노출되는 것을 용납할 수 없다는 것을 암시할 수 있다는 것을 고려하기 바란다. 트라우마를 직접적으로 다루지 않음으로써, 내담자의 증상은 남아있을 것이고, 그들의 삶의 스트레스 요인에 대한 반응은 계속될 수 있다. 그들은 거의 안도감을 느끼지 못할 수도 있고, 치료에도 불구하고 "나아지지" 않는 것에 자주 점차적으로 자기비난을 할 수 있다. 미술치료사들과의 인터뷰를 통한 질적연구 결과, 모든 참여자들이 트라우마 생존자들과의 작업에서 최선의 접근방식으로 트라우마 중심 CBT를 지지함을 밝혀냈다. 그들의 연구는 심리 교육, 이완 기법, 그리고 트라우마 이야기의 점진적인 전개를 포함했다.

나는 성인 강간 생존자와 함께 일하고 있는 한 개인 개업 치료사와 그 사건에 대해 논의하기 위해 만났다. 1년 이상의 치료 후에도, 그들은 내담자를 치료하게 한 폭행에 대해 언급하지 않았다. 치료사는 내담자와의 매우 긍정적인 라포를 보고했으며, 치료는 데이트 관계와 불안 증상을 관리하는 내담자의 반응을 중심으로 진행되었다. 치료사는 자신과 내담자 둘 다 내담자의 트라우마에 대한 고통스러운 언급을 피하고 있었다는 것을 깨달았다. 대화에서, 치료사는 그녀의 긍정적인 역전이가 트라우마에 대해 이야기하거나 트라우마 관련 미술작품을 만드는 것에 대한 불편함으로부터 내담자를 "보호"하도록 이끌고 있다는 것을 이해하게 되었다. 즉, 그녀는 자신 또한 정확히 그것이 요구되는 것이 무엇인지 알면서도 고통을 겪고 싶지 않았기 때문에 내담자가 그 이야기를 하는 고통을 겪게 하고 싶지 않았다. 게다가 내담자에게 "최선"이 무엇인가를 결정하는 치료사의 가부장적 행동에는 문화적으로 겸손한 자세가 결여되어 있었다. 이 경우, 나는 내담자에게 EMDR을 위해 다른 치료사에게 의뢰하고 EMDR 과정이 완료된 후 치료를 재개할 수 있다고 제안했다. 나는 또한 치료사가 자신의 작업과 치료 결정을 내리는 방법에 대해 비판적인 자기 성찰에 참여하도록 격려했다.

최고의 좋은 이론은 구조뿐만 아니라 우리의 내담자들과 우리 자신에게도 변화를 위한 메커니즘을 제공할 수 있다. 개인적인 성장과 우리의 일에 대한 지속적인 참여는 우리를 지속시키고 우리의 심리적 소진과 피로를 줄이는 데 도움을 준다. 나는 당신이 자신의 이론적인 성향에 깊이 관여해서 당신의 내담자들에게 심리학 분야에서 우리가 제공할 수 있는 최고의 것을 줄 뿐만 아니라, 미술치료사로서 자신의 일을 지속적이고 조직적으로 할 수 있는 구조를 가질 수 있게 되기를 바란다.

## 이론 선택하기

대학원 공부를 시작하기 전에, 나는 여성주의자라고 밝혔고, 여성주의 심리학이 다른 심리학 이론에 통합되거나 독립적인 접근 방식으로 작동할 수 있다는 것을 알게 되어 기뻤다. 나는 또한 실존주의 문헌에 대한 나의 애정과 심리학자 Irving Yalom의 연구로 실존주의 심리학을 따르게 되었다. 이러한 접근 방식은 학대와 트라우마 생존자들과의 치료작업에서 매우 효과적이었다. 나는 실존주의 분야에 대한 독서와 미술치료를 제공한 경험으로 트라우마 기반 작업에 대한 치료 단계를 이해하게 되었으나 나는 보다 체계적이고 예측 가능한 접근 방식을 원했다. 그래야 높은 수준의 치료를 안정적으로 제공할 수 있고 치료에서 무엇을 기대해야 하는지에 대해 내담자와 더 잘 이야기할 수 있기 때문이다.

내가 박사 과정을 시작했을 때, 나는 내가 트라우마에 대해 더 많이 배울 수 있다고 생각되는 VA에 목표를 두었다. 나는 샌프란시스코 VA에서 3년 동안 훈련을 받았고, 그곳에서 전투 관련 PTSD를 가진 베트남 참전 용사들을 위한 미술치료 집단을 공동 운영했다. 이 기간 동안 ACT에 대해 배우기 시작했고, 클리블랜드 VA에서 인턴십과 레지던트 생활을 하면서 국립 국가보훈처의 ACT 트레이너인 Kevan McCutcheon에게 수련을 받았다.

ACT는 치료사가 내담자의 가치 기반 삶을 탐구하는 데 있어 내담자와 함께 작업할 수 있는 기회를 제공한다. 내담자의 관점에서 ACT에 대해 자세히 알아보기 위해 Steven Hayes(2005)의 「마음에서 빠져나와 삶 속으로 들어가라: 새로운 수용전념치료(Get out Your Mind and Get in Your Life: The New Acceptance and Commitment Therapy)」 워크북을 완료했다. 나는 치료사 버전이 아닌 내담자 버전을 사용하여 아이디어를 나의 삶에 적용하기 시작했다. ACT 치료사로서의 나의 일을 심화시키면서, 나는 내담자들에게 하라고 요구했던 것을 내가 하기 시작했다. 나는 매일 명상에 몰두하고, 나의 핵심 가치를 확인했으며 새롭고 더 집중적인 방식으로 그 핵심적인 가치에 대해 행동하기 시작했다

나는 아이를 낳고 엄마가 된 직후에 ACT 훈련을 시작했다. 이때는 나 자신을 모성애라는 새로운 힘든 역할에서의 한 사람으로 보는 시각으로 바꿀 때였다. 나는 내 가치관을 가지게 되었고, 나의 목표가 내 핵심 가치를 실천하는 단계라는 것을 알게 되었다. 어머니로서, 나는 나의 가족과 나의 직업을 위해 사회생활과 취미의 많은 부분을 희생해야 한다는 것을 알았다. 부모로서 그리고 전문가로서 나의 가치에 초점을 맞춤으로써 이러한 전환/손실을 훨씬 더 쉽게 관리할 수 있게 되었다.

ACT는 강력한 증거 기반을 가지고 있기 때문에, 그것을 배우고 실천하는 것은 확실히 나의 임상 작업의 향상으로 이어졌다. 또한 나는 상당한 개인적 성장과 같은 행복한 이차적 효과를 경험했다. 나의 임상 기술을 마스터한다는 것은 내 이론의 원리를 구체화하고 내 자신의 삶인 나의 개인적인 상호작용과 미술 작업에 매일 적용하는 것을 의미했다. ACT를 사용함으로써, 나는 나의 이전의 가치들을 통합하고 그것들을 기반으로 추진할 수 있었다. 예를 들어, 다른 사람들을 위해 일하겠다는 나의 전념은 나의 교육 및 직업 핵심 가치의 주요 기준이 되었다. 게다가, 반인종주의에 대한 나의 전념은 직업, 교육, 가족, 그리고 지역사회와 같은 여러 분야의 핵심 가치에서 주요 기준이 되었다. 나의 첫 번째 ACT 미술치료 아이디어는 각각의 가치 영역에서 내 가치를 시각적으로 묘사할 수 있는 가치 카드를 만든 다음 그 아이디어를 조각품과 모빌로 만드는 것으로 확장했다. 나중에, 나는 이러한 미술 아이디어를 내담자들과 함께 사용하여 그들의 가치를 탐구했으며, 이 가치들은 우리의 치료과정을 안내하는 데 도움이 되었다.

## 트라우마 및 미술치료에 대한 연구

치료 연구는 사람들이 어떻게 변하는지, 그리고 우리의 일이 정신 질환의 고통과 증상을 어떻게 줄일 수 있는지에 대한 정보를 제공하며, 이러한 연구들은 우리가 우리의 일에 새로운 접근법을 추가하고 우리의 실천을 연마하는 데 도움이 된다. 새로운 치료법과 접근법을 지속적으로 숙지하는 것은 우리가 계속 우리의 일을 더욱 깊이 진전시키는 데 필수적이다. 다행히도 심리학, 미술치료학, 신경심리학 분야는 빠른 속도로 분야를 발전시킬 수 있는 새로운 아이디어들이 등장함으로써 자주 발전한다. 이러한 변화에 발 맞추고 새로운 증거가 등장함에 따라 접근 방식을 바꾸는 것은 우리의 책임이다.

새로운 관점에 보조를 맞추는 것은 우리가 우리 분야에서 관련성을 유지하고 내담자에게 최신 치료법을 제공하는 데 도움이 된다. 미국심리학회(2005)에 따르면, "증거 기반 실제는 환자의 특성, 문화 및 선호의 맥락에서 임상 전문지식과 가장 유용한 연구를 통합하는 것이다"(첫 번째 단락)이다. 구체적으로, VA의 증거 기반 실무 기관에서는 심리학자, 정신과 의사, 약사, 간호사, 재향군인 환자 및 가족 구성원과의 치료 작업을 통해 수립된 임상 실습 지침을 만든다. 2015년 새로운 PTSD 지침은 개별 트라우마 중심 심리치료를 지지하며, 이는 다른 약물치료 및 비약물치료보다 권장된다(재향군인회 [VA], 2015). 심리학에서 증거 기반 실제로서 간주되는 PTSD 치료에는 EMDR, 장기 노출, CPT 및 ACT가 포함된다. 이러한 접근 방식은 CBT와 일치하며 수년간의 연구와 그 결과를 통해 알려졌다.

증거 기반 실제로 간주되기 위해서는, 기술이 일련의 무작위 대조 연구 과정을 거쳐야 하는데, 여기에는 참가자들이 치료집단이나 통제집단에 무작위로 배정되는 것이 포함된다. 즉, 참가자는 기존 집단이나 편의 표본의 일부가 아니며 치료를 받은 집단이 그 상태에 대해 표준 치료를 받았거나 치료를 받지 않은 집단과 비교된다. 이러한 엄격한 증거 기반 실제는 심리적 증상의 감소로 증명된 바와 같이 사람들이 어떤 치료에 반응하는지에 대한 중요한 정보를 제공한다.

WHO(2019)는 의료 분야에서의 미술을 생물 의학 치료를 보완하기 위한 저위험 및 비침습적 치료로 간주한다. WHO의 보고에 따르면 미술이 건강관리에서 특히 건강에 대한 사회적 결정요인 등 수많은 예방 건강 요소를 개선할 수 있다고 언급하고 있다. 또한, 미술은 건강을 증진시키는 행동을 장려하고, 질병을 예방하며, 아동의 발달과 양육을 촉진하는 역할을 한다. 미술은 트라우마 및 학대의 회복을 포함한 건강 문제의 관리 및 치료에 사용될 수 있으며, 그것은 급성 질환, 신경장애 및 신체장애로부터의 개선을 촉진할 수 있을 뿐만 아니라 말기치료를 도울 수 있다. 2000년 국제외상스트레스연구협회(ISTSS)의 지침은 미술치료를 유용한 보조 치료법으로 묘사했다(Foa et al. 2000). WHO 및 ISTSS의 이러한 연구결과를 내담자들과 공유하는 것은 내담자가 치료에 미술을 사용하는 이유를 이해하는 데 도움이 된다.

## 여성주의 심리학

여성주의 심리학은 1970년대 미국에서 Carol Gilligan(1987/1993), Judith Herman(1997) 등 다른 많은 사람들의 연구를 통해 구체화되었다. 심리학에 대한 여성주의 접근은 사회에서 젠더와 인종적 특권이 성폭행, 가정폭력, 그리고 젠더 기반 차별의 문제를 어떻게 유발하는지와 이를 악화시키는지를 강조한다.

Gilligan(1982/93)의 획기적인 저서인 「In a Different Voice: Psychological Theory and Women's Development」에서는 심리학에서 여성을 배제하는 것, 특히 Kohlberg(2010)의 보편적 도덕 이론이 여성을 포함하거나 다루는 데 실패한 것에 대해 이의를 제기했다(Bell, 2010). Kohlberg는 여성이 백인 남성만을 대상으로 한 연구를 통해 개발한 도덕적 의사결정 기준을 따르지 않았기 때문에 도덕성이 부족하다고 판단했다. Gilligan은 이러한 연구결과에 도전했다. 그녀는 여성이 돌봄의 윤리에 따라 결정을 내린다고 가정했는데, 이는 여성의 도덕성이 결정을 숙고할 때 다른 사람에 대한 배려를 포함한다는 것을 의미한다. Gilligan은 심리학의 분야가 크게 기반하고 있는 가부장적 가정에 도전을 지속적으로 제기했다.

미국심리학회(2020a)의 35번 분과인 여성심리학회는 1973년 APA에 의해 승인되었다. 그 학회는 여성의 심리에 대해 권고하고 감독하는 다양한 여성주의 집단을 반영하기 위해 성장해 왔다. 이 단체는 민족, 문화, 언어, 사회경제적 지위, 나이, 성적 지향 등 여성의 다양한 경험과 관련된 학문을 인정하고 장려한다. 이들의 사명은 심리학 분야로의 다문화와 다양성의 통합을 촉진하고, 사회 정의와 행동, 협업, 여성주의 리더십과 여성주의 심리학의 발전에 참여하는 것이다(American Psychological Association, 2020b).

미술치료 분야에서는 「Feminist Approaches to Art Therapy」가 1997년에 Susan Hogan에 의해 출판되었으며, 2012년에 개정판이 나왔다. 이 책들은 여성 삶의 사회·정치적 차원, 창의성, 정신병리학, 여성의 정신건강에 대한 인식을 탐구한다. Saveneet Talwar(2019)의 획기적인 책인 「Art Therapy for Social Justice」는 미술치료뿐만 아니라 문화적 겸손과 옹호에 대한 여성주의 심리학에 대한 지속적이고 시급한 필요성을 명시하고 있다. Talwar의 책은 미술치료에 있어서 비평적인 교수법을 기술하고 있으며, 문화적 겸손과 사회적 정의가 그 구조에 내재되어 있기 때문에 우수한 미술치료 프로그램을 강조하고 있다.

여성주의 심리학은 여성주의－정신분석학, 여성주의 이야기 치료, 여성주의－ACT와 같은 젠더 정보에 따른 혼합 치료 형태를 만들기 위해 다른 이론적 접근법과 겹칠 수 있다. 이 접근법은 특히 남성과 여성 모두의 성폭력을 이해하기에 적합하다. 또한 그것은 감정, 괴로움에 대한 사회적인 젠더 기대와 PTSD가 어떻게 발현되는지를 개념화하는 것에 도움이 된다. 여성주의 심리학 원리는 모든 젠더와 젠더 스펙트럼에 있는 모든 사람에게 적용된다. 모든 치료사들은 젠더에 대한 사회적 기대/인식이 우리 자신과 우리의 내담자들에게 어떻게 영향을 미치는지에 대한 이해를 필요로 한다. 여성주의 심리학은 편견, 사회화, 차별의 체계를 내담자와 함께 검토하기 위한 구조를 제공하고, 내담자가 이러한 체계를 이해함으로써 스스로를 강화하도록 장려하며, 만약 그들이 선택한다면, 사회 변화에 능동적으로 행동하도록 장려한다. 또한 심리치료에 대한 현대적 접근법은 내담자의 정체성에 대한 교차성을 이해하는 더 포괄적인 방법을 제공한다. 이론은 성별, 문화, 인종, 성적 지향 및 계급이 치료에서 어떻게 탐구되고 존중될 수 있는지에 대한 보다 포괄적인 이해를 요약하는 것이 필수적이다. 교차성은 중복되는 정체성과 우리의 매우 복잡한 정체성이 어떻게 강점으로 이해되고 존중될 수 있는지를 의미한다.

## 문화적 겸손

문화적 겸손은 의료 제공자가 단순히 "유능"해지려는 노력에서 벗어나 권력 불균형에 대한 자기평가와 자기비판을 통해 문화적으로 겸허한 입장을 취하는 것으로 전환하기 위한 교육적 접근 방식으로 나타났다(Tervalon & Murray－Garcia, 1998). 일반적으로 이해되는 방식에서의 문화적 능력은 우리가 수업에서 읽거나 배운 것을 기반으로 내담자를 "알고 있다"라는 잘못된 인식으로 이어질 수 있다. LA에서 경찰에 의해 Rodney King이 공개적으로 구타당한 후 Oakland와 San Francisco의 병원들은 환자와 치료 등을 제공하는 사람들이나 기관 사이에 중대한 사회문화적 불일치가 있다는 것을 발견했다. 구체적으로, 그들은 환자 치료에 있어서 인종차별, 성차별, 계급주의, 동성애 혐오와 관련된 권력의 의도적이거나 의도적이지 않은 사용에 대한 인식이 부족했다(Tervalon & Murray－Garcia, 1998).

우리가 함께 일하는 내담자에 대해 가능한 한 많이 이해할 가치가 있지만, Tervalon과 Murray－Garcia(1998)는 이러한 정보가 자기성찰에 참여하지 않거나 평생 학습에 전념하지 않으면 불충분하다고 언급한다. 문화적 겸손은 권력 차이를 다루고 개인과 기관이 사회적 구조와 특권을 탐구하도록 돕는다(Jackson, 2020). 또한 각각의 내담자를 한 개인으로 평가하고자 하는 마음과 능력이 요구된다(Hook et al., 2013; Tervalon & Murray－Garcia, 1998).

우리 자신의 편견, 가정 및 신념에 대한 성찰은 미술치료사로서의 우리의 치료 작업을 심화시킨다(Jackson, 2020). 또한, 치료사들은 "진정으로 알지 못할 때" 자신의 지식 부족을 인정하거나 인식할 수 있을 만큼 "충분히 유연하고 겸허해야" 한다(Tervalon & Murray－Garcia, 1998, p.120). Tervalon과 Murray－Garcia(1998)는 환자만이 스스로 자신의 정체성의 교차성이 자신의 경험이나 상태에 어떻게 영향을 미치는지 결정할 수 있다고 언급한다:

> 오직 환자만이 의사로 하여금 자신의 정체성을 형성하는 데 있어서 인종, 민족, 종교, 계급 등의 교차점을 이해하는데 도와줄 수 있고 현재의 질병 또는 건강 경험에 대한 교차점의 관련성과 영향을 명확히 하는데 유일한 자격이 있다 (p.121).

사실, 우리가 약간의 지식을 통하여 우리의 가정, 신념 또는 문화적 능력 계급을 기반으로 우리의 내담자를 "알고 있다"라고 믿기 시작할 때 상당한 해를 끼칠 수 있다. 태도 변화 없이 우리의 지식을 늘리는 것은 거의 가치가 없다(Tervalon & Murray-Garcia, 1998). 사람들이 도움을 청하러 올 때, 우리의 검증되지 않은 힘은 우리의 내담자가 무심코 오해를 받거나, 잘못 진단 내려지거나, 그들이 차별을 견뎌야 하는 상황에 놓이게 할 수 있다.

따라서 내담자 중심의 면접 기법은 매우 중요하며, 자기성찰은 모든 내담자가 동일한 고품질 수준의 정보 제공 동의와 치료 수준을 받을 수 있도록 하는데 필수적이다. 면접은 내담자들이 자신에게 맞고 문화적으로 관련된 세부사항과 표현방식을 방해하지 않는 방식에서 자신의 이야기를 공유할 수 있도록 비권위주의적인 방식으로 진행될 필요가 있다.

우리의 접근 방식에서 문화적 겸손은 치료에서 권한 부여와 통제가 내담자에게 안전하다고 느낄 수 있는 기회를 제공하기 때문에 트라우마 생존자들과 함께 협력하는데 특히 관련이 있다. 우리는 내담자들과 인종, 문화, 계급, 종교, 능력, 출신 국가에 대해 묻고 토론하는 것을 편안하게 해야 그들의 교차하는 모든 정체성에 대한 완벽한 상을 가질 수 있다. 내담자와 이러한 문제를 투명하게 다루는 것은 안전의 확립에 기여한다.

문화적 겸손은 일련의 트라우마의 누적된 영향이 복잡한 증상을 나타낼 때 복합 트라우마와 더욱 관련이 있다. 우리는 한 트라우마가 다른 트라우마보다 더 중요하다고 가정해서는 안 된다. 특히 작은 't' 트라우마가 PTSD로 전환될 수 있다는 기점이 될 때는 그렇다. 미술치료에 대한 우리의 접근 방식은 문화적으로 겸손한 입장에서 엄청난 이익을 얻는다. Louvenia Jackson의 저서인 「Cultural Humility in Art Therapy」(2020)은 문화적 겸손이 우리의 연구, 평가, 임상 및 지역사회 기반 실제, 교육학, 사회 정의 및 자기돌봄을 어떻게 향상시킬 수 있는지를 개념화한다. 이 책은 독특하게도 우리의 임상 실제에서 겸손함을 기르기 위해 각 장의 끝에 성찰적인 연습을 제공한다. Ruth King(2018)의 책인 「Minding of Race」는 인종차별을 치료 가능한 심장질환으로 언급하고 있다. 그녀는 독자들이 우리 자신을 인종적 존재로 인식하도록 하기 위해 마음챙김을 사용하여 인종에 대한 우리의 인식과 가정을 다루는 훌륭한 입문서를 제공한다. 나는 「Cultural Humility in Art Therapy」와 「Mindful of Race」 책들을 이 분야에서 당신의 기술을 더 발전시킬 수 있는 자료로서 강력히 추천한다.

## 수용전념치료(ACT)

ACT는 행복감을 증가시키고 고통을 줄이는 데 관련된 인지 및 언어 과정 모델을 제공한다(특정 집단 또는 특정한 환경에서의 ACT). ACT는 특정 기법을 기반으로 한 매뉴얼을 필요로 하지 않는다. 오히려, ACT의 구조와 개입은 각 내담자의 문화와 상황뿐만 아니라 특정 문제와 욕구에 유연하게 적용되도록 설계된 전략이다. ACT(예: 마음챙김, 게스탈트 치료, 행동주의, 인간 잠재능력 회복운동,[3] 관계 프레임 이론, 선불교 및 기능적 맥락 주의)를 만들기 위해 여러 개념을 통합하였는데 이것은 내담자가 현재 순간에 몰두하고 경험회피를 하지 않으며 자신이 선택한 가치를 이용하여 의미 있는 삶을 영위할 수 있도록 돕는 일관된 접근법을 만들었다.

ACT는 미국의 인지행동심리학의 제3 흐름의 일부이다(Harris, 2006; Hayes, Strosahl & Wilson, 1999; Hayes & Strosahl, 2004). CBT가 1950년대에 정신분석학과는 대조적으로 과학적인 입장을 가지고 있었지만, 이 새로운 인지치료의 물결은 치료적 접근에 영혼/정신, 가치, 맥락을 제시하고 급진적 행동주의에 더 많이 의존한다. ACT의 목표는 (a) 심리적으로 현재에 머물기 위한 능력을 기르고 (b) 효과적이고 가치 기반 행동을 취할 수 있는 능력을 만드는 것이다. 또한 ACT는 PTSD를 유지하는 회피행동을 줄이기 위한 노출치료로 개념화되어 있다(Thompson, Luoma, & LeJeune, 2013). A-C-T로 표기되지만, CBT처럼 문자로 발음되는 것이 아니라 동작하는 것처럼 "act"로 발음된다. ACT는 행동 지향 치료이므로 ACT라는 약어가 적절하다.

ACT는 개인, 집단, 커플, 학급 및 직장에서 사용할 수 있는 강력한 증거 기반을

3) 역자주: 일종의 집단요법적 수양운동.

가지고 있다. 36개의 무작위 대조임상실험에 대한 메타분석 결과 ACT는 대기 목록 조건 및 일반적인 치료와 비교하였을 때 더 효과적인 것으로 나타났으며, 그 효과는 전통적인 CBT와 대체로 유사하다는 것을 보여주었다(Twohig & Levin, 2017). ACT는 또한 불안 치료에 효과적인 것으로 나타났다(Swain, Hancock, & Hainsworth, 2013). 아동 및 청소년의 치료에서 ACT의 증거에 대한 2015년에 이루어진 체계적인 리뷰에는 21개의 연구 및 707명의 연구참여자를 포함했다. ACT는 증상, 삶의 질, 심리적 유연성에서의 향상이 이루어졌다(Swain et al., 2015). 저자들은 방법론적 주의사항을 보고하였고 더 크고 엄격한 연구를 권장하였지만 전반적인 증거는 아동치료에서 ACT의 유용성을 뒷받침한다. ACT는 또한 우울증, 만성 통증, 혼합된 불안, 강박장애, 정신질환, 흡연 및 도박의 치료에 중요한 증거 기반을 가지고 있다(Association for Contextual Behavioral Science, n.d.; American Psychological Association, 2020a).

Scarlet, Lang과 Walser(2016)는 ACT가 개입 전 또는 개입 후에서나 "트라우마 기반 치료의 보조적 역할을 하며 장기 노출 및 기타 노출 기반 개입을 상당히 보완할 수 있다"라고 언급한다(p.35). 내담자에게 추가적인 이점으로 ACT는 PTSD 진단에 의해 포착되는 것이 아닌 트라우마 생존자와 관련이 없는 동반질병(예: 우울증, 불안, 약물 남용) 및 생활 문제를 해결할 수 있다(Scarlet et al., 2016). PTSD에 대한 마음챙김 기반 접근법에 대한 메타분석은 보통에서 큰 효과 크기로 낮은 이탈률을 보였다(Boyd, Lanius & McKinnon, 2018). 낮은 이탈률은 그 접근법이 효과적이라는 것을 의미하며 치료를 조기에 중단하는 사람은 거의 없다. 보통에서 큰 효과 크기는 접근 방식이 좋은 효과성을 보인다는 것을 나타낸다. 하지만 이러한 연구결과가 긍정적이더라도 ACT와 노출 기반 치료를 비교한 보다 많은 대등 연구가 필요하다. 이를 통해 ACT가 여전히 노출 구성 요소 없이 PTSD에 대한 단일치료법이 될 수 있는지의 여부를 결정할 수 있다(Hawkins, 2012; Scarlet et al., 2016).

ACT는 PTSD를 어떻게 개념화하는가? ACT는 트라우마적 사고, 감정, 기억을 회피, 통제 또는 벗어나려는 지속적이고 비효율적인 시도 때문에 PTSD 증상이 나타나고 지속된다고 가정한다(Orsillo & Batten, 2005). ACT는 경험적 기피 현상을 줄이기 위해 설계되었기 때문에 PTSD 증상을 다루는데 특히 적합하다. 또한, ACT는

PTSD 및 기타 동반 발생 장애를 가진 사람들과 함께 치료작업을 하는데 효과적이다. 왜냐하면 치료에서 여러 진단과 문제를 동시에 해결할 수 있기 때문이다. 여러 문제를 한 번에 처리할 수 있는 능력은 어떤 문제가 주요하며 그것을 먼저 다루고 다른 문제로 넘어가는 것이 치료사에게 어려운 과제일 수 있는 상황을 피하는 데 도움이 된다.

ACT가 한 번에 여러 문제를 처리할 수 있다는 것이 왜 중요한가? PTSD를 가지고 있는 사람들에게는 여러 가지 문제나 진단이 존재하는 경우가 많고, 사람들이 복잡하고 심리적인 문제와 상황적인 문제들이 얽혀 있기 때문에 문제를 따로 떼어놓으면 종종 실패한다. 예를 들어, 치료사는 약물남용이 주요 문제임을 안다면 약물 남용 장애가 호전되고 난 후에야 PTSD 또는 우울증의 치료로 전환하기를 결정할 수 있다. 약물 남용 관련시설은 약물 남용이 주요 문제로 규정될 경우에만 사람들을 수용할 수 있다. 그러나 술/약물에서 깨면 트라우마 기억이 유발되고 PTSD를 가진 사람들의 고통이 심해진다. 약물을 멈추거나 심지어 줄이는 것은 트라우마 자료에 대한 인식이 높아져 결과적으로 조기 재발로 이어질 수 있다. 이 재발은 외상 후 스트레스 장애, 특히 트라우마 기억을 회피하기 위해 약물의 사용을 더 하게 한다. 즉, 음주나 약물 사용은 PTSD 증상(예: 침습적 사고와 신체 기억)과 관련된 고통을 무감각하게 하는 역할을 한다. 또한 내담자가 회복 초기 단계에서 PTSD 증상 관리를 준비할 수 있도록 돕는 것은 그들로 하여금 "이 감정을 감당할 수 없다"는 생각이나 약물사용을 강화하는 행동을 관리하는 데 도움이 될 수 있다.

행동 심리학 용어를 사용하여 조기 재발이 왜 발생하는지에 대한 더 깊은 설명을 제공하자면, 약물은 기억과 침투적 사고를 완화시키기 때문에 음주/약물 사용을 유지하기 위한 부정적인 강화로 작용한다. 행동주의에서 부정적인 것은 어떤 것을 제거하는 것을 의미하고, 강화는 어떤 것이 행동을 증가시킨다는 것을 의미한다. 따라서 증상(예: 생리적 각성, 침습적 사고, 신체 기억)을 제거하는 행동(예: 음주 또는 약물 사용)은 내담자가 음주/약물 사용 후 PTSD 증상으로부터 완화를 경험할 때마다 강화된다. 약물사용 및 PTSD를 모두 관리하지 않으면 내담자는 PTSD 증상으로 어려움을 겪을 수 있으며, 대처 도구로써 음주/약물로 돌아갈 수 있다. 위의 예에서, 나는 절주하고자 하는 초기 시도를 특히 어렵게 만드는 치료 장벽을 언급하고 있다;

회복에 주로 초점을 맞춘 치료는 애초에 약물 남용을 야기한 복잡한 문제를 다루지 않을 수 있다. ACT는 내담자의 삶의 많은 측면을 탐색하고 PTSD와 약물남용과 같은 동반 문제를 동시에 치료할 수 있는 수단을 제공한다. 위의 예는 문제가 동시에 발생할 뿐만 아니라 서로 얽혀 있고 서로 강화될 때 한 번에 하나의 문제를 해결해야 하는 과제를 보여준다.

PTSD 내담자, 특히 동반성 알코올 사용장애를 가진 내담자를 치료할 때 여러 문제를 동시에 치료할 수 있는 모델을 찾는 것이 중요하지만, 초이론적 변화 모델에 따르면 내담자에게 재발은 회복의 일부이며 대부분의 행동 변화의 일부임을 상기시키는 것도 중요하다(Prochaska et al.,1993). 우리는 내담자가 재발을 학습 경험으로 사용할 수 있도록 지원하여 절주/회복에 대한 의지를 재확인하고 가치를 강화할 수 있다. 우리는 이것을 동반 장애에 관한 장에서 더 탐구할 것이다. 다음은 ACT의 기본 원칙 중 일부와 PTSD가 이 이론에 의해 어떻게 개념화되는지에 대한 리뷰이다. 이 부분을 읽고 ACT를 더 탐구하고 싶다면, 치료사 교육, 치료 도구, 훈련을 위한 풍부한 무료 자원을 찾을 수 있는 Association for Contextual Behavioral Sciences(2020)를 살펴보기를 추천한다.

## ACT와 고통

고통은 피할 수 없는 반면, 우리가 그 주위에 만드는 고통은 그렇지 않다. 우리 주변에서 일어나는 일들에 대한 우리의 관계는 내부적으로나 외부적으로 점검을 해야 하며 이것은 바뀔 수 있다. 레바논의 시인이자 철학자인 Kahlil Gibran(1923)은 우리의 고통을 피하고자 하는 우리의 소망이 고통을 증가시킬 뿐임을 상기시킨다: "당신의 고통의 많은 부분은 스스로 선택한 것이다."(p. 52). 고통은 인간 조건의 한 일부이다. 그것은 우리가 아무리 노력해도 피할 수 없고 도망칠 수 없다. 문화(미디어, 소셜 미디어, 우리의 심상, 경험 및 관찰을 통해)는 우리가 그것을 달성하기 위해 "더 열심히" 노력하거나, 우리가 이상적인 관계에 놓일 수 있고, 새로운 소유물을 획득할 수 있다면 행복으로 가득 찬 운 좋은 삶이 바로 기다린다는 것을 의미할 수 있다. 그러나 고통과 상실이 존재한다는 사실은 항상 존재한다. 행복은 하나의 감정이며, 정의상 비영속적인 상태이다. ACT는 심리적 고통이 언어/사고와 자신과 타인의 행동을 통제하려는 노력 사이의 상호작용에서 비롯된다고 가정한다(Hayes, n.d.).

우리가 외적으로 가지고 있는 것과는 다른 것을 원하는 것은 우리에게 동기를 부여할 수 있다; 그것은 우리가 목표를 분명히 하고 우리가 가치 있게 여기는 것(예: 교육, 주택, 질적인 관계)을 향해 나아가도록 격려할 수 있다. 그럼에도 불구하고, 우리가 느끼는 방식에 이러한 같은 원칙을 적용하려고 할 때, 우리는 고통을 증가시키는 경향이 있다. 예를 들어, 우리가 사적이고 원치 않는 내면의 감정을 받아들이지 않을 때, 우리는 부정과 고통의 투쟁을 하게 되는데, 이는 이미 복잡한 감정 상태의 고통만 가중시킬 뿐이다. 즉, 우리는 고통, 불행, 정신 건강 문제 대신 행복을 원하지만, 우리 안에 존재하는 이러한 경험을 받아들일 수 없을 때, 우리는 투쟁, 부정, 회피로 우리의 고통을 증가시키고 악화시킨다. PTSD를 가지고 있는 내담자의 경우 고통스러운 기억과 생각나게 하는 사람을 피하고자 하는 소망은 증상들을 더 악화시킨다. 회피는 고통스러운 기억을 더 오래 지속시키고 더 나쁘게 느끼게 하는 전략이다.

## 심리적 유연성

ACT의 주요 목표는 심리적 유연성을 높이는 것이다. 이는 현재 순간과의 의식적인 접촉을 하는 것과 자신이 선택한 가치관에 부합하는 행동을 변화시키거나 지속하는 것을 말한다(Kashdan & Rottenberg, 2010). 유연성은 끊임없이 변화하는 상황에 우리의 사고방식과 행동을 적응시키는 데 도움을 준다(Kashdan & Rottenberg, 2010). 유연성은 주로 개인의 가치에 대한 인식과 관심을 필요로 하며, 행동과 생각을 이러한 가치와 조화를 이루도록 조정해야 한다. ACT 관점에서 치료를 제공하는 중요하면서도 기쁨을 주는 측면은 내담자가 이러한 가치를 발견하고 표현할 수 있도록 돕는 것이다. 반대로, 심리적 경직성은 현재 순간의 경험을 피하거나 부정하려는 바람을 반영한다. 이러한 경직성은 PTSD를 가지고 있는 사람들이 트라우마 후 일어난 일을 부정하거나 "정상으로 돌아가기"를 시도할 때 나타나는 주요 문제이다.

미술치료에서 심리적 유연성을 보여주기 위해, 나는 내담자들에게 그들을 좌절시킬 때나 도전에 직면했을 때 그들의 마음이 어떻게 작용하는지에 대한 통찰력을 얻는 데 도움이 될 수 있는 실험을 시도할 의지가 있는지 묻는다(Backs & Mazzeo, 2017). 실험을 참여하고자 하는 허락과 의향을 확인한 후, 내담자들에게 마커가 가득 들어 있는 상자를 선택하고 선, 모양 및 색상을 사용하여 원하는 모든 그림을 그릴 수 있도록 한다. 잠시 후, 나는 그들에게 더이상 빨간색과 주황색 마커를 사용할 수 없다고 말한다. 매 분마다, 그들의 선택은 점점 더 제한적이게 된다: 더이상 직선, 노란색 또는 녹색 마커, 물결치는 라인, 파란색 마커, 동그라미, 사람을 나타내는 모양 등을 그리는 것을 제한한다. 결국, 나의 내담자는 자기 마음대로 사용할 수 있는 마커 하나만을 갖게 될 수도 있다. 나는 일부 내담자들이 좌절과 혼란 속에서 일찍 포기하는 반면, 다른 내담자들은 우리가 실험을 멈출 때까지 즐거워하고 견디는 것을 봐왔다.

특히 지속적이고 창의적인 한 퇴역군인이 새로운 제한을 반영하기 위해 계속해서 그의 그림 그리는 전략을 바꿨고, 그의 마지막 동작은 하나의 컬러마커로 페이지에 점을 만드는 것을 포함했다. 그는 새로운 한계점마다 웃었고 그의 결단력은 집단 내 다른 사람들의 호기심을 불러일으켰다. 여기서부터, 나는 각각의 사람들이 그들의 미술에 대한 끊임없는 한계를 어떻게 관리했는지에 대해 질문한다. 최종적으로, 나는 PTSD 증상, 특히 회피 증상에 대해 묻는다. 이러한 질문들을 위해, 나는 대화를 장애 그 자체가 아니라 사람들이 PTSD 증상에 어떻게 반응하는지에 초점을 맞춘다. 나는 그들이 삶에 완전히 관여하고 개인적인 가치로 나아가는 것을 막는 스스로 부과한 한계에 대해 묻는다. 예를 들어, 불안하고 두려운 생각을 경험했기 때문에 자녀의 야구 경기를 참석하지 않기로 결정한 내담자와 같이 개인적으로 부과된 제한은 게임에 참석하지 않는 선택이 부모로서의 가치와 일치하지 않기 때문에 개인적인 갈등을 유발한다. 미술 과정을 통해 내담자가 자신의 행동과 태도의 한계를 스스로 인식할 수 있도록 돕는 것은 자신의 행동에 대한 경험적 증거를 제공하고 삶의 한계에 대한 대화를 이끌어낸다. 그 후에는 그들이 자신의 가치에 따라 행동을 취하는 능력을 향상시키기 위해 선택할 수 있는 더 나은 위치에 있게 된다.

## 현재 순간에 대한 인식

Kabat-Zinn(1990)은 현재 순간에 대한 인식을 현재의 순간에 대한 의식적인 인식, 구체적인 의도와 자신에 대한 인정으로 묘사한다. 현재 순간의 인식은 현재의 순간과 그 순간에 포함된 사적인 내적 경험과의 해방된, 의식적인, 수용적이며, 개방된 접촉으로 묘사된다(Harris, 2007). 이러한 인식은 관찰된 내용과는 경험적으로 구별된다(Harris, 2007). 즉, 그 순간의 인식은 관찰된 내용과 다른 것으로 인식된다.

PTSD를 가지고 있는 사람은 현재 순간의 인식에 근본적인 어려움을 겪는다. PTSD를 가진 사람은 더 많은 불쾌한 기억을 두려워하고, 그러한 예기불안은 미래의 트라우마를 예방할 수 있는 행동에 대한 예리한 주의와 경계심을 동반하게 된다. 해리성 에피소드, 침투적 사고, 악몽은 내담자들이 트라우마를 다시 재현하면서 과거에 완전히 고정되어 갇혀버리게 한다. 현재 순간의 인식은 우리가 목적을 가지고 현재에 집중하고 있고 판단하지 않고 관찰하고 있을 때 일어난다. 이 개념은 흐름과 유사하며, Csikszentmihalii(1990)는 사람이 완전히 흡수된 상태에서 활력있는 집중, 완전한 참여, 그리고 그 과정에서 즐거움의 감정에 완전히 몰입하는 정신 상태라고 기술했다. 미술작품은 우리를 현재 순간의 인식과 흐름에 참여시킬 수 있는 고유한 능력을 가지고 있다. 성인 컬러링북의 인기는 마음챙김을 하기 위한 미술의 힘을 보여주는데, 이는 스트레스에 대한 지각 수준을 줄일 수 있다. 낙서 그리기, 낙서 추적, 페인팅, 점토, 섬유, 콜라주와 같이 목표 지향적이지 않은 미술은 자발적으로 완전히 몰입할 수 있는 과정이 될 수 있다. 뜨개질, 코바늘 뜨개질, 직조와 같은 목표 지향 예술/공예는 또한 인지적 고정(cognitive anchoring)과 마음챙김 인식을 제공한다. 우리는 미술 속에서 "길을 잃을" 수도 있고, 과정에 완전히 참여하며 작품에 대한 판단에서 자유로울 때 흐름(flow)을 경험할 수 있다.

## 수용

현재의 순간을 받아들이는 것이 ACT의 핵심 원리이다. 이것은 그것에 맞서 싸우고 다른 것을 바라는 대신, 마음챙김을 사용하여 현재 일어나고 있는 것과 접촉하는 것을 포함한다. 수용은 변화하거나 회피할 필요 없이 그 순간에 내부적으로 일어나는 일에 대한 자기 자신의 경험을 갖게 되는 것이다. 그것은 사고, 감정, 기억, 신체 감각과 같은 사적이고 원하지 않는 내적 경험을 포함하여 일어나는 모든 것을 경험하려는 의지를 포함한다. 수용은 일어나는 일을 감내하려는 의지일 뿐만 아니라, "그냥 참는 것이 아니라 삶을 포용하는 것"에 관한 것이다(Harris, 2008, p.58).

PTSD를 가지고 있는 내담자들은 그들의 삶을 개선하려는 동기를 부여받지만, 아마도 그들은 현재 존재하는 것을 받아들이지 않을 것이다. 성장과 변화의 첫걸음은 있는 그대로를 받아들이고 변화를 만들고 가치 중심적인 삶을 살기 위한 행동을 취하는 것이다. 수용은 이러한 변화를 만드는 데 필수적인 첫 단계이다. 역설적으로 보일 수 있지만, 변화가 일어나기 전에 현재 존재하는 것을 받아들이는 것이 필요하다. PTSD를 가지고 있는 내담자들은 트라우마가 "일어나지 않았기를 바라거나 다른 일이 일어났다면 어땠을까" 하는 바람 또는 환상에 대한 지속적인 노력을 할 수도 있다.

예를 들어, 참전군인이었던 J라는 내담자는 그의 PTSD 증상을 언급할 때, "이렇게 느끼고 싶지 않아요."라고 말했다. 추가 탐색을 통해 그는 자신의 증상(즉, 침투적 사고, 과잉 경계, 감정과 경험의 회피)을 "약점과 실패"로 인식했다는 것이 밝혀졌다. 그는 그 증상들을 원하지 않았고, 더 중요한 것은, 그는 자신이 실패자라고 생각하거나 그와 관련된 수치심을 느끼고 싶지 않았다는 것이다. 그의 고통을 완화하기 위한 그의 시도에는 알코올 남용과 고립이 포함되었고, 이것은 그의 아내를 포함한 다른 가족 구성원들과 심각한 말다툼으로 이어졌다. 가족 구성원을 피하고 밀어냄으로써 그의 환경을 통제하려는 J의 노력은 고통의 원인에 대한 ACT의 개념화를 반영한다: 고통은 사고가 자신과 다른 사람의 행동을 통제하려는 시도를 하도록 할 때 발생한다. 즉 J가 실패자라는 생각과 수치심을 느낀다는 것이 알코올과 고립을 통해 삶과 사랑하는 사람들과의 관계를 피하게 하였다. 알코올은 그에게 침투적인 트라우마 증상과 그에 따른 수치심을 어느 정도 완화시켜 주었다.

J는 자신이 군에 있을 때 훈련 시 사고를 중심으로 전개된 자신의 트라우마에 대한 침투적인 기억을 경험했을 때 "나는 약하다"라는 생각을 했을 것이다. 그는 술을 마시고 가족, 친구, 그리고 동료들로부터 자신을 고립시킴으로써 이러한 기억과

그에 수반되는 고통스러운 영향을 통제하려고 시도했다. 그의 내적 언어("나는 약하다")와 행동(고립) 사이의 이러한 접점은 트라우마에서 비롯된 그의 초기 고통을 악화시켰다. 즉, 그의 언어(예: "나는 약하다"와 "나는 실패자다")의 교차점과 그의 환경을 통제하려는 시도(예: 그의 감정, 생각과 반응을 억제하고, 그의 주변을 통제하거나, 다른 사람들이 하는 것을 통제하려고 시도하는 것)가 그의 고통에 더 많은 고통을 만들어냈다. J의 경험은 ACT가 제안하는 것과 일치한다: 고통스러운 생각과 감정을 피하거나 통제하거나 탈출하려는 것은 역효과를 낳고 고통을 증가시킨다 (Hayes, n.d.).

## 인지적 융합과 탈융합

ACT에서의 융합은 "생각과 그것이 가리키는 것, 즉 이야기와 사건이 하나로 묶여지는 것"을 의미한다(Harris, 2008, p.39). 우리가 우리의 생각에 융합될 때, 우리는 그것들을 진실로 받아들인다. 예를 들어, "나는 멍청하다" 또는 "내가 했던 어떤 것 때문에 그 이후 아무도 나를 사랑하지 않을 것이다"라는 생각은 진실로 믿어진다. PTSD에서의 융합은 트라우마에 대한 생각이 현실로 인식될 때 일어난다. 위에서 말한 참전용사인 J는 실패자라는 생각을 너무 많이 해서 그 생각을 믿게 되었고, 따라서 그 생각과 융합하게 되었다. 그 후, 그는 자신이 실패자라고 믿었고 그 믿음은 더 큰 고통을 초래했다.

생각으로부터의 탈융합은 한 사람의 생각이 사실과 현실로부터 분리되는 과정이다. 다시 말해, 이러한 생각은 단지 생각일 뿐 사실로 인식되지 않는다: 순종해야 할 대상, 지혜로 여길 대상, 명령 또는 현실로 여기는 대상이 아니다. 탈융합을 촉진하고 현재 순간의 인식을 지지하는 한 가지 방법은 생각이나 감정 앞에 다음과 같은 진술을 추가하는 것이다: "나는 ...에 대한 생각/감정을 알고 있다." 예를 들어, 내담자는 "나는 슬프다"라고 말하거나 생각하는 대신 "나는 슬픔의 느낌을 알고 있다"라고 말하거나 생각할 수 있다. 지금 당장 큰 소리로 시도해 보길 바란다. 그러면 당신은 당신이 생각/느낌과 융합되고 ("나는 슬프다") 그러고 나서 생각으로부터 탈융합될 때 ("나는 슬픔의 감정을 알고 있다") 어떤지를 경험할 수 있다.

일어나고 있는 생각들이 당신 자신이 아니거나 심지어 반드시 사실이 아니라는 것을 인식하고 받아들이는 것은 인지적 유연성을 위한 기회를 만든다. J를 위해, 나는 그에게 실패에 대한 생각과 수치심을 없애라고 요청했고, 그를 현재 순간의 인식과 탈융합으로 이끌었다. 나는 그에게 그의 생각과 감정에 "나는 ....을 알고 있다"라고 덧붙여달라고 부탁했다. 그는 통찰력을 얻었으며 뒤에 이렇게 덧붙였다. "실패에 대한 생각과 수치심을 알고 있다. 그리고 나는 그것을 좋아하지 않는다!".

전통적인 CBT 접근법은 부정적인 생각을 문제로 간주하는 것을 목표로 하며, 개입은 생각을 재구성하거나 생각을 더 긍정적으로 만들기 위해 노력하는 것, 생각을 없애거나 생각의 진실성에 대해 토론하는 것을 포함한다. 그러나 ACT는 일반적으로 이러한 통제 전략으로 생각이 사라지지 않는다고 가정한다(Harris, 2008). 대신, ACT는 우리가 생각과 "융합"될 때에만 생각이 문제라고 제안한다. 우리가 생각에서 벗어나 문자 그대로의 사실이 아닌 단순한 생각 그대로를 받아들일 수 있을 때, 생각들은 우리의 현실과 이야기를 지배하는 힘을 잃게 된다. J의 경우, 위에 그가 언급한 것은 그의 인식의 내용(실패에 대한 생각과 수치심에 대한 느낌)과 완전한 인식 그 자체(생각과 느낌에 대한 인식과 그들을 좋아하지 않는 것에 대한 인식)의 차이를 분명히 했다.

## 개념화된 자기와 관찰 자기

개념화된 자기는 우리의 정체성 속에서 우리가 누구라고 생각하는지를 나타낸다. J의 개념화된 자기는 강하고, 업무에서 능숙하며, 가정적인 가치를 중심으로 형성되었다. 그의 PTSD 증상은 그의 개념화된 자기와 정반대되는 생각을 만들어냈다. 그가 불안감을 느끼고 있을 때, 그는 자신이 되고 싶은 사람, 혹은 자신이 상상하는 사람이 될 수 없다고 느꼈다.

관찰 자기는 자신의 감정과 생각을 관찰하는 개인의 한 측면이다. 이 순수한 인식에는 생각이 포함되어 있지 않다; 그것은 단지 당신의 생각을 인식하는 부분이다. 관찰하는 자신에 대한 내가 가장 좋아하는 ACT 비유로는 체스판이 있다. 체스 말들은 당신이 당신이 가지고 있는 생각과 감정뿐만 아니라 삶에서 당신이 하는 역할도 포함된다. 예를 들어, 여기 나의 "체스 말들" 세 가지가 있다: 나는 책상에 앉아서 이 책을 쓰고 있다. 나는 미술치료사이자 심리학자이고, 학교를 결석한 아들을 돌보고 있다. 하지만 곧 일어나서 저녁 식사 준비를 위하여 더이상 앉아서 글을 쓰지 않을 것이다. 언젠가 나는 직장에서 은퇴할 것이고 더이상 직업을 갖지 않을 것이다. 내 아들은 내일 학교로 돌아갈 만큼 충분히 회복할 것이고 곧 자라서 자취를 시작할 것이다; 나는 항상 엄마 노릇을 하지 않을 것이다. 그래서, 이런 일이 일어날 때 나는 누구인가? 나는 체스판이다. 나는 내가 무엇을 하든, 내가 어떤 작가, 미술치료사, 그리고 어머니로서의 나의 정체성을 가지든 근본적으로 나 자신이며, 항상 나 자신일 것이다. 개념화된 자기를 생각하는 또 다른 방법은 나는 작가, 미술치료사, 또는 엄마이기 전에도 나였다는 것을 인식하는 것이다.

관찰 자기는 우리가 이러한 우리 자신의 개념화된 자기와의 거리를 두도록 만들어주며 우리와 우리의 내담자들이 삶의 영적이고 영원한 면을 탐구할 수 있도록 한다. 다른 이론들이 일반적으로 이러한 영적 요소가 부족한 반면, ACT의 이론의 창시자인 Steven Hayes는 인지행동치료에 영적 인식과 이를 촉진하는 개입을 위한 공간을 마련하고자 하였다. 나는 내담자들에게 종교나 영성이 중요한지, 그리고 이 요소들이 삶에서 어떤 역할을 하는지 직접 물어본다. 많은 내담자들이 종교나 영성과 관련이 있는 반면, 다른 사람들은 이러한 개념들이 자신들과 관련이 없다고 보고한다. 다른 사람들은 불가지론자이거나 무신론자라고 말할 수 있다. 따라서, 나는 내담자들에게 그들의 삶 전체를 보고 경험한 그들 자신의 근원/영혼이나 영역에 접근하도록 요청할 수 있다. 트라우마 치료의 마지막 단계는 내담자가 트라우마 후 이상적으로 외상 후 성장에 대한 새로운 비전을 만들도록 돕는 것을 포함한다. 개념화된 자기에 대한 개념은 이러한 치료의 단계를 지지한다.

## 가치

ACT의 맥락에서 가치는 자신의 행동에 대한 방향과 지침을 제공할 수 있는 개인적으로 선택된 삶의 원칙이다. 그것들은 "당신이 이 세상에 있는 짧은 시간 동안 무엇을 하고 무엇을 위해 서 있고 싶은지에 대한 당신 마음의 가장 깊은 소망"이다

(Harris, 2009, p.22). 목표와 달리 가치는 행동별 목표를 구축할 수 있는 인프라를 제공한다. 우리는 우리가 해야 할 일 목록에서 목표를 달성하는 것처럼 가치를 이루지는 않는다; 가치는 매일 살아가며 실현되는 것이다. 우리는 평생 우리의 가치관에 부합하는 삶을 살기 위해 노력한다. 가치는 우리가 서쪽과 같은 방향으로 나아가게 도와준다. 우리가 서쪽을 향해 여행할 수는 있지만, 결국 "서쪽"이라는 목적지에 도달할 수는 없다.

우리는 다른 사람들의 반응이 어떻든 상관없이 우리의 가치에 따라 행동할 수 있다. 예를 들어, 당신은 아마도 자기표현과 창의성을 중요시할 것이다. 당신은 자신의 작품을 미술관에 전시하든지, 미술로 돈을 벌든지, 그리고 다른 사람에게 자신의 작품을 보여주지 않더라도 창의성의 가치에 따라 행동할 수 있다. 즉, 당신은 자신의 가치를 확인하고 내부적 또는 외부적 도전과 상관없이 자신의 가치에 따라 행동하며 반응에 상관없이 노력한다. 위에서 언급한 참전용사인 J는 그의 결혼생활에서 사랑을 소중히 여겼다. 자신의 가치를 탐구하면서, 그는 수치스러움으로 가득 차 있거나 아내가 그에게 화가 났을 때조차도 아내를 사랑할 수 있다고 결심했다.

Russ Harris(2009)의 「ACT with Love」라는 책에서 ACT는 커플에게 적용된다. Harris는 커플들이 그들의 가치와 욕구를 구별하도록 권장한다. 예를 들어, 당신은 존중(가치 단어)받고 싶을 수도 있고, 낭만적인 관계(가치 범위)의 일부가 되고 싶을 수도 있다. 당신은 이러한 행동들에 참여할 수 있다: 당신의 파트너에게 존중의 가치에 대해 말하고, 당신의 파트너를 존중하며 대하고, 존중을 요청할 수도 있다. 이러한 가치들은 당신이 하고자 하는 것에 관한 것이다: 당신의 가치를 구체화하길 바란다. 대조적으로, 욕구는 당신이 관계에서 얻고자 하는 것에 관한 것이다. 예를 들어, 당신의 파트너에게 당신의 소망, 의견, 그리고 당신을 존중해 줄 필요가 있다고 말하는 것은 당신이 얻고자 하는 것에 관한 것이다. 그러나 이러한 것들은 당신의 통제할 수 있는 영역 안에 있지 않다. 당신은 당신이 파트너에게 어떻게 행동할지는 통제할 수 있지만, 그들이 당신에게 어떻게 행동하는지에 대해서는 통제할 수는 없다. 다시 말해서, 당신은 요청할 수 있고, 소리를 지를 수 있고, 협박할 수 있지만, 당신의 파트너가 당신이 원하는 것을 하도록 강제할 수는 없다. "우리는 우리가 하는 것을 통제할 수 있지만, 우리가 받는 것을 통제할 수는 없다."(Harris, 2009, p.159).

아래는 Kelly Wilson(n.d.)의 가치 있는 삶 질문지에서 발췌한 몇 가지 공통 가치 영역 목록인데, 이를 통해 개인적인 가치 체계를 탐색하고 발전시킨 후 내담자와 함께 사용할 수 있다. 이러한 각 영역에 대해 당신은 어떻게 되고 싶은지를 설명하는 몇 가지 단어를 식별할 수 있다. 가치를 나타내는 이미지를 만드는 것도 유용하다.

- 가족관계
- 결혼/커플/친밀한 관계
- 육아
- 우정/사회생활
- 경력/취업
- 교육/개인적 성장 및 발달
- 레크리에이션/재미/레저
- 영성
- 커뮤니티
- 건강/신체적 안녕

가치는 향상을 추구한다는 것을 기억하길 바란다. 당신은 평생 학습과 교육에 대한 가치를 가지고 있을 수 있다. 그리고 당신은 평생 학습과 교육을 마쳤다고 말할 수 없기 때문에 해야 할 일 목록에서 그것을 절대 확인할 수 없다. 평생학습이라는 추구적 가치는 대학원에 진학하거나, 지속적으로 교육과정을 수강하거나, 미술, 심리학, 자기계발 또는 영성의 새로운 소재에 익숙해지려는 전념적인 행동과 결합된다. 당신의 구체적인 관련 행동에는 매달 전문 저널을 읽는 것, 미술관이나 갤러리를 방문하는 것, 심리학 이론이나 자기계발서에 관한 책을 읽는 것, 또는 종교 연구 모임에 참석하는 것 등이 포함될 수 있다. 나는 그의 결혼 가치관에 더하여 건강 분야를 선택했다. 그는 자신의 건강 가치를 묘사하기 위해 다음과 같은 단어들을 선택하였다: 좋은 몸매 유지하기, 매일 움직이기, 건강하기. 또한 그는 매일 걷기, 일 년에 한 번 의사를 방문해서 검사받기, 그리고 그의 아내와 함께 건강식 만드는 것을 돕기와 같은 구체적인 목표들을 설정하였다.

### 전념 행동

Harris(2008)는 "풍부하고 의미 있는 삶은 행동을 함으로써 만들어진다. 하지만 아무 행동은 아니다. 그것은 당신의 가치관에 의해 인도되고 동기 부여되는 효과적인 행동을 통해 일어난다."(p.34)고 언급한다. 전념 행동은 반복적으로 수행되는 가치 기반 행동이다. 일단 가치가 선택되고 탐색되면, 우리는 내담자에게 자신의 가치관을 향해 나아가는 행동에 참여하도록 요청한다. 전념은 우울하거나, 의욕이 없거나, PTSD 증상이 있음에도 불구하고 가치 중심적인 행동에 참여하기 위한 자기 책임의 방식으로 진행된다.

처음에 우리는 습관이 될 때까지 전념 행동을 구조화할 수 있다. 하루에 특정 행동을 선택하고 비가 오든 맑은 날이든 내담자는 선택한 행동에 전념한다. 이러한 행동 변화는 종종 내담자를 트라우마 기억에 노출시키는 첫 번째 단계이다. 예를 들어, J는 주말에 그의 아내를 위해 꽃을 사기로 결정했다. 주말이 왔을 때, 그는 의욕이 없었고, 트라우마와 관련된 기억에 시달렸으며, 집에 있어야 한다는 생각에 빠져들었다. 그가 꽃을 사러 집을 나섰을 때, 그러한 감정과 생각들이 시장에서도 계속되었다. 하지만 꽃을 구매하려는 목표를 달성하자 PTSD 증상이 활성화되었을 때도 원하는 삶을 살 수 있다는 통찰력을 얻게 되었다. 이 단계의 핵심은 내담자가 자신의 가치를 명확하게 파악하고 특정 요일(토요일 오전)에 달성할 특정 목표(꽃 구매)를 선택했는지를 확인하는 것이다. 목표는 모호하거나 "언제든지" 해도 된다는 것이 아니어야 한다. PTSD 증상에도 불구하고 목표를 달성한 경험은 자신감을 불어넣고 만족감을 준다. 내담자가 전념 행동을 수행하는 데는 여러 번의 시도가 필요할 수 있으며, 그들에게 변화에 대한 초이론적 모델을 상기시키는 것은 성공과 실패가 변화의 과정의 일부라는 현실을 일반화하는 데 도움이 될 수 있다.

## 노출치료

노출치료는 PTSD를 치료하는 데 있어서 가장 많은 관심을 받고 있다. 이러한 접근법에서 내담자는 두려운 자극에 노출되는데, 이는 일반적으로 트라우마에 대한 기억을 언급하게 된다. 공포의 위계 구조를 확립한 후 그다음 생각에 노출되게 하고 지각된 고통의 증가 수준에서 두려움을 불러일으키는 실제 사건에 노출되게 하는 기법은 공포증 치료에 적용되는 기법이며, 이와 동일한 기법이 트라우마 생존자들에게 사용된다. PTSD를 치료하기 위한 노출치료의 개념은 편안한 상태에서 기억에 대해 반복적인 노출을 함으로써 두려움을 없애는 것이다. 반복적인 노출은 내담자가 트라우마에 대한 기억에 익숙해지도록 한다. 구체적으로 말하자면, 내담자는 치료 기간 10주에서 15주 동안 그들의 트라우마에 대한 이야기를 반복한다. 치료 회기는 녹음되고 내담자는 치료 회기 사이에 매일 자신의 트라우마에 대한 이야기를 말하고 다시 말하는 것을 듣게 된다. 몇 달 후, 내담자는 이야기의 단어와 세부 사항에 익숙해지게 된다. 내담자들은 트라우마에 대한 생각, 기억 또는 상기시키는 것과 관련된 경험이 일어났을 때 더이상 심리적, 생리적 불안감에 둘러싸이지 않게 된다.

예를 들어, M은 성인이 되고 나서 성폭행을 당했으며, 그가 그 주변을 볼 수 없는 공공장소에 있는 것을 두려워하게 되었다. 원래 두려움은 뒤에서 여러 남자에게 공격당한 경험에서 나왔지만, 그의 두려움은 확대되었고 그 많은 다른 상황들과 연관되기 시작했다. 이러한 다른 싱황들은 처음에는 그가 공격을 받았을 때 일어났넌 상황과 비슷했지만, 그 후 기존의 트라우마와 점점 덜 관련이 있는 상황들로 확대되었다. 그 트라우마나 M에게 그 폭행사건에 대해 상기시키는 모든 것과 관련하여 새로운 두려움이 나타났다; 이러한 두려움이나 유사한 감정들 또한 촉발 요인이 되었다. M은 두려움을 피할수록 점점 더 두려워졌고, PTSD는 그의 모든 삶을 장악하는 것처럼 보였다. 그는 사람이 많은 곳에서 취약함을 느꼈고 벽에 등을 기댈 수 없는 상황에서는 주변을 모두 볼 수 없었기 때문에 더 그러하였다. M은 버스가 혼잡할 때 버스 타는 것을 피하기 시작했다. 만약 앉을 자리가 없으면, 그는 버스에서 내렸다. 그는 낮에 쇼핑하는 것을 두려워했고, 결국 식당에서 먹거나 영화를 보러 가는 것을 포기하였다.

초기의 폭행사건으로부터 광장 공포증으로 어떻게 확장되는지는 행동주의를 통해 설명될 수 있다. M은 식료품점에서 겁이 나서 카트를 그대로 두고 차에 올라타서 집으로 운전해서 돌아오자 기분이 나아졌다. 나중에 그는 쇼핑몰에서도 안전하지 않다고 느꼈고 그가 당한 폭행에 대해 생각하기 시작했다. 그는 거기를 떠났고, 집에 갔으며, 기분이 나아졌다. 시간이 지남에 따라, 그가 스트레스를 받는 상황에서 떠나면 기분이 나아진다는 많은 경험을 한 후, 그의 뇌는 떠나는 것이 기분을 나아지게 하는 유일한 방법이라는 것을 배웠다. 그는 항상 안전하지 않다고 느낄 때마다 매번 떠났고 기분이 나아졌기 때문에 그는 공공 장소에서 대처할 수 없다는 생각을 하게 되었다. 결국 이러한 연관성 때문에 그는 늦은 밤 24시간 식료품점을 제외하고는 쇼핑하러 나갈 수 없게 되었다.

장기간의 노출치료에서, 우리는 그가 뒤에서 공격당했던 트라우마뿐만 아니라 그가 가진 다른 두려움에 대해서도 작업을 진행했다. M은 치료 회기에서 자신의 이야기를 반복해서 말하거나, 기억과 관련된 생리적 반응을 줄이기 위해 심호흡과 같은 이완 기술을 사용함으로써 매일 자신의 이야기를 녹음한 것을 들으면서 두려운 기억에 직면하기 위해 노력했다. 이 상상 노출은 그에게 그가 기억을 정말로 다룰 수 있는지에 대한 첫 번째 도전이 되었다. 치료의 상상적 구성 요소에는 3개월, 60분 동안 반복적으로 그의 이야기를 하는 것이 포함되어 있었다. 회기는 90분 동안 진행되었으며 여기에는 총 이완 요소와 과제에 대한 검토를 포함하였다. 그의 트라우마 이야기는 처음에는 매우 간단하고 세부 정보가 없었다. 시간이 흐르면서 M은 간단한 버전의 이야기에 익숙해지자 자신을 공격한 남자들에 대한 정보, 공격을 당했을 때 신체적, 감정적으로 어떤 느낌을 받았는지 등 더 자세한 내용을 추가하기 시작했다. 나중에, M은 수치심과 관련된 공격 후 일어났던 일에 대한 세부 정보도 추가했다.

그가 이야기에 대한 세부 정보에 성공적으로 익숙해진 이후 자신의 폭행 이야기를 반복하는 것은 결국 M에게 "지루"해졌다. 그는 그 이야기를 하는 데 있어서 더 이상 생리적 각성을 경험하지 않았고, 세부 정보들은 더이상 기억을 차단하고 방에서 도망치고 싶다는 반응을 불러일으키지 않았다. 거기서부터 M은 도움이 되는 생각에 대한 믿음을 더 갖게 되었으며 감정적인 판단에 대한 믿음에 대해서는 덜 가지게 되었다. 예를 들어, 치료를 시작할 때, 그는 그 공격에 대해 100% 자책했다. 나중에, 그는 단지 40%의 잘못만 있다고 말할 수 있었다. M은 "압박당해서 더이상 아무것도 할 수 없었다"라는 등 자책감을 덜 느끼게 하는 새로운 아이디어를 추가했고, 이를 통해 그는 50% 정도는 이것이 사실이라고 믿게 되었다.

회기 사이에 M은 자신이 두려워하는 상황 중 하나를 마주해야 하는 과제를 받았다. 이러한 실생활 노출은 그가 두려워하는 장소에 남아 있을 수 없을 것이라는 그의 믿음에 도전했다. 실생활 노출 과제는 그가 그 식료품점에 있는 동안 매우 두려울지라도 식료품점에 가서 쇼핑이 끝날 때까지 머무는 것을 포함했다. 그는 식료품점에서 보내는 시간을 제한적으로 두기 위해 오직 한 가지 물건을 사러 가게에 가는 것과 같은 작은 단계부터 시작했다. 일단 그는 괴로움을 참고 한 가지 물건을 살 수 있을 만큼 오랫동안 가게에 남아 있을 수 있게 되자, 쇼핑 목록에 더 많은 물건들을 추가했다. 그는 나중에는 한 번의 방문으로 모든 식료품을 손에 넣을 수 있게 되었다. 그는 쇼핑몰, 영화, 버스를 포함하여 그가 두려워하는 모든 장소에서 실생활 노출을 계속했다. 장기노출치료를 보완하고 지원하기 위해 M은 집단미술치료에 참여하기 시작했는데, 여기에서 그는 현재 순간 인식과 집을 나왔을 때 안전과 관련된 생각에서 탈융합하는 것을 연습할 수 있었다.

## 결론

내담자와 작업하기 위한 강력한 이론적 접근 방식을 개발시키는 것은 내담자가 성장하기 위해 필요한 구조를 제공하며, 치료사는 어려운 치료 관계 속에서도 일관성을 유지해야 한다. 나의 세 가지 철학 접근 방식을 통해 미술치료를 바라볼 수 있는 시각을 제공한다: 여성주의 심리학, ACT, 문화적 겸손. 나는 모든 치료사들이 문화적 겸손이라는 자기 성찰적 작업에 임해야 우리가 내담자를 지지할 수 있을 뿐만 아니라, 우리 자신의 검증되지 않은 힘과 특권으로 인해 문화적 불감증이나 가부장적 전략을 통해 그들의 고통을 더 악화시키지 않을 것이라고 가정한다. 여성주의 시각은 치료실이나 더 넓은 사회에서 성적 표현과 권력 역학에 관한 사회적 규범을 주목함으로써 문화적 겸손의 입장을 보완한다. 나는 동료 및 슈퍼바이저들과의 독서와 상담을 통한 도움으로 자기 성찰적인 비판을 수행함으로써 심리학이 제공하는 최상의 것과 우리 개인이 제공할 수 있는 것을 우리의 일에 가져올 수 있다고 믿는다.

나는 ACT가 트라우마 생존자와 함께 일할 때 매우 유용하다는 것을 발견했는

데, 이는 내담자들에게 문제해결에 대한 신뢰성이 높고 검증된 치료를 제공하는 데에만 그치지 않고, 치료과정을 예측가능하고 내재화하기 쉬운 구조를 제공하여 내담자들에게 도움이 되기 때문이다. 나는 어떤 이론을 선택하든 훈련, 미술작품, 그리고 개인적인 치료적 접근의 적용을 통해 그 접근법을 실제로 체득할 수 있다는 것을 믿는다. 이를 통해 치료 체계에 대한 숙달도가 향상되며 당신이 그 이론을 자신의 업무에 보다 효과적으로 적용할 수 있게 해준다.

## 참고자료

「Get Out of Your Mind and into Your Life」는 ACT를 배우기 위한 훌륭한 입문서이다. 경험과 접근방식을 내면화 할 수 있는 방법으로 치료사가 내담자용 워크북을 해볼 것을 권장한다.

Hayes, S. (2005) *Get Out of Your Mind and into Your Life: The New Acceptance and Commitment Therapy*. Oakland, CA: New Harbinger Publications.

Chapter

# 05

## 맥락, 동반 장애 및 특수집단

PTSD는 우울증, 중독, 그리고 다른 불안장애를 포함한 일련의 흔한 동반 장애와 관련이 있다. 모든 종류의 정신 건강 장애가 있는 사람들도 트라우마를 경험하기 때문에 PTSD는 다른 모든 장애와 함께 발생할 수 있다. PTSD의 증상을 악화시키는 것은 인종차별, 성차별 및 동성애 혐오증에 대한 개인적인 경험과 같이 내담자가 직접 경험하는 사회적 문제들을 포함한다. 빈곤의 순환, 정신적 트라우마의 세대 간 전달을 포함한 지역사회 및 가족 관련 경험; 그리고 억압적인 시스템들, 즉 자원에 대한 접근의 어려움과 제도화된 차별을 포함한다.

이 장에서는 트라우마가 발생하는 맥락과 동반하는 약물 남용, 불안, 우울의 동반 장애에 대해 살펴볼 것이다. 또한 중복되거나 상충되는 증상이나 진단에 불충분한 증상이 나타날 때 또 다른 진단을 고려할 것이다. 진단에 대한 혼란은 개인이 아동 학대 상황에서나 자원과 발달 능력을 초과하는 반복적인 다수의 사건에서 복합적인 트라우마가 나타났을 때 발생할 수 있다. 또한 이 장에서는 증상에 영향을 미치는 문화와 사회와 관련된 고려 사항이 포함되어 있다. 자살, 성매매, 여성, 군대 성적 트라우마, 이민 트라우마 등 특별한 이슈와 대상들에 대해 간략하게 다룰 것이다.

## 맥락에서의 트라우마

여러 해 동안, 나는 나 자신을 미술치료와 사회 정의 옹호로 치유를 촉진하는 트라우마 치료사라고 생각했다. 나는 두 살 정도의 유아들과 10대, 80대까지의 성인들과 함께 일해왔다. 이들은 모두 성폭행, 전투 중 가혹 행위, 가정폭력, 강간, 근친상간 등을 포함한 트라우마를 겪은 경험이 있다. 많은 사람들이 지역사회와 가정폭력, 억압, 그리고 돌봄에 대한 접근을 극도로 어렵게 만드는 체계에서의 불의로 시작하는 여러 가지 트라우마를 경험했다. 나는 성폭력, 가정폭력, 억압, 전쟁의 문제를 체계적이고 정치적인 문제로 개념화하기 위해 여성주의(성평등) 모델을 사용했는데, 이는 트라우마와 PTSD와 관련된 고립감, 절망감, 수치심을 줄이는 강력한 도구가 되었다. 이러한 접근 방식은 내담자가 자신에게 일어난 일이 다른 많은 사람들에게 일어나고 문제가 개인의 경험보다 훨씬 더 크다는 것을 깨닫게 함으로써 고립을 줄이는 데 도움이 되었다. 이는 외상 후 성장으로 전환한 후 다른 사람에게 "보답"하고 지지하려는 준비가 된 내담자들에게 방향성을 제공해 주었다.

내담자는 종종 증상을 나타내지만 반드시 자신의 증상을 트라우마와 연결하지는 않는다. 내담자는 다른 장애에 대한 도움을 구하고 자신의 무수한 문제를 어린 시절의 트라우마 노출과 연관시키지 않을 수 있다(Naff, 2014). 그들은 자신이 경험하고 있는 증상이 트라우마와 관련이 있다는 것을 모를 수도 있고, 그들의 증상의 근원이 되는 트라우마를 공유하기 원하기 전에 강력한 치료적 유대감이 필요할 수도 있다. 나는 모든 내담자들이 잠재적으로 트라우마를 경험했고 그것이 어떤 식으로든 그들에게 영향을 미쳤다는 것을 고려하는 것이 도움이 된다는 것을 알게 되었다. 비록 그들이 치료의 이유로 트라우마를 언급하지 않거나 내가 그것에 대해 물어볼 때 트라우마를 보고하지 않더라도, 나는 이러한 가능성을 숙고해 본다. 그들의 스트레스 요인 중 잠재적인 요인으로 트라우마 반응을 고려함으로써 나중에 공유할 수 있는 가능성을 열어 놓고 나는 진단과 치료를 보다 정교하게 개선할 수 있게 된다.

여러 증상을 보인 베트남 참전용사들을 치료하는 데 있어서, VA, 치료사, 사회 전반이 마침내 그들의 증상의 원인과 결과를 이해할 수 있게 된 것은 베트남 참전용사 그들 자신의 옹호였다. PTSD이 DSM 장애 분류에 추가되기 전에는, 군인들의 경험은 군인들의 심장 또는 셸 쇼크(shell shock: 포탄 충격)라고 불렸다. 군인들, 간호사들, 그리고 민간인들은 그들이 세계 전쟁에서 보고 경험한 것에 대해 겁을 먹고 공포에 떨었다. 그들은 무감각해지고, 고립되고, 화가 나거나 우울해졌다. 미국 베트남 참전용사들이 마침내 그들의 이야기를 나눌 수 있었던 재향군인센터를 통해 모였을 때, 그들은 그들의 고통 속에서 혼자가 아니라는 것을 깨달았다; 그들은 전투, 끔찍한 고문 행위, 그리고 전쟁터와 병원, 심지어 그들의 계급 내에서의 폭력에 대한 그들의 노출들이 자신들이 감정적으로 관리하기에는 너무 지나쳤다는 것을 깨달았다.

치료와 회복 과정에서 폭력을 허용, 위장 또는 영속시키는 개인적이고 체계적인 문제를 해결하려고 하는 움직임에 대해 반발이 예상될 수 있다. 행동 용어를 사용하여 이 현상을 설명하는 또 다른 방법은 소멸증발(extinction burst) 현상이다: 행동이 더 좋아지기 전에 악화된다. 지난 23년간 외상치료사로서 본 저항은 거짓 기억 증후군을 포함하는데, 연구진은 성적 학대의 생존자들이 트라우마 당시 해리된 것을 나중에 기억할 수 없었다고 하였다. 나는 또한 성폭행이나 갱단 폭력의 피해자들을 수치스럽게 하고 비난하는 지속적인 과장과 법률(입법조치)을 봐왔다. 폭력 집단으로부터 망명을 요구하는 이민자들에 대한 새로운 차별이 있으며, 이것은 세계적인 현상이다. 다른 반발 사례로는 전쟁이나 강간 혐의에 대한 기각뿐만 아니라, 법률이 요구하는 것보다 훨씬 낮은 처벌, 그리고 가해자에 대한 지속적인 공공 및 정치적 지원이 포함된다.

증거 기반 치료와 사회 정의에 대한 더 많은 반발에는 해로운 고정 관념을 영속시키고 섹슈얼리티에 대한 지지적인 치료법을 찾는 사람들에게 심리적, 정서적 손상을 입히는 전환치료와 같은 비과학적인 방법의 지속적인 사용을 포함한다. 일부 신앙 기반 단체들의 이러한 잘못된 시도는 성에 대한 보수적인 신념에 부합하도록 개인의 성적 지향성을 변화시키기 위한 것이다. 다시 말해, 고정관념과 편견을 바꾸는 대신, 이러한 집단들은 사회의 일부 부문에서 여전히 유지되는 이질적인 기대치에 맞도록 사람을 변화시키려고 한다. AATA(n.d.)는 한 개인의 성적 지향성을 바꾸려는 어떠한 노력에 반대한다. AATA는 성적 지향의 변화 노력이 부자연스럽고 내담자에게 해롭다고 언급하며 대신 교육과 지원 치료를 옹호한다. 1974년부터 APA(2018)는 성적 지향성에 따른 편견, 낙인, 차별, 폭력을 공개적으로 반대해 왔으며, 이들은 성적 지향의 변화를 위해 노력한 후 개인이 겪은 중대한 피해에 주목하고 있다. 그들은 또한 동성애는 정신적인 문제가 아니며 성적 지향과 관련된 문제에 대해 관심을 갖고자 하는 사람들은 개인의 성적 지향에 대한 비과학적으로 검증된 시도가 아닌 내담자 중심적이고 다문화적으로 적합한 접근 방식을 사용하여 존엄, 정의, 존중으로 다루어질 필요가 있다고 언급하고 있다.

또한, 미국정신의학협회(2018)는 이러한 유형의 폭력적인 전략에 반대한다. 1998년에 그들은 동성애 자체가 정신 장애라는 가정에 기초하거나 환자가 자신의 동성애 지향성을 바꿔야 한다는 선험적 가정에 기초하는 "회복" 또는 "전환" 치료에 반대한다고 밝혔다(제1항). 이어서 2013년 성명서에는 동성애 지향은 바뀌어서도 안 되며 바꿀 필요도 없다고 하였다. 그들은 누군가의 성적 지향성을 바꾸려는 시도가 "과학적으로 검증되지 않은 치료의 형태를 개인에게 강요하고 성적 지향이 바뀌지 않을 때 자존감을 훼손함으로써 심각한 피해 위험을 나타낸다"(미국정신의학협회, 2018, 제2항)고 언급하면서 성적 지향의 변화를 위한 노력에 반대한다. 또한, "어떠한 정신건강 개입이 성적 지향성을 안정적으로 변화시킬 수 있다는 믿을 만한 증거는 존재하지 않으며, 정신건강의 관점에서 성적 지향성은 변화될 필요가 없다."(미국정신의학협회, 2018, 제2항). 현재, 미국의 14개 주에서만 불법화되어 있으며 미국정신의학협회는 법률 제정자에게 관행을 금지할 것을 계속 요구하고 있다.

다른 형태의 반발과 관련하여, 한 유명한 공인은 참전 용사들이 강하지 않고 PTSD를 가지게 된 것에 대하여 조롱했다. 게다가, 공개 법정 사건, 소셜 미디어 대립, 그리고 정치적 연설은 우리가 성폭력을 어떻게 바라보고 사람들이 우리와 우리의 내담자들에게 어떻게 반응하는지에 대한 분위기를 만든다. 그들은 트라우마의 생존자가 나설 수 있는 여부와 방법에도 영향을 미친다. 당신의 정치와 의견에 관계없이, 트라우마에 대한 대중적 담론과 트라우마 생존자들이 어떻게 묘사되고 대우받는지에 대한 공개 담론이 우리 내담자들이 경험하는 맥락에서 중요한 역할을 한다는 것은 부인할 수 없는 사실이다.

나는 첫 번째 회기에서 내담자에게 폭행, 강간 또는 근친상간, 가정폭력, 어린 시절 트라우마, 전쟁, 지역사회 폭력, 차별 또는 자연재해를 경험한 적이 있는지 직접적으로 물어본다. 접수면접지에 있는 목록은 트라우마 노출에 대한 주제를 빠르고 쉽게 소개할 수 있는 방법이다. 다음으로, 나는 평가/접수면접 회기에서 그들의 답변에 대해 언급하면서 더 탐색할 것이다. 예를 들어, 그들이 트라우마 노출을 지지한다면, 나는 이렇게 말할 수 있다. "나는 당신이 어린 시절에 가족으로부터의 꽤 많은 스트레스 경험들을 확인했고 당신이 성인이 되었을 때 성적 학대를 경험했다는 것을 접수면접지에서 확인하였습니다. 이 시점에서 무슨 일이 일어났는지 자세히 설명하지 말고, 대신에 이러한 경험이 현재 당신에게 어떤 영향을 미치고 있는지 말해 주십시오."

나는 전문용어와 진단적 용어를 피하고 가능한 한 내담자에게 최적화된 언어를 사용할 것을 제안한다. 내담자가 원치 않는 섹스, 좋지 않은 데이트, 그레이프, 회색－지대 섹스와 같은 용어를 사용하는 경우, 나는 그 용어를 사용한다. 그레이프(Grape)는 또는 회색－지대 강간으로, 성폭행이 사실 성폭행이었는지 확신하지 못하는 상황을 가리키는 용어이다. 나는 학대, 성적 학대, 근친상간, 강간이라는 단어를 사용하지 않는다. 그러한 용어들이 일어난 일에 적합하게 설명이 된다면 나중에 언급할 수도 있지만, 처음에는 내담자가 가지고 있는 언어를 사용하는 것이 가장 좋다. 만약 사람들이 당신이 익숙하지 않은 용어를 사용한다면, 절대 추측하지 말고 그냥 물어보길 바란다. 당신의 나이나 심리학 관련 문헌이나 대중문화에 대한 지식수준과 상관없이, 속어는 끊임없이 변하고 특정한 용어들은 모든 사람들에게 동일한 의미를 가지지 않는다. 예를 들어, 내담자가 고등학교 시절에 그레이프를 경험했다고 언급하면 "그레이프를 말할 때, 그 용어가 정확히 당신에게 무엇을 의미합니까?"라고 물어볼 수 있다. 내담자들은 다양한 이유로 이러한 상황을 다음과 같이 묘사할 수 있다: 이들은 자신의 파트너였기 때문에, 기절해버렸기 때문에, 약에 취해 있었기 때문에, 충분히 강력하게 "아니야"라고 말하지 않았다고 생각했기 때문에, 부정의 필요성이나 가해자를 보호하려는 욕구와 같은 다른 이유가 있을 수 있다.

초기에, 나는 트라우마에 대한 세부 사항을 수집하는 데 시간을 보내지 않는다. 왜냐하면 내담자들이 방금 만난 사람에게 그 경험에 대해 이야기하는 것은 꽤 벅찰 수 있기 때문이다. 또한 문제를 탐색하기 전에 내담자가 충분한 대처 기술을 가지고 있는지 확인하는 것이 중요하다. 내담자는 자신의 경험을 자세히 설명해야 할 의무가 있다고 느낄 수 있으며, 이는 화가 나거나 촉발되어 상담자를 보러 다시 돌아오지 않을 수도 있다. 접수면접 회기 중에 천천히 내담자에게 접근하면서 일반적인 정보를 묻는 것일 뿐이라는 기대치를 미리 설정하는 것이 가장 좋은 방법이다. 전환하기 위해, 나는 "이것들은 우리가 나중에 또는 앞으로의 회기에서 다시 이야기해야 할 것들입니다. 하지만 지금은 접수기록지에 대한 검토를 마치도록 합시다, 그러면 나는 당신에 대해 더 많이 배울 수 있고 당신이 나와 함께 치료를 시작하고 싶은지 결정할 수 있습니다."라고 말할 수 있다.

자연재해의 결과인 지역사회 트라우마가 보편적으로 공유되는 것은 아니라는 점을 명심해야 한다. San Francisco Bay Area에 살면서, 나는 1989년 Loma Prieta 지진을 겪은 많은 사람들과 함께 일했다. 그들은 자신들이 자연재해를 경험했다는 것을 접수면접지에 표시했다. 그 지역의 모든 사람들이 지진을 경험했지만, 지진, 여파, 그리고 복구 과정은 다양한 방식으로 경험되었다. 나는 지진 상황에 있었다고 말하는 내담자들에게 그들이 무엇을 하고 있었는지, 어떻게 영향을 받았는지, 또는 그들이 다쳤는지, 혹은 부상당했거나 사망한 사람을 알고 있는지 물어본다.

이것은 공유된 경험이었기 때문에 사람들은 두려움을 같이 공유할 기회가 많았고 많은 사람들이 친구, 가족과 함께 사건 및 그 이후의 상황을 성공적으로 처리하고 충격에서 완전히 회복했다. 그러나 지진으로 인하여 63명의 사망자와 3,757명의 부상자가 보고되었으며 3,000~12,000명이 노숙자가 된 것으로 추산되는 등 일부 사람들에게 이 사건은 매우 충격적이었다(National Institute of Standards and Technology, 2011). 사람들은 사랑하는 사람을 잃고, 죽음을 목격하거나, 두려움, 무력감과 공포를 경험했고, 수많은 사람들이 오랜 시간 동안 위기에 처해 있었다. 첫 응급대응자들은 부상과 죽음뿐만 아니라 그들 자신의 두려움과도 마주쳤다.

마지막으로, 만약 당신이 첫 회기에 질문을 할 때 내담자가 접수면접지에 어떤 트라우마를 경험했다는 것을 표시하지 않았다면 어떻게 할 것인가? 이러한 경우, 나는 이렇게 말할 것이다. "당신은 자신이 어떤 트라우마 경험을 한 적이 없다고 기록지에 표시하지 않으셨네요. 만약 당신이 중요하다고 생각되거나 문제가 되는 어떤 경험들을 생각하거나 우리가 이런 종류의 경험들과 관련된 어떤 것에 대해 이야기해야 한다고 생각한다면, 나는 당신이 미래에 그것들을 제기할 수 있도록 항상 들을 준비가 되어 있습니다. 나중에 당신이 과거를 떠올렸을 때 기분 나쁘거나 불쾌한 점이 생각난다면 당신과 당신의 경험을 이해하는 데 도움이 될 수도 있으니 꼭 나에게 알려주세요." 이러한 종류의 진술은 내담자가 경험했을 수 있는 트라우마에 대해 기꺼이 듣고 이야기를 할 수 있고, 치료의 후반 회기에서도 이러한 경험을 제기하는 것은 당연히 받아들여질 수 있음을 나타낸다. 만약 그들이 트라우마를 경험해 본 적이 없지만 치료과정에서 그들에게 문제가 생긴다면, 그들은 당신과 함께 그 문제를 제기할 수 있다는 것을 알게 해준다.

그림 1.1 멈춤(Samantha Mach 작품)

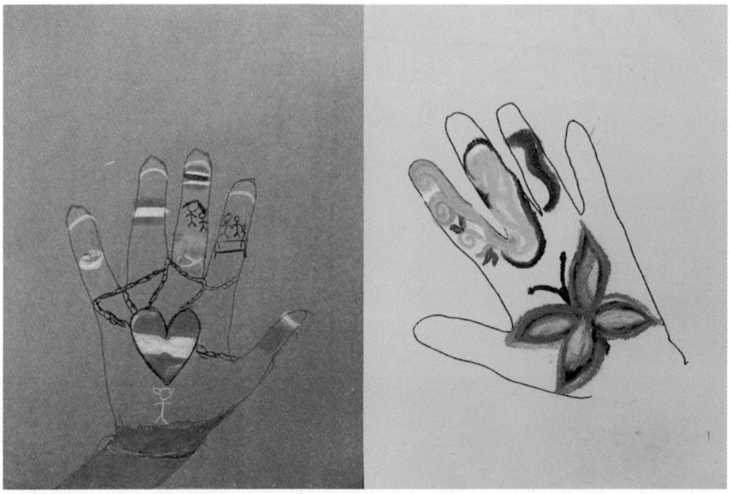

그림 2.1 조국 탈출 후 트라우마를 겪은 아들 손(왼쪽)과 어머니 손(오른쪽)

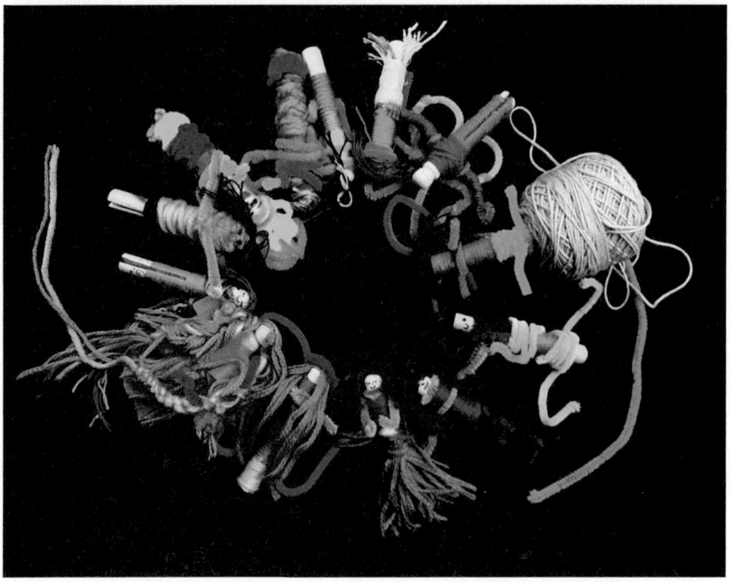

그림 2.2 코스타리카에 사는 니카라과 이민자들의 강점 인형들
(사진: Laura Reaney)

그림 5.1 니카라과 난민과의 치료작업에 대한 반응 그림(Alicia Dabney 작품)

그림 5.2 Fig Garden(Erin Patridge 작품, 종이에 아크릴, 잉크와 콜라주)

그림 6.1 미술치료에서의 내담자의 첫 번째 그림인 다리 그림(Christine Hirabayashi 작품)

그림 6.2 희망. 강간위기센터에서 일하고 있을 때의 반응 미술(Amy Backos 작품)

그림 7.1 원형(Claudia Mezzera 작품)

그림 7.2 강바닥에서의 원형(Jennifer Clay 작품)

그림 8.1 ‘나의 하얀 십자가는 어디에 있는가?’(TT 작품)

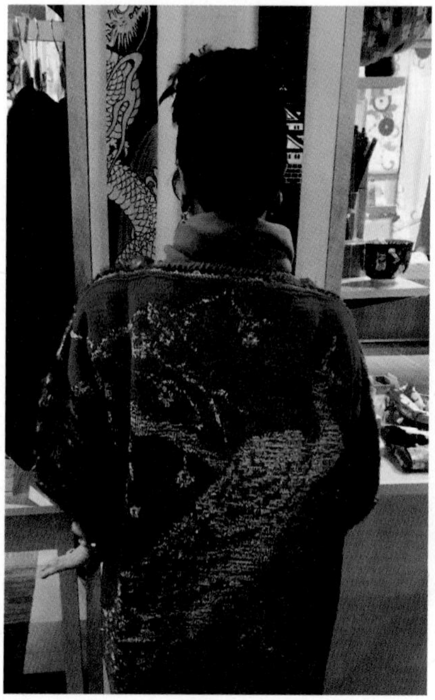

그림 8.2 공작 깃털 모자와 니트 기모노 공작 재킷(TW 작품)

그림 8.3 자기표현의 억제(Vannesa Jimenez 작품)

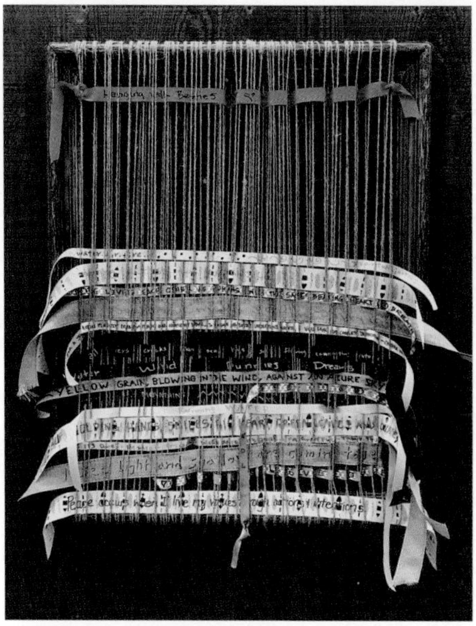

그림 9.1 커뮤니티 베틀(Jennifer Clay와 그녀의 학술 커뮤니티가 만든 공동체 작품)

그림 10.1 여성
(Jennifer Clay 작품, 캔버스 위에 아크릴)

그림 10.2 취리히에서 꿈꾸는 곰
(Jennifer Clay 작품, 캔버스 위에 아크릴)

그림 10.3 고통에서 탄생한 이타주의(Jennifer Clay 작품, 캔버스 위에 아크릴)

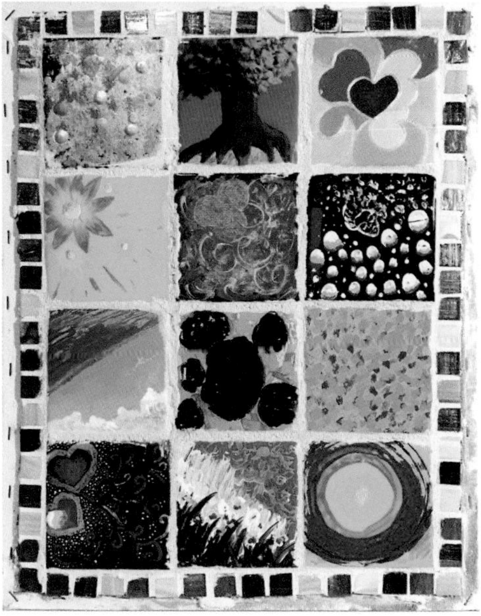

그림 10.4 모자이크(Louvenia Jackson 작품)

## 문화 및 트라우마 사례개념화

DSM-5(American Psychiatric Association, 2013)에 따르면, "문화는 세대를 초월하여 전달되는 지식, 개념, 규칙 및 실천의 체계를 의미한다. 여기에는 언어, 종교, 영성, 가족 구조, 생애 주기 단계, 의식, 관습뿐만 아니라 도덕적, 법적 체계도 포함된다."(p.749). 문화는 시간이 지남에 따라 역동적으로 변한다. "대부분의 사람들은 자신의 정체성을 형성하고 경험을 이해하는 데 사용할 수 있는 여러 문화에 노출되어 있다."(American Psychiatric Association, 2013, p.749). 우리 경험 각각의 복합성과 문화의 다양한 방식들 때문에, 우리는 문화적 경험을 지나치게 일반화할 수는 없다. 고정관념은 드물게나마 개인의 경험을 반영하며, 우리는 내담자와 우리 자신에 대한 복잡하고 세밀한 이해가 중요하다.

고통에 대한 문화적 고려는 내담자와의 치료에 매우 적절한 정보를 제공한다. 우리가 우리의 문화적 의사소통 방식을 반영하지 않고 이해하는 것을 소홀히 할 때, 우리는 부주의로 목표를 달성하지 못하고 최고 수준의 돌봄을 제공하지 못할 수도 있다. 우리는 또한 우리의 일에 문화적 정제(cultural formulation)[4]를 포함하지 않으면 내담자의 신뢰를 저버리게 된다. 우리가 내담자의 문화를 무시하고 직·간접적으로 묻지 않는다면 우리는 그들의 일부가 우리에게 중요하지 않다는 것을 그들에게 암시하게 된다. 정신건강에 미치는 문화적 영향을 이해하고 인식하는 것은 잘못된 진단을 피하도록 하고, 치료적 관계와 효력을 발전시키며, 치료와 관련된 정보를 얻는 데 매우 중요하다. DSM-5(American Psychiatic Association, 2013)는 임상의가 내담자의 문화적 정제와 정신건강 문제를 드러내는데 사용할 수 있는 개요를 제공한다. 문화적 정제에는 문화적 정체성, 고통에 대한 문화적 개념화, 심리적 스트레스 요인, 취약성과 회복력의 문화적 특징, 개인과 임상의의 관계에 대한 문화적 특징, 그리고 내담자의 문화에 대한 전반적인 평가가 포함된다. 진단에서 문화를 포착할 수 있는 또 다른 방법은 V 코드 또는 Z 코드를 사용하는 것인데, 이것들은 문화 적응 스트레스, 영성/종교 문제 또는 부모-자녀 관계 문제와 관련된 정보를 고려하는

---

4) 역자주: 이 용어는 정신건강 분야에서 사용되며, 개인의 문화적 배경과 관련된 요소를 이해하고 고려하는 과정을 말함.

데 사용된다.

문화적 이해는 당신과 당신의 내담자 간의 공유된 과정이다. 이것은 우리의 내담자들이 그들의 문화에 대해 우리에게 가르쳐 준다는 것을 의미하지 않는다. 이는 내담자가 자신의 문제에 대한 이해와 그들의 병리, 회복력, 그리고 문제의 치료법을 이해하는 방법을 공유할 수 있는 공간을 만든다는 것을 의미한다. 문헌을 통해 내담자 문화의 일반적인 특성을 탐색하려는 우리의 의지는 PTSD에 대해 이야기할 때 가능한 문화적 고려를 이해할 수 있도록 해준다. 우리가 우리의 내담자들과 효과적으로 일하고 싶다면 고통에 대한 문화적 표현을 이해하는 것은 특히 유용하다. 성폭행, 가정폭력, 전쟁 트라우마에 대한 문화적 반응의 일부를 탐색하는 것은 아마도 내담자들이 이러한 경험에 대한 부정적인 생각과 반응의 시발점을 이해하는 데 도움이 될 수 있다.

내담자 개개인과 함께 일하기 위한 문화적 고려는 인터넷 검색을 통해 찾을 수 있으며, 대학이나 병원 도서관을 이용한 문헌 검색 또는 Mendeley(2019)에서 온라인으로 찾을 수 있다. 그 기사들은 문화적 정제를 시작하는 데 필요한 과학적, 치료적 정보를 제공한다. 예를 들어, DSM−5(American Psychiatic Association, 2013)는 더 널리 알려진 고통에 대한 문화적 개념에 대해 간략한 실명을 세공한다. 예를 들어, 신경발작은 라틴 문화에서 흔한 증후군으로 묘사된다. 이 발작은 가족 관련 사망 소식, 극심한 갈등, 또는 사고를 목격하는 것과 같은 가족과 관련된 스트레스 사건 이후에 발생한다. 이 문화 결속 증후군(culture−bound syndrome)은 정서적 혼란, 불안, 분노, 울음, 가슴이 뜨거워짐, 언어적 또는 육체적 공격, 그리고 통제 불능의 일반적인 느낌을 포함한다. 그러나, 우리는 우리의 라틴계 내담자들이 이렇게 표현할 것이라고 가정할 수 없으며, 우리의 일은 내담자들이 그들의 고통을 어떻게 묘사하든 간에 열려 있는 자세를 유지하는 것이다. 이것은 특정한 고통의 표현 방식을 강조하는 문화 결속 증후군이나 문헌을 읽을 때에도 해당된다.

그러나, 내담자의 문화에 대한 일반적인 인식만 가지고 있다고 해서 그 사람을 이해하는데 충분하지 않다는 사실을 인식하는 것이 중요하다. 우리는 우리의 지식의 한계를 인식하기 위해 문화적으로 겸손해야 할 뿐만 아니라, 새로운 정보를 우리의 작업에 통합하기 위해 끊임없이 비판적인 자기숙고를 해야 한다(Tervalon &

Murray-Garcia, 1998). 우리의 치료 업무는 우리가 호기심을 가지고 겸손하며 내담자가 분명히 말을 할 수 있고 자신을 표현할 수 있는 환경을 조성할 것을 요구한다.

## 외상성 스트레스와 PTSD에 대한 서구 사회의 인식

서구 사회에서 발견되는 극렬개인주의는 개인이 상황에 따라 스스로를 끌어올릴 수 있다는 개념을 강조하며, 이는 우리가 삶에서 자신의 운명에 대해 책임이 있음을 시사한다. 그 의미는 우리가 가난하다면 그것은 우리가 충분히 열심히 일하지 않았기 때문이고, 우리가 부유하다면 그것은 우리가 그것을 위해 노력하며 일하고 그만큼을 벌었기 때문이다. 경제와 정신건강에서는 이보다 더 단순화될 수 있는 것은 없다; 자원이 균등하게 분배되지 않고 지원에 대한 접근이 모든 사람에게 동등하게 제공되는 것은 아니다. 앞서 언급한 바와 같이, 유색인종이 경험하는 것과 같은 미묘한 차별의 지속적인 만연한 외상성 스트레스는 일반적으로 불안이나 우울증에 대한 진단과 함께 나타나는데, 이는 문제가 부당함과 관련된 외부 문화 문제라기보다는 내적 문제라는 것을 암시한다(Nadal, 2018). 같은 개인주의 원칙이 PTSD에도 적용되는데, 이는 만약 우리가 성폭행을 당했다면, 우리는 성폭행을 받을 만한 일을 했거나, 전쟁에 참전한 뒤 PTSD를 가지고 있다면, 우리는 약하다는 시사점을 내포하고 있다, 내담자에게 책임을 전가하는 것을 지지하지 않는 것은 치료사로서 우리의 의무이다. 우리가 이 문제에 대해 어떻게 느끼든 간에, 우리는 여전히 거의 보편적으로 피해자를 비난하는 사회의 일부이며, 우리 모두는 사람들이 트라우마를 "받을 자격이 있는" 행동이나 "해야 할" 반응에 대해 부정적이고 해로운 고정관념을 영속시키는 태도에 노출되어 있다.

우리는 개인적으로나 심리학 전문가로서 항상 이러한 부정적인 고정관념을 영속시키는 위험에 처해 있다. 외상성 반응은 1800년대부터 그리고 그 훨씬 이전부터 의사, 심리학자, 작가들에 의해 관찰되었지만, PTSD는 1981년까지 DSM에서 인정되지 않았다. 전쟁에서 개인적인 비용에 대한 집단적 거부와 전쟁 영웅에 대한 낭만적인 생각은 진단에 대한 완전한 인정을 지연시켰다. PTSD는 베트남 전쟁 이후에야 진단이 되었는데, 당시 지원을 위해 "랩 그룹"을 조직한 퇴역군인들은 전후 트라우마 반응에 대한 공식적인 인정을 촉구했다. 심리학이 부정적인 고정관념을 유지하는 데 기여한 다른 방법으로는 1973년까지 동성애를 DSM 진단으로 여겼던 점이다 (Drescher, 2015).

연구자들은 과거에도 지배적인 문화적 신념, 기대 또는 관심사에만 초점을 맞춘 연구에 참여하거나, 남성, 대학생 또는 병원에서 전통적인 심리치료를 찾는 사람들을 편의표집하여 활용하거나, 중요하지 않은 결과를 보고하지 않음으로써 해로운 고정관념을 영구화시킬 수 있다. 심리치료사들은 그들 자신의 문화에 대한 자기 성찰에 참여하지 못하거나 내담자의 문화에 대해 그들 자신을 스스로 교육하지 못함으로써 해로운 추측과 낙인을 영속시킬 수도 있다. 우리 자신의 문화와 내담자들의 문화를 무시함으로써, 우리는 내담자들과의 관계 형성을 하지 못하고, 윤리적 의무와 개인적인 사명으로 도움을 제공하는 데 실패하며, 트라우마, 인종, 성별 사이의 교차점에 대한 부정적인 문화적 신념이 실현될 위험에 처할 수 있다.

## 트라우마와 문화

트라우마의 영향을 고려할 때, 우리는 함께 일하는 개개인의 더 넓은 맥락을 고려해야 한다; 트라우마는 개인에게만 일어나는 것이 아니라, 더 큰 문화적 경험 내에서 개인의 전체 가족, 지원 체계, 그리고 주변 친구 및 지인들이 경험한다는 것을 명심하는 것이 중요하다. 트라우마는 내담자의 학교, 직장, 친구, 가족 및 연애 관계에 영향을 끼친다. 과거의 경험은 이전의 트라우마를 기반으로 한 반응의 복합 가능성 및 경찰, 병원, 지역사회 시설 및 정부 지원과 같은 지원 인력과 서비스에 대한 접근성 부족을 포함하여 사람들이 트라우마에 어떻게 반응할지를 형성하는 데 있어서 중요한 역할을 한다. 커뮤니티 내에서 개인의 경험뿐만 아니라 더 넓은 문화적 맥락에 대한 지식을 갖는 것은 우리가 어떻게 우리의 내담자들에게 치료를 가장 잘 제공할 수 있는지를 이해하는 데 매우 중요하다.

트라우마를 평가할 때, 우리는 먼저 고통의 미시적 수준을 고려하고 개인에게 초점을 맞춘다. 직접적인 관심 사항으로는 내담자의 신체적, 심리적 안전, 사회적 지원 접근, 기능 회복 지원 등이 있다. 그들의 개인적 자원과 강점은 내담자가 심리적, 신체적 욕구를 충족하도록 돕기 위해 탐색되고 활용되어야 한다. 이러한 수준에서, 내담자가 제공할 수 있는 형태에 관계없이 내담자 자신의 경험 묘사에 대한 우리의 태도와 신념은 중요한 지원이 될 수 있다. 트라우마 이야기는 논리적이고 선형적인 방식으로 전개되지 않으며 내담자와 듣는 사람에게 엄청나게 혼란스러울 수 있다. 단순하게 "나는 당신을 믿는다"라고 말하는 것은 깊은 의미가 있을 수 있으며, 내담자들에게 트라우마 기억이 일반적으로 "순서없이" 회상되며, 종종 조각난 부분으로 나타난다고 말해 주는 것은 내담자의 혼란을 보편화시키는 데 도움이 된다.

다음으로, 우리는 친구, 가족, 사랑하는 사람들, 중요한 사람들, 그리고 자녀를 포함한 내담자의 즉각적인 지원 관계로 확장한다. 우리는 내담자에게 가장 지지적인 관계에 대해 묻고 그들이 자신을 지지하지 않을 것이라고 생각되는 사람들을 구분할 수 있다. 우리는 그들이 지지적인 관계에 연락을 취하도록 격려할 수 있다. 다음으로, 우리는 그들이 하는 여러 가지 역할과 트라우마가 직장/학교, 가정 및 지역사회에서의 경험에 어떤 영향을 미칠지 고려할 수 있다. 그리고 이러한 영역들이 겹쳐지게 되는 것은 과거의 트라우마 반응의 활성화일 수도 있고 이전의 정신 질환의 악화일 수도 있다.

현재의 트라우마에 대한 개인의 대처는 그들의 과거 경험에 의해 직접적으로 영향을 받는다. 가족 및 세대 간 트라우마를 포함한 문화적 트라우마 경험이 활성화될 수 있으며, 역사적, 세대 간 트라우마는 물론 직계 가족 트라우마를 포함한 과거 트라우마에 대하여 가족들이 어떻게 대처해 왔는지에 대한 논의는 매우 유용하다. 추가적인 문화적 고려 사항에는 내담자들이 그들의 이웃, 학교, 미디어, 그리고 그들의 나라에서 더 넓은 문화적 배경을 통해 어떻게 대우받았는지를 포함한다. 성폭력 범죄자에 대해 사건의 심각한 처벌 없이 처리되는 것에 대한 뉴스는 우리의 개인적 및 집단적 정의감에 영향을 미친다. 세대 간 및 역사적 트라우마, 대인관계 트라우마, 트라우마에 대한 미디어의 반영과 같은 과거의 부정적인 경험은 내담자 및 지역사회 신뢰, 경찰 또는 정부 기관에 대한 협력 의지에 영향을 미친다. 우리의 내담자와 우리 자신에게 미치는 이러한 영향을 무시하고 부정하는 것은 우리나 우리의 내담자를 전혀 보호하지 않는다. 우리가 체계 속에서 개인과 함께 일하는 더 넓은 문화적, 사회적 맥락에 눈을 뜨면, 서로의 공감대는 깊어진다. 이것은 우리 자신과 내담자를 진정한 전체 개인으로, 또한 개인과 공유된 공동체의 일부로 보는 것을 의미한다.

일단 서구 사회에서 우리에게 강요하는 극렬개인주의를 넘어선 체계의 거시적 수준과 그들이 우리에게 미치는 영향에 대해 깨닫게 되면, 우리는 개인의 더 넓은 맥락을 이해하고 고려할 수 있을 것이며 진정으로 우리의 내담자를 위한 건강한 지지 환경을 만들 수 있을 것이다. 집단주의 문화와 공동체, 유색인종의 치료사들은 그들의 세계관의 일부로써 자연스럽게 더 넓은 시각을 통하여 볼 수 있다. 비공동체 문화 혹은 백인 치료사들은 더 넓은 시각을 활용하고 문화와 사회가 우리에게 어떤 영향을 미치는 모든 방법들을 찾을 때 그들 자신과 그들의 내담자들에 대해 많은 것을 배울 수 있다. 다시 말해서, 치료사로서, 우리가 누구인지 그리고 트라우마에 어떻게 반응하는지에 영향을 미치는 서로 교차하는 모든 정체성들을 깊이 이해하고 감사하는 것이 매우 중요하다.

## PTSD와 동반 장애

### 감별 진단의 어려움

DSM-5(American Psychiatic Association, 2013)는 PTSD를 가진 사람들이 PTSD 진단을 받지 않은 사람들보다 동반 장애 진단을 받을 가능성이 80% 더 높다고 보고한다. 그 결과, 나는 PTSD를 치료하기 위해 종종 PTSD와 함께 다른 많은 장애, 특히 약물/마약 남용을 다루어야 한다는 것을 배웠다. 내 내담자 중 일부는 PTSD 진단 후 우울증에 걸렸고, 우울증은 PTSD 증상을 악화시킬 뿐만 아니라 치료에 참여하는 내담자의 능력을 더욱 제한하였다. 다른 사람들은 PTSD가 발병하기 전에 기존의 정신 건강 진단, 만성 통증 및 중독을 경험했다. 결과적으로, 그들의 일상생활은 PTSD뿐만 아니라 많은 문제들에 의해 영향을 받았다. 많은 내담자들에게 약물은 트라우마와 관련된 감정, 생각, 신체 감각 및 기억을 회피할 수 있게 함으로써 그들에게 효과적인 완화 수단으로 작용한다. 따라서 이들의 중독과 PTSD를 동시에 치료해야 하는데, 여기에는 PTSD 증상을 관리하기 위한 새로운 방어기제와 대처 기술을 구축하는 동시에 중독 회피 전략을 포기하도록 하는 것이 포함된다.

PTSD 증상은 다양한 장애와 중복되며, 회피 증상을 고려할 때, 많은 장애들이 PTSD를 가진 내담자가 트라우마에 대한 침습적인 사고와 트라우마를 상기시키는 것을 피하도록 하는 기능을 제공할 수 있음을 기억하는 것이 중요하다. 예를 들어, 진단을 고려할 때, 트라우마 및 트라우마 반응에 대해서도 평가하는 것이 좋다. 부주의, 행동 변화, 기분 조절 장애를 포함하여 다른 장애의 많은 증상들이 유사한 방식으로 나타날 수 있다. PTSD와 증상을 공유하는 장애로는 불안장애, 강박장애, 주요우울장애, 성격장애, 해리성장애, 전환장애, 정신장애, 외상성 뇌손상 등이 있다(American Psychiatic Association, 2000). 증상이 다른 장애와 많이 중복되지만, PTSD는 진단을 위해 몇 가지 인과 기준이 필요한 장애 중 하나임을 기억하길 바란다: 트라우마 경험은 증상을 유발한다.

진단을 적용하기 전에 내담자에 대한 균형 잡힌 이해가 필수적이기 때문에 DSM－V－TR(American Psychiatric Association, 2000)은 "정신장애 진단의 차원 개념"을 고려할 때 사용되는 진단을 제공한다(p.733). 구체적으로, 저자들은 진단에 대한 범주적 접근 방식의 한계를 인식하고, 내담자와 함께 그들의 증상을 완전히 탐색하는 것이, 진단을 제공하기 전에 더 완전한 틀/구성을 제공한다는 것도 인식한다. 고려해야 할 영역에는 우울, 분노, 조증, 불안, 신체 증상, 자살사고, 정신병, 수면문제, 기억력, 반복적인 사고/행동, 해리, 성격 기능, 약물 남용 등이 포함된다. 추가 조치는 임상의가 관찰을 기반으로 작성하는 항목과 부모 또는 보호자가 6세에서 17세 사이의 아동들을 위해 작성할 수 있는 항목을 포함하여 추가입력을 가능하게 한다.

## 불리한 아동기 경험과 후유증

아동기의 불리한 경험은 사회적, 정서적, 인지적 장애를 포함한 성인기 스트레스와 사회적 문제를 분명하게 예측하는데, 이는 위험한 건강 문제, 질병, 장애, 사회적 문제, 심지어 조기 사망으로 이어질 수 있는 행동을 초래할 수 있다(CDC, 2019).

ACES(Adverse Childhood Experiences Study)는 성적 학대, 정서적 학대, 신체적 학대, 신체적 방임, 가정폭력 노출, 가정 내 약물 남용, 정신 질환, 부모의 별거 또는 이혼, 수감된 가족 구성원을 포함한 불리한 아동기 경험의 범주를 탐색한다(CDC, 2019). 이 연구는 San Diego에 있는 Kaiser Permanente의 예방의학과의 Vincent Felitti의 체중 감량 연구에서 특이한 연구 결과에 대한 반응에서 나타났다. Felitti는 체중 감량 연구에서 그만둔 사람들에게 질문을 했는데 그만둔 사람들 중 대다수가 아동기에 성적 학대를 경험했다는 것을 발견했고, 이로 인해 그는 체중 증가가 불안과 우울에 대한 대처 기제였을 수도 있다는 것을 추측하게 되었다(CDC, 2019). 이러한 연구결과로, ACE 연구는 1995년과 1997년 사이에 Kaiser Permanente에서 17,000명 이상의 참가자와 함께 진행되었다. 본 연구를 계기로 많은 연구가 진행되었으며, 불리한 아동기 경험의 정신건강 결과를 입증하는 문헌들이 계속 증가하였다(De Venter, Demyttenaere & Bruffaerts, 2013).

우울증, 불안감, 약물 사용은 높은 불리한 아동기 경험 점수와 관련된 결과이다. De Venter 등(2013)은 65개의 연구 연구를 메타분석한 결과, 약물을 남용하는 사람들의 우울증과 불안과 같은 정신건강 장애와 불리한 아동기 경험 사이에 높은 상관관계가 있는 것으로 나타났다. 아동학대, 부모의 약물남용, 이혼 등이 빈번한 위험요인으로 나타났다. 우울증의 위험 요인으로는 정서적, 성적, 신체적 아동학대의 발생이 포함되었다. 불안장애 위험 요인은 성적 아동학대와 가정폭력이었다. 약물 남용, 가정폭력, 신체적 방임 사이에 높은 상관관계가 나타났다.

알코올 중독 가정의 아동은 부작용을 경험할 위험이 증가한다(Anda et al., 2002). Anda 등은 성인 9,346명을 대상으로 설문조사를 실시한 결과, 부모의 알코올 남용과 관계없이 불리한 경험이 증가할수록 알코올 중독과 우울도 같이 증가하는 것으로 나타났다. 그러나, 그들의 연구는 로지스틱 회귀분석을 사용하여 우울이 대부분 또는 완전히 불리한 아동기 경험에 대한 노출에 기인한다는 것을 보여주었다. 다시 말해, 우울증이나 약물 남용으로 성장하게 되는 것은 알코올 중독자와 함께 살아서가 아닌, 불리한 아동기 경험과 관련이 있었다.

아동기에 부정적인 경험을 겪고 있는 아동의 경우, 그들의 복합적인 트라우마는 전형적으로 행동 장애로 나타나며, 이는 적대적 반항장애, 행동장애, 우울증 또는 주의력결핍 과잉행동장애의 진단을 초래할 수 있다(Naff, 2014). 아동의 PTSD 증상은 신중하게 고려되어야 하며 종종 자신감 있는 진단을 내리기 위해서는 많은 시간이 필요하다. 학대와 방임으로 인해 가정에서 이탈된 아동들은 가족을 떠나 위탁 가정이나 그룹홈으로 통합될 수밖에 없는 새로운 고통에 직면하게 된다.

## 약물 남용과 PTSD

약물 남용은 PTSD와 높은 동반성을 보이는데, 이는 해당 장애와 관련된 증상을 피하거나 억제하거나 관리하기 위한 도구로서 시작될 수 있다. PTSD와 약물 남용이 동반하는 사람들은 신체적, 사회적, 심리적 기능을 포함하여 건강에 심각한 장애를 초래한다(Foa & Williams, 2010; Vujanovic & Back. 2019). PTSD를 가진 사람들 사이에서 알코올 의존성에 대한 위험이 특히 증가하는 등 두 질환 사이의 동반 가능성이 높다(Foa & Williams, 2010). 반대로, PTSD는 알코올 의존을 겪는 사람들 사이에서 매우 흔하게 나타난다.

앞서 언급한 바와 같이, 두 가지 문제를 동시에 치료하는 것이 필요하며, 트라우마 중심치료가 권장된다. ACT는 두 가지 문제에 대한 치료를 허용하고 두 가지 장애로부터의 회복을 지원하는 전략으로 가치 기반 의사 결정을 통합한다. 또 다른 통합치료 프로그램은 PTSD와 약물 남용 장애를 모두 다루는 CBT 치료 방법을 매뉴얼화한 프로그램인 안전 찾기이다(Najavits, 2002). 이 프로그램은 (a) 안전, (b) 약물 남용 및 PTSD 통합 치료, (c) 이상과 가치, (d) 인지, 행동 및 대인관계 영역에 관한 것이다(Najavits, 2002). 대부분의 자료들은 Herman(1997)의 연구인 트라우마와 회복을 기반으로 하며 약물 남용 치료를 통합하면서 트라우마로부터 회복하는 단계를 따른다.

치료과정 전반에 걸쳐 약물 남용 문제에 대한 평가에 주의를 기울여야 한다. 종종 약물 사용에는 수치심과 비밀에 둘러싸여 있기 때문에, 내담자들은 치료사와 그들의 약물 사용에 대해 공유하기를 꺼릴 것이다. 우리는 미술작품에서 약물과 관련된 징후를 찾을 수 있고, 약물 사용이나 중독의 징후를 평가할 수 있다. 또한 지속적인 언어 평가를 통해 내담자는 PTSD 증상을 관리하기 위해 자신의 약물 사용과 그것을 어떻게 사용하는지를 공유할 수 있다.

## 우울과 PTSD

PTSD를 가지고 있는 사람들 중에는 동반 우울을 가지고 있을 가능성이 높다. 우울은 PTSD 증상을 악화시킬 수 있으며, 이는 내담자의 에너지 부족과 이전에 즐거웠고 즐겼던 활동에 대한 관심 상실로 인해 회피 증상을 더욱 두드러지게 할 수 있다. PTSD와 우울이 동시에 발생할 때, 자살 생각을 방지하기 위해 내담자를 주의 깊게 관찰하는 것이 가장 중요하며, 정신과 의사와 함께 일하는 것이 좋다. CBT는 우울증을 앓고 있는 사람들이 다른 접근법보다 CBT 개입에 더 잘 반응한다는 많은 증거가 있기 때문에 인증된 개입방법이며, 트라우마 중심 CBT는 두 가지 문제를 동시에 다룰 수 있다.

PTSD와 우울은 모두 각각 자살 경향성과 관련이 있으며, 미국 현역 군인(5,927명)을 대상으로 한 연구에서 전년도 내 군 복무자의 6%가 자살 시도를 보고했다고 하였다(Ramsawh et al., 2014). PTSD와 주요 우울장애를 동반한 병사들은 진단 중 하나만 받은 병사에 비해 지난 1년 안에 자살 충동을 보고할 가능성이 거의 3배 높았다. 저자들은 PTSD의 위험 비율을 24%, 우울 29%, 두 장애 모두 45%로 확인했는데, 이는 이러한 진단이나 동반 장애를 가진 군인들이 추가적인 지원 및 심리 치료를 받아야 한다는 것을 보여준다.

또한 동반 장애는 PTSD 증상을 악화시키는 것으로 나타난다. 친밀한 관계에서 폭력을 경험한 여성을 대상으로 한 연구에서 PTSD와 주요 우울장애를 모두 경험한 여성은 진단 중 하나만 받은 사람에 비해 PTSD와 우울장애 증상이 유의미하게 높았다(Nixon, Resick & Nishith, 2004). 또한 저자들은 PTSD와 우울증이 동시에 발생하는 여성들이 PTSD가 없는 사람들보다 부적응적인 우울을 유발하는 인지 스타일을 더 많이 가지고 있다는 사실을 발견했다.

## 불안과 PTSD

불안장애로 분류되는 PTSD는 진단의 일환으로 인과적 기준이 필요한 유일한 장애이다(American Psychiatric Association, 2013). 내담자는 범불안장애, 공황 발작, 공포증, 광장 공포증, 혐오증 등과 같은 기존의 불안 장애가 있을 수 있으며, 이러한 불안 문제는 PTSD와 함께 또는 PTSD 진단 후에 발생할 수 있다. PTSD와 다른 불안장애 및 우울의 동반 발생은 높으며, 이러한 장애는 본질적으로 PTSD와 관련이 있을 수 있음을 시사한다.

PTSD를 겪으며 우울과 불안이 동반하는 사람들의 건강 결과는 더 나쁘므로 이러한 장애는 전반적인 치료 계획의 일부로 고려되어야 한다. 트라우마를 겪었던 246명을 대상으로 한 연구에서 범불안과 우울의 증상은 부정적인 건강 결과를 나타냈다(Mason, Le Bouthillier, & Asmundson, 2019). PTSD는 활동 부족과 수면의 질 저하와 관련이 있었다. 우울은 낮은 신체 활동, 열악한 수면 질, 그리고 건강에 좋지 않은 식습관과 관련이 있는 반면, 불안은 알코올과 약물 사용의 증가와 관련이 있었다.

## 특수집단

### 누적된 트라우마

누적된 트라우마는 사람들이 그들의 안전 의식을 회복하고 그들의 경험에서 의미를 만드는 과정에서 직면하는 어려움을 증가시킨다. 트라우마에 반복적으로 노출되거나 미묘한 차별과 같은 지속적인 고통 상태는 개인의 안전 의식뿐만 아니라 다른 사람을 신뢰하는 능력에도 어려움을 직면하게 한다. 도시 여성을 대상으로 한 대규모 연구(n=777)에서 성인 때의 강간이나 어린 시절 아동학대를 경험한 사람들은 PTSD에 걸릴 확률이 6배 높은 것으로 나타났다(Schumm, Briggs-Phillips & Hobfoll, 2006). 그러나 아동학대와 성인 강간 등 누적된 트라우마를 경험한 여성이 PTSD에 걸릴 확률이 17배나 높았다는 점이 눈에 띄는 결과이다. 당연하게도, 누적된 트라우마를 경험한 여성 중 사회적 지지가 높을 경우 외상 후 스트레스장애에 걸릴 확률이 낮았다. 그러나 높은 지지는 하나의 트라우마를 보고한 여성의 PTSD 비율을 변화시키지 않았으며, 이는 높은 수준의 사회적 지지가 아동 및 성인 트라우마의 누적 영향을 완충한다는 것을 시사한다(Schumm et al., 2006).

사회적 지지에 관한 Schumm 등(2006)의 연구 결과는 일부 사람들이 트라우마 후 회복하고 더 나은 상태를 유지하는 데 어떤 요인이 작용하는지에 대한 중요한 통찰력을 제공한다. 여성에 대한 사회적 지지의 강도는 다중 트라우마로 인한 고통을 완화하는 것으로 나타났다. 치료과정에서 우리는 내담자의 사회적 자본을 지역사회에서 치유하기 위한 도구로 활용할 수 있다. 또한, 우리는 집단 심리치료나 오픈 스튜디오 경험을 통해 다른 사람들과의 지원적인 상호작용을 제공할 수 있다.

## 자해 및 자살

실제로 죽고 싶지 않은 많은 내담자들은 죽음에 대한 환상을 가지고 있으며 피부를 베거나 긁는 것과 같은 자해 행동을 한다(van der Kolk, 2014). 비자살적 자해[NSSIB]는 죽음을 초래할 의도가 없는 상태에서 행해지는 자해적 부상을 말한다(Chang, Singh & dickey, 2018). 전통적인 문신과 피어싱은 자해행위로 간주되지 않는다. 나는 펜이나 연필의 찌그러진 금속 뚜껑과 같은 것으로 팔과 다리를 베는 등 자해를 시도하는 많은 청소년들과 함께 일해 왔는데, 그들은 어떤 것이든지 그들의 감각 공허감을 완화시키려고 시도하는 것이다. 무질서한 애착과 해리 또한 자해 행동으로 이어질 수 있다(van der Kolk, 2014). 각 내담자와 함께 자살 충동을 신중하게 평가한 후, 우리는 또한 자해 행동을 대처 수단으로 사용하는지에 대해 질문해야 한다. 만약 당신의 내담자들이 자해 행동을 하고 있다면, 신체적인 운동, 의식적인 호흡, 그리고 신체적인 움직임을 필요로 하는 미술과 같이 신체 욕구를 충족시킬 수 있는 대처 기술을 가르치기 시작하길 바란다.

미국 자살예방재단[the American Foundation for Suicide Prevention]의 2019년 통계에 따르면 자살은 미국에서 10번째로 많은 사망 원인 중 하나로, 매일 129건의 자살이 발생하며, 남성이 여성보다 3.54배 더 자주 자살로 인해 사망한다. 이 비율은 45세에서 54세 사이의 성인들(1일 20.2명)에서 가장 높으며, 인종별로 가장 높은 숫자는 백인(1일 15.85명)이며, 그다음으로는 아메리카 원주민, 알래스카 원주민(1일 13.42명)이다. 흑인이나 아프리카계 미국인의 자살 사망률(1일 6.61명)은 아시아인과 태평양계 미국인(1일 6.59명)과 비슷하다. 특히 자살률은 중년 백인 남성이 가장 높다. 85세 이상(1일 20.1명)이 두 번째로 높은 연령층이다. 청소년들은 하루에

14.46의 비율로 자살로 죽는다. 그러나 전투 트라우마에 대한 노출은 이러한 비율에 깊은 영향을 미치므로 성별과 인종을 가리지 않고 군인의 신분이 중요한 역할을 한다. 매년 많은 수의 재향군인의 자살이 우려된다. 재향군인회는 2008년부터 2017년까지 매년 6,000명의 재향군인이 자살로 사망한 것으로 추정하고 있다. 이러한 수치는 계속 증가하고 있으며, 2017년에는 자살을 유발하는 장애로 인해 매일 16.8명의 재향 군인이 사망한다(VA, 2019).

예술적 지표들은 자살을 신중히 다루고 충분히 탐구되어야 한다고 시사한다. 죽음, 자기혐오 및 총기, 칼, 약과 같은 치명적인 수단을 상징하는 명백한 이미지들은 적절히 다루어져야 한다. 이러한 명백한 상징들은 도움을 청하는 신호로 해석될 수 있지만(Howie, 2017), 이러한 상징들은 우리의 내담자 및 치료 팀과의 조사가 필요하다. 그러나 Howie(2017)는 자신의 경험에 의하면 자살로 사망한 퇴역군인들은 그들의 미술작품에 명백하고 극적인 표현보다는 오히려 에너지 수준 증가, 집중력 증가, 어두운 색의 지배적인 사용에서 밝은색의 사용으로 색의 변화를 포함한 섬세한 변화가 나타났다고 언급한다. 자살로 사망한 사람들의 미술작품을 탐구하는 연구에서, 절망, 고립, 분노, 공격성, 낮은 자존감 등의 주제가 나타났다(Howie, 2017; Wadeson, 1989). Howie(2017)는 또한 자살 충동이 있는 내담자들과 함께 일하는 것이 우리가 수행하는 가장 어려운 작업 중 일부이며 우리 스스로도 우울증이나 절망감의 증상에 대해 경계해야 한다는 것을 상기시킨다. 특히 내담자가 자살로 인해 사망한 경우, 우리는 내담자의 자살 충동이나 자살을 우리의 개인적인 실패로 인하여 벌어졌다고 생각한다.

## 군대 내 성적 트라우마

군대 내 성적 트라우마(MST)는 권력과 통제로 인하여 발생하는 범죄로, "재향군인이 현역, 현역 훈련 또는 비활동적 복무 중 발생한 성적 성격의 신체적 폭행, 성적인 접촉이 포함된 폭력행위, 성희롱으로 인한 심리적 외상"으로 정의된다(VA, 2018, p.2). 이러한 유형의 폭행에는 피해자가 같은 부대에 남아 가해자와 근접한 상태로 있는 경우가 많다. 트라우마는 군대 및 민간 문화로 인하여 더욱 악화되며, 성폭행을 신고할 때 사람들이 믿지 않는 경우가 많고, 가해자는 거의 기소되지 않는다.

성폭행 범죄를 기소하거나 그러한 폭행에 대한 군대 장애 보상을 신청하는 것은 법의학적 증거가 부족할 경우 특히 어려울 수 있다. 다행히도 2002년, VA는 MST로 인해 PTSD를 가진 여성과 남성 퇴역군인에게 장애 보상(의료 및 정신과 서비스에 대한 보장에서 재정적 보상까지)을 제공하는 데 필요한 증거 수준을 줄였다. PTSD에 대한 보상은 일반적으로 PTSD 진단과 군대 내에서의 외상적 경험을 연관시키는 상당한 양의 증거를 필요로 하지만, VA는 성폭행이 종종 보고되지 않으며 검토를 위해 허용되는 증거의 유형과 양이 다른 인과적 사건으로부터의 PTSD보다 덜 엄격하다는 것을 인정한다.

## 여성

여성은 평생 외상 후 스트레스장애에 걸릴 위험이 더 높다. 여성은 남성보다 전반적인 트라우마 유형에 덜 노출되지만 성폭행, 강간, 친밀한 파트너로 인한 폭력에 많이 노출되는 비율이 더 높다(Seedat, Stein & Carey, 2005). PTSD를 가진 여성은 남성보다 더 많은 증상을 경험하고, 증상을 더 오래 참고 견디며, 삶의 질에서 더 나쁜 결과를 가져온다(Seedat et al., 2005). 여성의 PTSD 비율이 높으면 대인관계 폭력의 경험 이외의 요인들에 기인할 수 있다. 여기에는 초기 부정적 경험, 기타 신경내분비 요인, 트라우마 사건에 대한 여성의 주관적 해석, 주변 외상성 해리 등에 대한 반응으로 활성화된 스트레스 호르몬 시스템의 변화가 포함될 수 있다(Seedat et al., 2005). 여성의 PTSD 비율의 매개 요인은 트라우마에 대한 생물학적 반응뿐만 아니라 대인관계 트라우마가 경험되는 문화적 맥락이다. 미국에선 여전히 여성이 법 아래 평등하지 못한 제도, 여성이 범죄 신고로 기피되거나, 수치심, 믿지 못하거나 더 나아가 학대받는 공적인 사건은 불신과 안전 부족의 감정으로 이어진다. 이는 차례로 과소 보고, 자책으로 이어지며, 종종 필요한 도움/서비스 찾기가 지연된다.

## 빈곤 여성에 대한 숙고

미국과 해외에서 극도의 빈곤 속에 살고 있는 여성들과 함께 일하면서, Alicia

Dabney는 회복력과 복합 트라우마에 대한 그녀의 관찰을 공유하고, 마음챙김과 존재감을 유지하면서 내담자를 돌보기 위해 특별한 노력을 기울인다. 그녀는 예비 미술치료사이자, 부부 및 가족치료사, 전문 임상 상담사이다. 고전 무용수와 예술가로서의 평생 훈련은 내적 가족체계 모델을 사용하여 미술치료사로서의 작업에 통합되었다. 그녀는 이러한 기술들을 통해 정신적 충격을 받은 개인이 소진이 유발되지 않게 함과 동시에 내담자들과 함께 자신의 일에 최선을 다할 것을 요구한다. 그녀는 여기에 미국의 노숙자 여성들과 니카라과 난민들과의 일과 연구에 대해 쓰고 있다.

노숙자 여성과의 마음과 신체 중심의 미술작품에 대한 나의 미술치료 연구의 시작은 두 가지 주도적인 개념을 형성하였다. 첫 번째는 트라우마 경험이 몸 안에 남아있다는 기초적인 이해와, 두 번째는 복합 트라우마의 맥락에서 미술작업과 움직임의 긍정적인 면에 대한 생생한 경험이다. 최근 몇 년 동안, 나는 이 두 가지 어린 시절의 관심이 어떤 치료사에 의해 아무리 자기 주도적이고 비지시적이더라도 외상 후 성장을 향한 나의 회복력, 통찰력, 자기인식 및 능력을 지원하는 보호 요인으로 보게 되었다. 종합해 보면, 미술은 창조적인 표현수단을 제공하고, 목소리가 없는 상황에서 의사소통할 수 있는 대안적인 수단을 제공했으며 무용은 생리학적 이점을 제공하여 나에게 외상적인 경험을 활기차게 표현하는 데 도움을 주었다.

더 나아가 최근에는, 개인적인 마음챙김 연습과 내적 가족체계의 정신적인 치유 모델이 나의 삶의 방식을 형성했을 뿐만 아니라, 다른 사람들의 트라우마 이야기를 완전하게 목격하거나 그 이야기에 함께 하는 능력, 그러나 그들의 삶의 무게를 짊어지거나 너무 개인적으로 받아들이지 않는 능력을 크게 향상시켰다. 실제로, 나는 힘든 순간에나 자신의 내적 자원과 강점을 이용하는 법을 배웠다; 연결되었을 때, 답을 제공하는 것은 자기, 즉 나 자신이다. 자기와의 이러한 연결은 개개인들이 가장 필요로 하는 방식으로 마음과 관심을 온전히 쏟음과 동시에 자신의 개인적인 이야기와 반응을 주의 깊게 유지하는데 필요한 공간, 명확성 및 관점을 부여한다. 이러한 공간과 우리 모두에게 존재하는 자기에 대한 이해로부터, 나는 사람들이 그들이 겪은 외상적 경험보다 더 강하다는 사실과 트라우마가 우리의 몸에 다양한 방식으로 유지되며 미술은 치유하는 힘을 가지고 있다는 사람들의 고유한 내재적 가치와 존엄성에 대한 믿음을 가지고 있다.

나는 학생 연구원으로서 이러한 미술, 동작, 마음 챙김의 맥락을 하나로 모으고 싶었고, 트라우마에 초점을 맞춘 미술치료사들이 신체 중심적인 미술작품을 만들고 현재 순간 주의를 활용하는 쪽으로 그들의 실천을 확장할 수 있을지 궁금했다. 트라우마 정보 접근 방식은 트라우마 이력이 있는 개인에 대한 안전, 공간, 억제 및 통제의 가치를 말한다. 따라서 신체에 대한 큰 동작이나 깊은 주의보다는 에너지의 운동 표현과 감각적 투입을 통해 신체를 중심으로 한 미술작품을 신중하게 접근하였다. 이 연구가 프로그램이나 교육과정으로 발전했을 때 잠재적으로 보다 최적의 각성 조절을 촉진하고 트라우마에 노출된 사람들이 자신의 내적 감각과 감정을 안전하게 경험할 수 있는 출발점이 될 수 있기를 원했다. 가치와 감사에 대한 강점을 기반으로 한 창의적인 동기부여 요소들은 주의 깊은 현재 순간에 집중하는 것과 관련있었으며 이러한 초점은 그들의 도전과 트라우마 경험 이상으로 그들의 정체성 의식을 지지하고 명확하게 해준다.

논문 연구 프로젝트가 끝난 지 4개월 후, 나는 Viva Nicaragua Abroad와 Notre Dame de Namur 대학교 교수 2명과 5명의 미술치료학과 학생들과의 파트너십을 통해 코스타리카의 니카라과 난민들에게 미술치료 워크숍을 제공하는 국제 봉사 학습에 참여할 기회를 가졌다. 난민들에게 내 연구 참가자들과 동일하게 지시사항을 제공하는 신체 중심의 손 미술 워크숍에서 정체성, 개인적 가치, 감사에 대한 동기부여 요소들을 함께 제공하였는데, 이때 중요한 깨달음의 순간이 다가왔다. 각 집단에서는 강점을 기반으로 한 자기표현을 통해 개인 주도의 권한 부여를 제공하는 데 있어 일관성이 있었다. 트라우마 정보에 기반한 선택은 그들의 창조적인 표현, 미술 매체의 선택, 그리고 그들의 미술작품에 대한 세부사항을 공유할 것인지 결정할 수 있는 자율성에 내재되어 있었다.

개별 미술작품에 대해 언어로 처리하고 공유하는 과정을 통해 노숙인 여성들과 니카라과 난민들의 미술작품 사이의 차이점과 공통점을 모두 관찰할 수 있었다. 두 그룹의 미술작품은 그들의 집, 소속, 생존, 정체성에 대한 일반적인 문제점을 전달하고 있었다. 그러나 코스타리카에서는 문화적, 은유적 차이, 손에 상징을 배치하는 데 있어 마음챙김의 중요성, 상실, 슬픔, 정치적 폭력의 시각적 표현에 있어서 차이가 있었다. 이러한 강력한 통찰과 비교는 나의 원래의 논문 결과에 의미와 중요성을 부여했으며, 난민들과 함께 일하는 데 있어 핵심적인 통찰력을 처리하고 담을 수 있도록 나의 반응적인 미술작품을 독려했다[그림 5.1]. 무엇보다도, 이것은 나의 문화 간 학습 기반을 넓혔고, 보편적인 인간 경험을 강조했으며, 우리 모두에게 치유가 가능하다는 것을 보여주었다.

그림 5.1 니카라과 난민들과의 작업에 대한 반응 미술작품(Alicia Dabney 작품)

## 가정폭력

매맞는 여성 증후군은 심리학 문헌에서 PTSD 하위 범주로 간주되며, 이는 40년 이상 인식되어 왔다(Walker, 2009, 2016). 가정폭력은 양쪽 파트너에 의한 신체적 폭력(정서적 또는 재정적 폭력)에 관여하는 것을 포함할 수 있지만, 일반적으로 사회화 및 권력 역학과 관련하여 여성에 대한 성폭력의 한 측면으로 간주된다. 신체적 학대 관계에 있는 여성은 PTSD의 전체 기준을 충족하지 못할 수 있지만, 권장되는 개입에는 여성주의와 트라우마 중심 치료가 포함된다(Walker, 2016). 가정폭력 신고는 어려울 수 있다; 여성들은 가해자와의 외상적인 유대관계와 자녀들을 보호할 필요성 때문에 학대적인 관계에 남을 수 있다. 이 증후군은 남성과 여성, 이성애자 또는 LGBTQ+, 신체적, 정서적 학대가 발생하는 모든 종류의 관계에 있는 사람들에게 증상이 적용될 수 있기 때문에 용어상의 업데이트가 필요할 수 있다. 치료의 초기 단계에는 안전계획 수립, 원할 경우 경찰 신고, 공동 치료 계획을 통해 여성들이 삶에 대한 통제 의식을 확립할 수 있도록 돕는 것이 포함된다. 아동학대 생존자들이 성인으로서 학대적인 관계에 놓이게 되는 것은 드문 일이 아니다. Walker(2016)의 연구에 따르면, 학대적인 관계에 놓여 있었던 후 치료를 받으려고 했던 많은 가정폭력 피해 여성들도 아동학대를 경험했었다. 초기 치료는 현재의 학대 상황에 초점을 맞추는 반면, 임상의는 여성에게도 영향을 미칠 수 있는 이전의 복합 트라우마를 고려해야 한다.

## 트랜스젠더 및 젠더 비순응

트랜스젠더와 젠더 비순응자의 PTSD 비율은 다른 집단에 비해 상당히 높으며, 추정치는 18%에서 62% 사이이다(Chang et al., 2018). PTSD를 치료하고자 하는 트랜스젠더 및 젠더 비순응 내담자는 적절한 의료/정신 건강 관리를 받는 데의 어려움뿐만 아니라 평생의 차별과 미묘한 차별을 받는 데 이미 상당한 고통을 겪었을 가능성이 높다. 이 집단에 대한 개인 및 시스템적 차별과 폭력의 높은 비율 때문에, 트라우마 중심 돌봄이 필수적이다. 트랜스젠더 및 젠더 비순응자가 성 정체성 때문에 치료 서비스를 찾는다고 가정할 수는 없지만, 그들의 성별의 맥락과 사회에서의 경험은 그들의 인생 경험의 맥락 일부로 설명되어야 한다. 트랜스젠더와 젠더 비순응자에게 긍정적으로 디가가는 이론과 접근법에는 사회 정의, 페미니즘, 교차성이 포함되며, CBT, ACI, DBT와 같은 구조화된 마음챙김 기반 접근법에 중점을 둔다(DBT; Chang et al., 2018). 트라우마 및 PTSD에 대한 관심을 포함하는 성정체성 확인 치료를 위한 탁월한 자료는 Chang 등(2018)의 「A Clinician's Guide to Gender Affirming Care」이다.

## 노인

PhD이자 ATR-BC인 Erin Partridge는 미술가이며 어르신돌봄 협회에서 운영하는 거주시설의 체험적 연구자이자 Notre Dame de Namur 대학 겸임 교수로 재직하고 있다. Partridge의 임상 경험은 지역사회, 소아과, 법의학, 노인학 분야의 일을 포함하며, 그녀는 미술치료, 노인돌봄, 기술 분야의 연구에 대해 출판했다. 그녀의 연구 관심 분야는 지역 사회 구성원의 실제 경험을 통합하고 참여적, 민족적, 예술적 기반에 초점을 맞춘다. 그녀의 책인 「Art Therapy With Older Adults: Connected and Empowered」는 2019년 2월에 출판되었다. 여기서 Partridge는 여성 노인의 트라우마 반응을 목격한 것에 대한 이야기와 그녀의 반응 미술을 공유한다:

> 트라우마를 생각할 때, 가장 먼저 떠오르는 내담자는 기억력 치료 환경에서 함께 일했던 노인이다. "Eva"는 치매 말기로 휠체어를 타고 있었으며, 개인적인 돌봄과 식사를 포함한 그녀의 모든 일상적 돌봄을 필요로 했다. 내가 그녀를 만났을 때, 그녀의 인생사에 대한 문서화된 기록은 없었지만, 우리는 그녀가 2차 세계대전 동안 Denmark에 있었고 어린 소녀 시절에 미국으로 왔다는 것을 알았다. 그녀는 자연을 사랑했다; 그녀가 가장 좋아하는 것은 옥상 정원으로 나가서 꽃 냄새를 맡고 햇빛을 쬐는 것이었다. 그녀는 아름다운 가창력을 가지고 있었고, 노래의 모든 단어를 구사할 수는 없었지만, 그녀의 맑은 목소리는 다른 모든 소리를 뛰어넘었다. 휠체어를 탄 그녀의 자세 때문에 테이블에서 미술을 만드는 것이 어려웠지만, 우리는 종종 바깥의 신선한 공기 속에서 그림 작업을 하였다.
>
> 나는 Eva와 함께 정원에서 예술작품을 만드는 것을 좋아했지만, 그녀와의 만남 중 많은 부분이 청각적인 경험들이었다. 내가 그 건물에 도착해서 차에서 내렸을 때, 나는 무화과나무 아래서 건물 안으로 걸어 들어갈수록 점점 더 커지는 그녀의 울부짖는 목소리를 들었다. 목욕이나 치아 위생과 같은 민감한 개인 돌봄을 제공하는 것은 그녀가 신체적, 감정적으로 반응하게 할 것이다. 우리는 그녀의 말 대부분을 이해할 수 없었지만, 때때로 덴마크어와 영어 단어와 구절을 조합하여 그녀가 어린 시절에 어떤 중요한 트라우마를 경험했다는 것을 이해할 수 있었다. 개인 돌봄이 제대로 이루어지지 않으

면, 그것이 그녀의 하루 전체를 혼란스럽게 만들었고 그녀는 위로 받을 수 없는 상태였다. 돌봄이 제대로 이루어졌다면, 그녀는 동료들과 함께 그룹에 참여하고 직원들과 교류할 수 있었다.

그녀의 인생의 마지막 몇 해는 외상적인 경험을 빨리 다루는 것이 왜 그렇게 중요한지에 대한 강력한 경고였다. 이 혼합 매체 콜라주는 내가 직장에 도착해서 그녀의 울음소리를 들었던 경험을 바탕으로 한 이미지를 통합한 것이다. 그것들은 창문 밖으로 나와 정원과 건물을 둘러싼 주변 지역으로 내려갔다. 나는 오려낸 텍스트와 악보를 사용하여 우리가 그녀의 이야기를 이해하고 그녀의 두려움을 해결하려고 했던 단편적인 방식을 표현했다. 공포에 질린 표정인 어린 아이의 눈은 위로와 위안을 받기 위해 건물 안쪽을 엿본다. 내가 "기억하다"라는 단어를 포함시킨 이유는 Eva가 그녀의 기억에 대해 우리와 이야기할 수 없었기 때문이다-그녀는 그녀의 몸과 울부짖는 외침을 통해 의사소통을 했다. 그녀의 트라우마를 구두로 말하는 것은 불가능했지만, 우리가 아무것도 할 수 없다는 것을 의미하지는 않았다. 우리의 책임은 트라우마 반응을 일으키는 것을 피하는 방법과 그녀와 함께 있을 수 있는 방법을 가능한 많이 관찰하고 배우는 것이었다.

그림 5.2 Fig Garden(Erin Patridge 작품, 종이 위에 아크릴, 잉크, 콜라주)

## 난민

난민들과의 작업은 일반적으로 PTSD에 중점을 둔 형태로 구성된다. 왜냐하면 많은 난민들이 그들이 경험한 것과 미래의 불확실성에 대해 고통과 불안에 시달리기 때문이다(Kalmanowitz & Rainbow, 2016). 그러나 난민이기 때문에 반드시 트라우마가 발생했거나 문화적응 스트레스가 정신질환으로 발전했다는 것을 의미하는 것은 아니다. 문화적 스트레스는 새로운 문화에 적응하는 데 내재된 어려움으로 인해 발생한다(Berry, 2001). 이민 문제는 문화적 스트레스와 여행 및 증거서류의 어려움에서부터 폭행, 강간, 착취, 구금/납치, 사망에 이르기까지 다양하다. 정치적 폭력과 강제 이주에 노출된 일부 사람들은 PTSD를 가질 수 있지만 앞서 언급했듯이, 트라우마에 노출된 모든 사람이 트라우마를 갖게 되는 것은 아니다. 그러나 트라우마 노출은 난민들의 PTSD, 우울증, 불안 증상을 예측했으며, 문화적 스트레스는 트라우마가 다른 정신건강 결과에 미치는 영향을 매개하는 중요한 위험 요소이다(Kartal et al., 2018). 난민과 함께 일하는 것은 트라우마에 대한 정보와 그들의 출신 문화에 대한 깊은 관심, 새로운 문화에 대한 적응(즉, 문화적응 스트레스), 강점 및 트라우마의 문화적 표현을 포함해야 한다. 정신치료는 문화적응 관련 문화적, 사회적 스트레스 요인뿐만 아니라 이주 트라우마를 해결해야 한다. 난민들에게, 이것들은 그들이 이주한 국가의 문화적 지향과 정신 건강 서비스에 대한 참여에 상당한 장애물이 될 수 있다.

미술치료는 자녀들이 부모들보다 더 빨리 적응하기 때문에 종종 발생하는 문화격차를 해소하기 위해 이민 문제에 직면한 사람들에게 널리 사용되어 왔다(Lee, 2015). 미술과 표현치료에 참여하면서 흐름(flow)을 경험하는 것은 강점을 발전시키고 만족감과 성취감을 통해 적응 과정을 지원할 수 있다(Lee, 2013, 2015). 또한 미술은 이민 경험과 문화적응의 복잡한 과정 중에 가족 간의 의사소통을 촉진할 수 있다(Linesh et al., 2012). 정신건강 치료는 많은 가족들에게 낙인을 남길 수 있다. 가족들은 도움을 받는 것을 보편화하기 위해 당장 트라우마를 표현해야 할 의무가 있다고 느낄 수 있지만, 오히려 치료사와 개인적인 세부사항을 공유하는 것을 꺼릴 수 있다. 이민을 온 내담자들을 위해 트라우마 정보에 기반한 치료를 하는 것이 중요하며, 치료의 후기 단계에서 발생할 수 있는 문화적으로 영향을 받은 고통을 표현하는 방식에 대해 열린 자세를 가지는 것 또한 필수적이다.

## 성매매

Serena R. Martinez-Coleman(PhD, LMFT, ATR-BC)는 성매매와 트라우마에 대해 기여한 사람이다. 성매매 관련 집단과 함께 일하는 그녀의 전문성은 성매매를 당한 생존자들에게 지원 서비스와 미술치료를 제공하는 California의 여러 기관에서 10년 이상 협력한 것에서 비롯된다. 성매매는 세계적으로 유행병으로 인식되어 왔다(Terito & Kirkham, 2010). 국제노동청(ILO)과 Walk Free Foundation(2017)에 따르면 2016년 한 해 동안 전 세계에서 약 4,030만 명이 노동, 상업적 성매매 또는 결혼을 강요당했다. 아동 4명 중 1명은 이러한 성범죄의 생존자였으며 상업적 성 착취 생존자의 99%는 여성과 소녀였다.

성매매와 노동 인신매매는 인신매매의 두 가지 형태로, 인신매매범이 영리 목적으로 개인을 착취하기 위해 무력, 사기, 강압 및 또는 폭력적인 힘을 사용하도록 요구하는 경우가 많다(ILO & Walk Free Foundation, 2017; Polaris, 2019). 상업적 성행위의 대상이 되는 미성년자는 성매매 되었다고 간주되기 위해서는 강제성, 사기, 강압의 증거가 필요치 않다(Trafficking Victims Protection Act, 2000). 미국에서는 이러한 범죄의 생존자로 확인된 개인들의 대다수가 국내에서 인신매매되고 있다(U.S. State, 2019). 다시 말해, 인신매매는 50개 주 내에서 일어나고 있으며, 미국인들은 포식자이자 먹잇감이다. 성매매 생존자는 종종 신원 미상이며(IOM[Institute of Medicine] & NRC(National Research Council) [NRC], 2013) 생각보다 가까운 곳 혹은 우리 주변에 거주할 수 있다.

인신매매에 취약한 인구는 광범위하다. 아동학대, 성학대 등 트라우마 이력이 있는 개인은 상업적 성착취와 성매매를 당할 가능성이 높다(IOM & NCR, 2013). 청소년은 연령, 삶의 경험 부족, 성인의 조작을 인식할 수 없기 때문에 표적 대상이 된다(Greenbaum, 2017). 다른 일부 상황은 청소년이 성매매 피해를 입을 가능성을 증가시키는 취약점을 만들어 낼 수 있다. 여기에는 성적 학대 또는 이전 성폭행 이력, 가출 또는 노숙자, LGBTQ+, 누명 혹은 낙인 찍힌 이력 그리고 약물 남용 경력이 포함된다(IOM & NCR, 2013; National Center for Missing and Exploited Children, 2019). 위탁양육 시스템의 청소년들(Hannan et al, 2017)과 장애인(U.S. State, 2019; IOM & NCR, 2013)은 종종 인신매매범들에게 표적이 된다. 성매매에서 살아남은 개인은 학교, 의료 시설 또는 정신 건강 공간을 포함한 다양한 환경에서 발견될 수 있다(Litam, 2017). 그러나 의료 시스템에서 일하는 많은 의료진은 환자와 접촉할 때 생존자들을 인식하지 못한다(Barnes & Gibbs, 2017). 그러나 많은 의료진들은 인신매매 피해자들과 함께 일할 때 복잡성을 인식하고 있다(Coleman & Kometiani, 2020; Litham, 2017; Macias-Constantopoulos & Ma, 2017; Wilson & Coleman, 2020; Zimmerman, Hossain & Watts, 2011). 주요 도전 중 하나는 위험에 처해 있는 개인이나 성매매 피해를 입고 있는 개인을 식별하지 못하는 것이다. 개인은 자신을 인신매매의 피해자 또는 생존자로 인식하지 않을 수 있다(Barnes & Gibbs, 2017; Harris et al., 2012; IOM & NCR, 2013). 이 독특한 인구에 대한 많은 필요와 조치가 이루어져야 하지만 이를 여기에 모두 명시할 수는 없다.

인신매매 피해자의 욕구를 해결하고 대처하는 것은 다양하며 여러 접근법이나 모델을 활용할 수 있다(Hopper, 2017; Wilson & Coleman, 2020; Zimmerman et al., 2011). 성매매에서 살아남은 개인들과 함께 일하는 서비스 제공자들은 트라우마 시각을 가지고 일해야 한다. 성매매에서 살아남았을 때 트라우마의 결과가 나타나는 후유증이 있다(Hom & Woods, 2013; IOM&NCR, 2013; 미국 국무부, 2018). 그러나 복합 트라우마, 친밀한 파트너 폭력, PTSD, 성적 트라우마, 초기 아동기 트라우마, 지역사회 폭력, 외상 애착을 포함하여 성매매와 관련이 있는 트라우마의 영향을 이해하기 위한 연구는 여전히 필요하다. 성적 트라우마의 생존자들은 PTSD, 복합 PTSD, 우울증 및 기타 정신 건강 문제를 겪을 가능성이 가장 높다(Yuan, Koss & Stone, 2006). 서비스 제공자는 이러한 생존자의 욕구를 이해하고 적절한 지원을 제공하기 위해 비판단적, 피해자 중심, 생존자 중심, 트라우마 정보 및 강점 기반 접근방식을 사용할 것을 권고한다(IOM & NCR, 2013; Wilson & Coleman, 2020). 인신매매에 대한 치료 계획 시 고려해야 할 건강 측면은 법적 및 업무 관련 문제 외에도 심리적, 신체적, 성적 학대의 영향이 포함된다(Zimmerman et al., 2011). 인신매매 피해자들을 위해 권장되는 서비스에는 위기 개입뿐만 아니라 내담자의 욕구를 충족시키기 위해 수년 동안 지속될 수 있는 지속적인 돌봄도 포함되는 복잡성이 있다(Kometiani, 2020c).

인신매매 생존자를 대상으로 한 미술치료에 대한 연구는 드물지만(Wilson & Coleman, 2020), 미술치료 분야는 이러한 독특한 대상을 지원하기 위한 인식과 방법 개발에서 성장하고 있다. Kometiani(2020a)가 편집한 「Art Therapy Treatment with Sex Trafficking Survivors」라는 책에서 미술치료사들은 성매매에서 살아남은 개인들과 작업한 경험과 지식을 공유한다. 이러한 경험에는 Drosdicks(2020)가 남성 생존자와 함께 트라우마에 대처하기 위해 마음챙김 실천, EMDR, CBT, DBT 및 트라우마 기반 미술치료와 같은 다양한 개입을 사용한 것(p.117)과 안전, 트라우마 처리 그리고 연결에 집중되어 있는 Herman의 트라우마 회복단계(1997)를 통합한 Kometiania(2020b)의 여성 지원 집단이 포함된다. 미술치료 분야 외부에서 이 인구에 접근하고 있던 Sanar Wellness Institute와 Polaris(2015)의 기사는 인신매매 인구를 위한 치료 도구로 미술을 사용하는 것에서 이점을 발견했다.

전반적으로, 성매매에서 살아남은 사람들은 오랫동안 지속되는 트라우마를 일으킬 수 있는 사건들을 견뎌왔다. 각 개인은 외상성 사건에 다르게 반응할 수 있음을 인식하는 것이 중요하다. 그러한 사건으로부터 회복하기 위한 회복력 양성을 인지하고 인정해야 할 가치가 있다. 성매매가 만연하고 있다는 것을 인식하는 것을 통해 당신 자신의 지역사회에서 돌봄과 인식을 제공할 수 있는 방법을 찾을 수 있기를 바란다.

## 결론

PTSD는 한 사람이 다수의 트라우마나 불리한 아동기를 경험했을 때 훨씬 더 강력하게 장애를 초래할 수 있다. 동반 장애는 단순히 그 영향에 부가적인 것이 아니라 추가 장애 및 약물 남용 복합 PTSD 증상에도 부가적이기 때문에 개인이 더 큰 문제와 고통을 겪게 만든다. 맥락은 치료사가 트라우마의 세세한 면모와 내담자의 독특한 고통 표현을 이해하기 위해 특히 관련이 있다. 내담자와 함께 교차하는 정체성을 탐색하는 것은 강점과 치료 요인에 대한 중요한 통찰력을 제공한다. 사회적 지지가 PTSD의 영향을 완화하는 데 도움이 될 수 있기 때문에 우리는 내담자의 대인관계 강점에 주의를 기울여야 할 뿐만 아니라 사회적, 가족 및 커뮤니티 강점을 강조하고 내담자가 지지적인 친구, 가족, 지지 집단 및 지역사회에 계속 참여하도록 장려해야 한다.

임상의로서, 우리는 내담자의 문화에 대한 정보를 찾을 의무가 있다. 그러나, 우리는 우리의 지식과 전문성의 한계에 대해 문화적으로 겸손해야 한다. 내담자를 알아가는 데 있어서 우리의 끈기는 가정과 판단을 보류하고 내담자에 대해 섣부른 결론을 내리지 않는 것을 의미한다. 우리와 내담자와의 관계 및 내담자의 성장과 치유 능력은 각 내담자의 고유한 웰빙과 스트레스 표현을 수용하는 것에 달려 있다.

## 참고자료

Cross Cultural Symptom Measures and a Cultural Formulation Interview can be found in Section III of the DSM−V−TR.

Gender−affirming care which includes attention to trauma and PTSD can be found in: Chang, S., Singh, A. & dickey, 1. (2018) *A Clinician's Guide to Gender Affirming Care: Working with Transgender and Gender Nonconforming Clients.* Oakland, CA: Contet Press.

Mendley (2019) I am knowledge: Mendley brings your research to life so you can make an impact on tomorrow. www.mendeley.com/?interaction_required=true.

Mendeley is a free online citation manager for journal articles. It contains access to abstracts for thousands of journals and many include linked full articles and a feature that allows you to save the abstracts and articles.

The National Center for PTSD from the Veterans Affairs Medical Centers offers free online resources for clients and clinicians in English and Spanish. www.ptsd.va.gov.

The National Center for PTSD offers free consultation to any clinician in the community or the VA who is treating a veteran with PTSD. www.ptsd.va.gov/professional/consult/works.asp.

The National Suicide Prevention Crisis Text Line can be reached by texting: TALK to the number 741741.

The National Suicide Prevention Lifeline is 1-800-273-TALK (8255).

Veterans or service members in crisis can call 1-800-273-8255 or chat online with a counselor. www.veteranscrisisline.net/get-help/chat.

# PART 02

Post-Traumatic Stress Disorder
and Art Therapy

Chapter
# 06

## 회피

회피는 PTSD를 고착시키는 접착제 역할을 한다. Herman(1997)은 "잔혹 행위에 대한 일반적인 반응은 그것들을 의식에서 추방하는 것이다"(p.1)라고 언급한다. 실제로, 내담자들은 그들의 트라우마에 대한 기억을 억누르려고 노력하고, 그들의 트라우마 또는 그것과 관련된 어떤 것과도 관련된 생각이나 감정을 피하려고 노력한다. PTSD의 회피 증상에는 트라우마를 상기시키고 괴로운 기억을 활성화시키는 역할을 하는 사람, 장소, 활동, 사물 및 상황을 피하려는 노력이 포함된다(American Psychiatric Association, 2013). 회피는 개인이 충격적인 기억을 내면 깊숙이 잠가놓고 접근하지 못하게 하려고 시도하는 행동이지만, 이는 결국 다시 떠오르게 할 뿐이다. "PTSD 증상의 지속적인 유지에서 가장 중요한 과정"(Thompson et al., 2013, p.133)인 회피는 PTSD를 이해하고 치료하는 데 특별한 주의가 필요하다.

치료를 받고 있고 그들의 트라우마를 이겨낼 준비가 되었다고 느끼는 PTSD를 가진 내담자들조차도 그들의 트라우마를 기억하거나 생각하는 것을 자동적으로 피한다. 회피는 한 사람의 삶에 완전히 참여하는 것을 방해하는 주목할 만한 장애물이며, 추가적으로 내담자가 트라우마 중심 치료에 기꺼이 참여하기를 원하지 않거나 참여할 수 없도록 한다(Murphy, 2018). 회피 증상은 진단의 일환으로 지속적으로 나타나며 치료 진행을 크게 방해할 수 있다. 그러나, 우리는 내담자의 회피 증상을 치료에 대한 저항으로 개념화할 수 없다. 오히려 우리는 그들이 회피를 개인적이거나 도덕적인 실패가 아닌 PTSD 장애의 일부로 보도록 도와야 한다. 회피를 "문제" 또는

"적"으로 외현화하는 것은 내담자가 자기 연민을 발달시키고 그들의 회피가 치료 속도를 어떻게 영향을 미치는지에 대한 자기 비난을 하지 않도록 돕는다.

이 장의 나머지 부분은 모든 사람들이 불편하고 원하지 않는 감정과 상황을 관리하기 위해 의식적으로나 무의식적으로 사용하는 회피의 심리학적 전략을 탐구한다. 거기서부터 우리는 PTSD의 증상으로서의 회피를 탐구할 것이다. 마지막으로, 우리는 내담자가 회피할 때와 치료자가 회피할 때 치료 회기에서 회피가 어떻게 발생하는지에 대해 논의할 것이다.

## 회피에 대한 내담자의 숙고

Christine Hirabayashi(PhD, LMFI, ATR−BC)는 San Francisco Bay Area에서 통증 관리 팀의 일원으로 일하고 있으며, 개인 진료소에서 내담자를 진료한다. 미술치료 박사 학위를 받은 그녀는 환자들과 함께 고통과 스트레스 관리를 위해 ACT를 사용한다. 아래는 Hirabayashi가 성인 내담자 중 한 명에게 다리를 그려달라고 요청했을 때 미술치료 첫 회기에 그리고 쓴 미술작품과 글이다[그림 6.1]. 다리 그림은 내담자의 환경 안정성, 일반 기능 및 진전/움직임의 정도에 대한 내담자의 인식을 평가하기 위한 투사적 기법이다(Hays & Lyons, 1981).

### 미술치료와의 첫 만남에 온 것을 환영한다.

나는 사진 한 장이 천 마디의 가치가 있다고 들었다. 하지만 과연 그럴까? 색연필이나 크레용 몇 개의 마크가 남겨져 있는 종이 한 장은 기껏해야 200단어 이상의 가치가 없을 것이다.

만약 당신이 모든 두려움, 불안, 의심, 우울증을 머릿속, 그리고 더 중요하게 영혼 속에서 고군분투하고 있다면 어떻게 해야 할까요? 만약 당신이 아무도 듣고 있지 않다고 느껴서 당신의 이야기를 말할 수 없다면 어떻게 해야 할까요? 그리고 설령 듣고 있다고 해도, 당신의 머릿속에는 그 이미지들이 박혀 있다. 하지만 당신의 트라우마는 고통에 대해 말할 자신감을 앗아갔을 뿐만 아니라 당신의 말도 앗아갔다면 어떻게 해야 할까요? 어쩌면 한 장의 사진이 정말 천 마디의 가치가 있을지도 모른다. 미술치료와의 첫 만남에 온 것을 환영한다.

트라우마를 처음 경험했을 때 당신이 어디에 있었는지 다리를 그려보십시오. 당신이 지금 있는 것처럼 느껴지는 그 다리 위에 당신 자신을 올려놓도록 하세요. 마지막으로, 다리의 끝에서, PTSD 프로그램 후에 당신이 어디에 있길 원하는지 그리세요.

내 영혼 속에서는 모든 질문에 대한 답을 알고 있었지만, 내 말은 이미 오래전에 묵살되어 아무에게도 설명할 수 없었다. 나는 빈 캔버스를 물끄러미 바라보다가 네 명의 반 친구들이 무엇을 하고 있는지를 보았다. 그들의 작품은 좋았지만, 그것은 내 것이 아니라 그들의 이야기였다. 나는 천 마디 말이 담긴 그림이 나타나기만을 기다리며 나의 빈 캔버스를 뒤돌아 쳐다보았다.

얼마 지나지 않아, 나는 그 프로젝트에서 길을 잃었다. 방 안의 유일한 소음은 배경에서 들려오는 부드러운 자연의 소리와 나의 내면의 대화였다..... 다리 위에 서 있지 말고 다리에 매달려 있는 너를 그려... 너는 그들을 자를 때 그 시체들이 침대 시트에 매달려 있던 방식처럼 매달아 놓았다... 너의 손에 죽음이 있다. 너의 손에서 피가 뚝뚝 떨어지는 그림을 그려. 헤드라이트 속 비친 사슴의 눈망울 같은 너의 눈을 그려. 너는 두 명의 죽음에 책임이 있기 때문에 그들을 포함시켜야 한다. 그 두 시체가 너를 붙잡고 너를 아래 깊은 곳으로 끌어내려고 한다...

계속해서; 내 안의 무엇인가가 천 마디의 말을 외치며 내가 그린 그림을 나에게 지시했다 : 천 마디의 말로 된 그림.

곧 시간이 끝났다. 나는 반 친구들을 힐끗 쳐다보았다. 내 도화지는 그들의 것과는 전혀 달랐다. 그것은 내 것이었다. 그것은 말하고 싶었지만 어떻게 표현해야 할지 몰랐던 모든 것을 보여주었다. 나는 모든 조각들, 내가 설명하고 싶었지만 할 수 없었던 모든 것들, 말하거나 설명될 수 있는 어떤 것으로도 기술할 수 없는 모든 느낌들과 감정들을 모았다. 사진 한 장이 천 마디 말의 가치가 있지 않았는가?

나는 눈이 휘둥그레지고 손이 피투성이가 된 그 소녀를 응시했다. 그녀는 매우 무섭고, 지치고, 슬퍼 보였다. 반 친구들과 미술치료사도 눈치챘다. 그들은 이 소녀가 그녀가 할 수 있는 최선을 다하고 있는 것처럼 보인다고 말했다. 그녀는 너무 오랫동안 두 구의 시체의 무게를 짊어지고 고군분투해 온 것처럼 보인다. 그들은 그녀가 위험을 무릅쓰고 최선을 다했기 때문에 놓아줄 것을 격려했다. 그들은 내 그림의 작은 구석과 구석에 숨겨져 있던 수 천 개의 단어들, 내가 말할 수 없는 단어들을 발견했다. 그림 한 장은 천 마디 말의 가치가 있을지도 모르지만, 미술치료에서 그림 한 장은 천 마디의 긍정적인 몸짓, 칭찬 그리고 당신이 괜찮을 것이라는 확신의 가치가 있다.

그림 6.1 미술치료에서 내담자의 첫 그림인 다리그림(Christine Hirabayashi 작품)

## 우리 모두는 회피를 사용한다

우리가 문제를 회피하는 것은 우리 모두에게 일상적인 업무에 집중할 수 있는 능력을 제공한다. 더 나아가, 문화적으로 우리는 문제를 제쳐둠으로써 잠시만이라도 오는 안도감을 찾는다. 만약 짜증난 출퇴근이나 친구와의 불화 후에 불행한 감정을 떨쳐내지 못한다면, 우리는 일을 잘 해낼 수 없을 것이다. 결국 우리가 일과 관련된 어려움을 제쳐둘 수 있을 때 비로소 우리는 가족과 친구와 함께 있을 수 있다. 우리가 회피와 같은 심리적 방어기제를 사용하는 능력이 없다면 교통을 통제하거나 식료품 가게에 가서 사야 하는 것들을 완료하거나, 친구와 대화하거나 예술을 창작하는 데 완전히 준비되지 못한 상태가 될 것이다.

Sigmund Freud(Corey, 2017)는 우리가 모두 방어기제를 필요로 하며 이를 사용한다는 사실을 강조한다. 우리의 정상적인 신경증적 자아는 심리적 방어 기제를 사용함으로써 자아의 손상으로부터 보호될 필요가 있다. 내적 불편함을 해소하기 위해 우리는 투사와 같은 원시적인 전략을 사용하는데. 이는 우리 자신의 원하지 않는 부분을 다른 사람이나 집단, 심지어는 전체 국가의 탓으로 돌리는 것이다. 거의 모든 대학생이 알고 있는 대로, 자아를 위한 방어적 퇴행이라는 것은 춤을 추러 나가거나 술을 마시고 친구와 놀면서 행하는 것과 같은 것들이 재미뿐만 아니라 공부로 인한 스트레스로부터 매우 필요한 안도감을 제공한다. 예술가로서, 우리는 우리가 받아들일 수 없는 충동을 창조적이고 사회적으로 받아들일 수 있는 표현으로 승화시킨다. 자신의 예술작품을 만들기 위해 범죄를 저지르는 그라피티(낙서, graffiti) 예술가조차도, 사회적으로 받아들일 수 있는 방식으로 승화를 활용한다; 반면, 그라피티는 항상 합법적이지는 않지만, 미술작업은 무의식적인 소망을 표현하는 사회적으로 허용되는 방식이다. 각각의 고전적인 방어기제는 우리 자신을 보호하고 불편한 내면 경험과 충동을 다루는 방법을 제공한다.

우리 모두 방어기제를 사용하며, 우리가 우리의 경험을 다루기 위해 방어기제를 전적으로 사용하지 않는다면 이러한 방어기제는 병적으로 되지 않을 수 있다. 사람들이 상당히 괴로운 경험과 트라우마 사건을 경험할 때 방어기제는 그 고통을 다루는 데 도움이 되며 이것은 정상적인 과정이다. 슬프거나 고통스러운 것에 대해 누군가가 건강 진단, 이혼, 또는 어떤 충격적인 변화에 대해 알게 될 때 첫 번째 반응은 부정이다. 그러나 트라우마가 PTSD로 이어진다면, 방어기제는 진단의 일부가 된다.

우리는 아마도 극단적인 방식으로 회피를 사용하는 사람들을 불행하게도 목격한 적이 있을 것이다; 대학이 끝나고 동기들이 직장과 가정으로 나아가는 동안 파티를 멈출 수 없는 사람이나, 상황이나 의견상황에서의 불일치에서 개인적인 책임을 지지 않으려는 사람, 또는 자기 탐색과 자기실현을 희생하여 가족의 정체성을 내면화하는 사람. 이러한 예들은 그 사람 주변 사람들에게 좌절적인 상황이 될지 모르나, 위의 대처 기술은 대개 무의식적이다; 방어기제는 개인의 책임, 통찰, 또는 행동상 두려운 상황으로부터 자아를 보호한다. 비록 적응에 어려움을 줄 수는 있지만, 이러한 회피 방어기제나 전략은 대부분의 경우 DSM－5(미국 정신의학 협회, 2013) 진단이나 약물 치료, 입원 치료가 필요하지 않을 수 있다.

## 회피의 사회문화적 사용

PTSD를 가지고 있는 사람들만이 회피를 사용하는 것은 아니다. 우리 모두는 일상적인 경험을 관리하고 자아의 통합성을 유지하기 위해 다양한 회피 방법을 사용한다. 억압, 투사, 부정 및 실행 취소라는 심리 방어기제는 심리적인 고통을 피하고 자아의 정체성을 보호하기 위한 도구로 작용함으로써 우리가 계속해서 기능을 유지할 수 있다. 또한 이러한 방어기제는 사회에까지 확장될 수 있다. 같은 방식으로, 국가가 두려움과 분노를 "다른" 인종, 종교 및 국가 전체에 투사할 수 있는 것처럼 문화도 부정, 억압 및 해리를 포함한 트라우마적인 자료들을 피하는데 관여한다(Herman, 1997).

역사 속 개인과 사회는 인간이 서로에게 가한 끔찍한 행위에 대해 안일함과 회피에 빠져 있었다. "가해자가 요구하는 것은 방관자가 아무것도 하지 않는 것이며 Herman(1997, p.7), 반면 피해자는 우리에게 인간의 고통을 보고 받아들이며 함께 나누라고 요구한다. 인간은 고통보다는 회피를 선택하는 경향이 있기 때문에, 범죄, 전쟁, 자연재해, 차별, 증오, 그리고 미묘한 차별의 피해자들은 종종 신뢰 받지 못할 뿐만 아니라 비난받고 격리되거나 때로는 죽음을 당하기도 한다. 만약 우리가 사람들이 다른 사람에게 가하는 잔혹 행위에 눈을 뜰 수 있다면, 우리는 인간성과 우리 자신의 개인적인 고통에도 직면해야 한다. 부인, 회피, 그리고 현상 유지는 단기적으로는 훨씬 쉬운 선택일 수 있다. 그러나 개인과 사회를 위한 이러한 전략은 "잔혹 행위는... 묻히질 않으며" 그리고 "부정(denial)은 작동하지 않는다"라는 점에서 장기적으로 실패한다(Herman, 1997, p.1). 트라우마 치료와 연구의 역사는 "삽화기억상실"(Herman, 1997, p.7)로 가득 차 있으며, 정치적이고 사회적인 분위기가 트라우마 피해자를 지원하기 위해 관심을 가졌을 때에만 수십 년간 명확한 연구가 이루어졌다.

하버드의 정신과 의사이자 교수이며 케임브리지 병원의 폭력 피해자 프로그램 훈련 책임자인 Judith Herman이 그녀의 혁신적이고 아주 중요한 책인 「Trauma and Recovery」에서 언급한 대로, 트라우마 반응에 대한 선명한 학습의 시기는 일부 트라우마의 존재와 트라우마 반응의 타당성에 대한 개인과 사회의 부정에 의해 수십 년에 걸쳐 이어졌다. Herman은 트라우마 연구가 풍부하게 이루어졌지만 결국 가려져 숨겨졌던 세 가지 역사적 시기를 확인한다: Freud의 비평주의적 시대, 제1차 세계대전 이후 시기, 그리고 1970년대 여성 해방 운동 시기.

트라우마 반응에 대한 의미 있는 연구의 첫 번째 시기는 Freud가 빅토리아 시기(1890년대)에 여성들 사이에서 히스테리라는 심리적 문제를 탐구했을 때 이루어졌다. Freud는 그들의 증상의 기원이 성적 학대 경험에 있다는 것을 발견했다. Freud(1896)는 「Aetiology of Hysteria」를 출판하였는데, 그는 히스테리가 초기 성적 경험으로 인해 유발된다고 주장하였고 이에 대해 그의 환자들도 동의하였다. 그러나 트라우마에 대한 초기 노출 후에 내담자가 트라우마를 해체하거나 부정하는 것과 유사한 깊은 마음의 변화를 보면서, Freud는 어린 시절의 성적 학대의 트라우마적인 영향에 대한 주장을 해체하고 철회하기 시작했다. 그는 1년도 채 되지 않아 선언을 철회하고 환자들이 보고한 트라우마적인 자료에 대한 설명을 변경했다. 그는 증상들이 단지 환자들의 무의식적인 환상과 아버지와의 결합을 바라는 소망의 반영에 불과하다고 주장했다(Herman, 1997; Kahn, 2002). 이러한 결론은 빅토리아 시대 사회의 상태 유지뿐만 아니라 여성의 성적 학대에 대한 문화적인 부정을 지속하게 만들었다. 아마도 Freud는 많은 여성들이 성적 학대를 경험했다는 사실을 발견한 후, 자신의 연구결과들이 1890년대의 문화적 신념과 여성에 대한 대우에 대한 것이었다는 판단과 함축에 대해 인식했을 것이다. 또한, 트라우마 생존자들과 함께 일하는 임상가들은 마치 고통과 괴로움이 전염성이 있어서 그 영향이 임상가에게 옮겨질 수 있는 것처럼 다른 사람들 사이에서 의심과 경계를 촉발시키는 것과 같이 아마도 이러한 걱정은 Freud의 명성까지 확장되었을 것이다(Herman, 1997). 그의 결론은 자신이 일했던 부유한 가정을 포함한 유럽 전역에서 아동 성적 학대가 만연했다는 것을 단순하게 받아들여지지 않았다는 것을 의미했다.

Freud는 이러한 자신의 철회 의견에 대해서 혼자가 아니었으며, 트라우마 반응에 대한 이론을 만들기 위해 여성 환자들과 협력했던 저명한 정신과 의사 중 많은 사람들 또한 철회에 동참했다. Joseph Breuer는 성적 학대를 당한 환자인 Anna O를 성급하게 거절하고 치료를 중단했다. Anna O는 그와 여러 해 동안 함께 일한 훌륭한 여성이었으며, 정신분석 작업을 위해 "대화치료"라는 용어를 만들어낸 사람이었다(Herman, 1997).

Jean-Martin Charcot는 현장에서 매춘, 거지, 정신적으로 병든 여성을 치료하는 병원에서의 과학적 관찰과 증상 분류를 통해 히스테리 주제에 대한 존엄성을 부여했다. 그의 관찰은 여성들이 꾀병을 부리거나 자신들의 경험에 대해 거짓말을 한다는 가정에 반박하는 증거를 제공했다. Pierre Janet는 철회와 성적 학대에 대한 문화적 부인 이후에도 해리를 인식하였고 트라우마와 히스테리에 대한 연구를 지속했지만, 그의 연구는 그의 생애 동안에는 제대로 평가받지 못했다. 이러한 내용이 학대를 부인했던 남성들에 의해서만 언급되지 않도록 Bertha Papenheim(Anna O)이라는 한 여성은 여성 해방 운동에 참여하고 여성주의 운동에서 유명한 사회복지사이자 조직가가 되었다(Herman, 1997).

Freud가 자신의 내담자들의 성학대를 밝혀내고 나서 그것을 부정하는 것을 맥락과 관련지으면, 우리는 트라우마의 발견 후에 트라우마를 부정하는 더 큰 패턴이 사회에서 드러나는 것을 감지할 수 있다. 트라우마에 대한 관심의 두 번째 물결에는 병사들과 퇴역군인들의 "셸 쇼크(shell shock)"에 대한 전쟁 트라우마 연구가 포함되었다. 셸 쇼크는 제1차 세계대전 이후 영국과 미국에서 확인되었으며, 이에 대한 연구와 관심은 베트남 전쟁(1960년대 후반에서 1970년대 초까지)을 통해 지속되었다. 미국 군인들이 베트남 전쟁에서 돌아왔을 때, 그들은 미국 대중으로부터 적대감을 느꼈다. 대중은 미국 정부의 베트남 개입에 대해 분노를 품고 있었고, 이 분노는 그 후 자신이 선택하지 않은 전쟁으로 징집된 군인들로 향했다. 제2차 세계대전에서는 병사들이 영웅으로 여겨지는 로맨틱한 개념이 있었으나. 베트남 전쟁에 참전한 병사들에 대해서는 혐오와 역겨움으로 바뀌었다; 그들은 "아기 살인자들"이나 더 나쁘게 불리기도 했다. 한 참전용사는 미국의 베트남 개입이 끝난 후에 자신과 동료 병사들이 버스로 고향에 도착했을 때의 충격을 설명했다. 그들은 집으로 돌아와서 기뻤지만, 그들을 환영하기보다는 시위자들이나 버스에 계란을 던지는 사람들과 마주했다.

그 전쟁의 공포는 미국 대중이 견딜 수 없을 정도로 심했으며, 그들은 전쟁 트라우마에 지속적으로 노출된 병사 중 많은 사람들을 공격했거나 부정하였으며 피하였다.

Anna O의 이야기와 같이, 이 이야기도 성장으로 끝난다. 이는 의회로 로비활동을 하며 대중을 교육한 참전용사들뿐만 아니라 베트남 참전용사들을 위한 랩 그룹을 만들고자 일했던 많은 개인 참전 용사들에게까지 확장된다. 베트남 전쟁 참전용사들의 공공 및 입법적인 노력 덕분에 최근 미국 전쟁에 대한 시위자들도 이제 전쟁에 대한 비승인과 병사들에 대한 지지를 구분하는 데 주의를 기울이고 있다. 베트남 전쟁 참전용사들의 노력으로 PTSD가 DSM에 추가되었다. 베트남 전쟁 기념비와 롤링선더 오토바이족 행사와 같은 깊은 의미를 지닌 헌정 행사들이 등장했다. 롤링 선더는 세계에서 가장 큰 매번 이루어지는 오토바이 행사이며, 실종된 군인(MIA)이나 전쟁 포로(POW, Foss, n.d.)로 간주되는 많은 군인에 대한 인식을 높이기 위해 워싱턴 DC에서 매년 열리는 시위 행사이다. 1988년에 2,500명의 라이더로 시작한 이 행사는 지금은 백만 명 이상의 라이더와 관객들이 모이게 되었다.

트라우마에 대한 인식과 회피의 세 번째 물결에는 여성들의 가정폭력과 성적 학대에 대한 의식을 높이는 노력이 포함되었다(Herman, 1997). 이것은 1970년대 서유럽과 미국의 여성주의 운동에서 일어났다. 트라우마에 대한 주제는 논란과 충격을 일으키며, 트라우마의 정도를 인식하는 과정에서 피해자를 믿지 않거나 비난하는 것이 압도적인 불안을 관리하는 한 방법이 된다. 여성주의 운동의 의식 확산 노력의 무산은 지금까지 이어지는 반발의 형태로 나타났다.

## PTSD에서의 회피

DSM-5(American Psychiatric Association, 2013)에서, 회피는 여덟 가지 증상군(또는 PTSD 진단기준) 중 하나이다. 특히 회피는 개인이 트라우마와 관련된 생각, 감정 또는 트라우마를 생각나게 만드는 것을 포함한 트라우마 자극을 피하는 것을 말한다. PTSD의 맥락에서, 회피 증상은 개인의 심리 체계가 트라우마 경험을 상기시키는 사고, 기억 및 육체적/신체적인 상황을 피하기 위해 매우 노력하는 것을 의미한다. 회피 행동으로 인해 개인의 삶 전반이 트라우마를 중심으로 돌아가며, 감정, 사고, 트라우마를 생각나게 하는 것, 사람들 및 장소를 피하는 데 점점 더 많은 시간을 소요한다. 의식적이거나 무의식적으로 트라우마를 유발하는 자극을 피하기 위해 결정을 내리며, 결국 트라우마 기억에 대한 두려움은 개인이 할 수 있는 일, 갈 수 있는 곳 및 볼 수 있는 사람을 정하게 만든다. PTSD에서의 회피는 개인의 인간관계, 가족관계, 생물학적, 심리적 및 사회적 발달, 학교/직장, 사회적 참여, 취미, 신체적 경험들과 친밀감을 포함한 개인의 삶의 중요한 부분을 방해한다. PTSD를 가지고 있는 사람의 회피는 PTSD를 오랫동안 더 강하게 유지시키는 역할을 한다.

그렇다면 회피는 어떻게 PTSD를 유지하는 기제가 되는가? 명확한 설명은 행동주의를 통해 이해된다. 예를 들어, 생각나게 하는 것이나 침습적인 사고는 PTSD를 가지고 있는 사람이 그들이 경험했던 트라우마를 생각나게 할 수도 있다. 생각나게 하는 것은 트라우마에 대한 원치 않는 사고를 자발적으로 떠오르게 한다. 사람들은 주유소, 텅 빈 고속도로, 붐비는 상점과 같은 트라우마를 상기시키는 장소에 가까이 가는 것을 피할 수 있다. PTSD를 가진 사람이 트라우마에 대한 생각과 연결된 기억에 직면하게 될 때, 그 사람은 몸의 긴장, 오한, 불길한 예감과 같은 생리적 반응과 더불어 불안과 두려움과 같은 원치않은 감정들을 경험할 수 있다. 개인은 상황을 벗어나거나 분노, 주의분산 또는 약물 등을 통해 생각을 멈추려고 노력한다. 회피 전략은 작동하고, 개인은 생각을 멈춘 것에 대한 안도감을 느끼게 된다. 불안이 감소하거나 고통이 무감각해지게 된다. 회피 증상은 해당 개인이 기억을 "다룰 수 없다"라는 생각과 사고나 행동을 멈추면 불안이 감소할 것이라는 생각을 강화한다. 회피는 트라우마나 더 나쁜 일이 다시 일어날 것이라는 불안, 두려움 및 걱정을 줄이기 위한 일관된 전략이다. 그것은 난순히 전략이 아니다; 그것은 장애의 증상이다.

K는 내가 함께 일한 재향군인이었는데, 그녀는 자주 상담에 늦게 왔다. 그녀는 약속을 위해 기차를 타고 오곤 했는데, 사람들이 자리에 앉거나 그녀 뒤에 서 있는 것에 대한 두려움을 완전히 느끼게 되면 기차에서 내려서 다음 기차를 기다리곤 했다. K는 20대에 군대에서 경험한 성폭력으로 인해 인파 속에서 긴장감을 느끼게 되었고, 그녀는 기차 안에서 주변 사람들을 볼 수 있는 것과 같이 자신이 통제할 수 있는 상황을 찾으려고 했다. 그 결과, 기차가 혼잡하거나 좌석이 다 차서 서서 와야 할

때마다 그녀는 기차에서 내리곤 했다. 이로 인해 그녀는 출근하거나 약속 시간을 맞추는 것이 상당히 어려워졌다. K가 두려움을 느끼고 기차에서 내리면, 그녀의 불안은 줄어들었고 그 불안 문제는 일시적으로 "해결"되었다. 기차에서 내림으로써 그녀가 두려움을 피하는 모든 순간마다, 그녀는 자신이 감정을 다룰 수 없고 그녀가 피했던 사고와 감정이 위험했으며 그것들을 피해야 한다는 생각을 더욱 하게 만들었다. K는 자신의 과거 성폭력 경험에 대한 사고와 감정을 현재의 기차에서의 순간과 구분할 수 없었다. 그러한 사고와 감정들은 K로 하여금 트라우마가 다시 일어나는 것처럼 느끼게 만들었다. K의 치료에는 미술작품을 만들거나 그녀가 겪은 성폭력에 대한 이야기를 함으로써 회기 중 충격적인 기억에 장기간 노출되는 것이 포함되었다. 또한, 치료실 밖에서 그녀의 두려움에 대한 실제 노출이 포함되었다. K는 트라우마의 기억과 기차에서의 현재 경험을 구별하기 위해 새로운 대처 전략을 사용함으로써, 두려움과 안전하지 못하다고 느낄 때 기차에 머무는 시간을 늘리기 시작했다. 우리는 기차에 남고자 하는 그녀의 소망을 직장에서 신뢰할 수 있는 직원이 되는 가치와 그녀의 정신건강을 연결시켰으며, 이것은 그녀가 정해진 시간에 치료실에 도착함으로써 이를 증명하려고 했다. 처음에 그녀는 기차 벽에 등을 대고 서 있는 곳을 찾음으로써 기차에서 한 정거장 더 머물기를 시도했다. 시간이 지남에 따라, 그녀는 두려움에도 불구하고 최종 목적지까지 기차를 탈 수 있도록 기차에서의 시간을 늘렸다. ACT를 사용하여, 우리는 그녀가 일과 정신건강 영역에서 그녀의 가치를 실현하기 위해 기차에 머무는 목표로 향하는 연속적인 단계를 축하해 주었다. 마침내, 그녀는 그녀를 엄습하는 두려움 없이 기차에서 내리지 않고 최종 목적지까지 기차를 탈 수 있게 되었다.

## 회피행동

미술작품을 만드는 것이 회피 영역을 밝히는 데 도움이 될 수 있지만, 트라우마를 겪은 뇌는 트라우마 경험에 대해 쉽게 언어화하기가 어렵다. 트라우마의 전체 이야기를 이해하는 데는 수개월의 치료가 필요하며, 때때로 트라우마를 설명하기 위해 미술과 언어가 모두 필요하다. 내담자는 트라우마의 세부 사항을 공유하고자 하지만, 아직 그들에게 무슨 일이 일어났는지 설명할 단어가 없어서 일부 이야기를 하는데 어려움을 겪을 수 있다. 이는 회피 때문이 아니지만, 외상 후 스트레스장애(PTSD) 증상은 트라우마 내용에 접근하는 것을 어렵게 만든다. 과민 반응과 회피 증상은 내담자가 의지와 동기부여를 갖고 있다 하더라도 트라우마 처리를 어렵게 만든다.

회피행동은 내담자가 새로운 심리적인 문제를 인식하거나, 관계에서 혼돈의 경험이 증가하거나, 상담 회기에서 즉시 대처하길 원하는 현재의 삶의 상황에 과도한 반응을 보이게 될 때 나타날 수 있다. 이러한 문제가 실제로 존재할 수 있지만, 치료 중에 이러한 문제에 대해 주의를 기울이거나 트라우마 이야기 작업을 소홀히 하는 것은 실제로 치료사와 내담자 모두의 회피 증상을 보여주는 행동일 것이다. 예를 들어, 회피는 신체적인 방식으로 나타날 수도 있다. 나는 40대 초반의 남성과 함께 일한 적이 있는데, 그는 트라우마 경험에 대해 이야기하기 시작할 때마다 반드시 화장실에 가야만 했다.

또한, 회피는 트라우마 이야기를 만드는 작업보다는 감정적이거나 행동적인 문제의 증가나 다른 문제를 해결하려는 새로운 관심의 형태로 나타날 수 있다. 나는 한 10대 청소년과 일을 한 적이 있었는데, 그 소녀는 우리가 그녀의 성폭력에 대해 이야기하기 시작했을 때 그녀의 가정 및 학교 관계에서 문제가 증가했었다.

이러한 회피를 다루는 것은 내담자가 성폭력 경험을 가졌기 때문에 비난받는 것으로 느끼지 않도록 조심스럽게 이루어져야 한다. 오히려, 내담자의 행동과 내담자들이 어떻게 치료를 받을 것인지를 알고 궁금해 하는 것이 이 주제를 소개하는 부드러운 방법이다. 회피가 어떻게 치료과정에서 나타날 수 있는지에 대한 교육을 제공하고 치료 회기에서 이것을 함께 탐구함으로써 트라우마 중심의 작업을 우선시하는 것이 가능할 수 있다.

## 회피 극복

국립PTSD센터(2018)는 미국 내 PTSD와 그 치료에 관한 정보를 수집하는 정보센터로서 재향군인들을 위한 복지청 부서이다. 국립 PTSD 센터에 따르면, 미국 내에서 100명 중 8명은 평생에 한 번 이상 PTSD를 경험하며(National Center on PTSD, 2018) 그 비율은 재향 군인의 경우 더 높다고 추정하고 있다. 또한, 베트남 전쟁 참전 용사들을 대상으로 한 국가 조사에서는, 100명 중 약 30명이 평생에 한 번 이상 PTSD를 경험했다고 하였다(National Center on PTSD, 2018). 이는 전쟁 시기, 특히 전투 상황에서 군 복무가 PTSD 수준을 높인다는 것을 나타낸다. 베트남 전쟁 참전 병사 중 20%가 전쟁에서의 공포를 목격했다고 보고했으며, 9%가 전쟁 범죄를 저질렀다고 인정했다(Herman, 1997; Laufer, Brett & Gallops, 1985). 이러한 폭력적인 살인, 잔혹행위, 혼돈, 학살과 같은 전쟁 범죄를 목격하거나 참여했던 사람들의 경우 PTSD 비율이 가장 높았다. 트라우마를 목격하거나 참여하는 것은 개인적인 의미의 상실, 신뢰할 수 있는 대상에 대한 깊은 혼란, 더 높은 힘을 믿지 않는 상태를 만들어 낸다.

군사 훈련에서는 스트레스 상황과 전투 중에 차분하게 행동하는 법을 배우게 된다. 자신의 감정을 통제하고 비극 이후에 빠르게 진전할 수 있는 능력은 전투에서 강함의 표시이다. 이러한 훈련은 생존을 위해 완전히 필요하지만, PTSD의 회피 증상을 강화시킬 수 있다. 트라우마 경험에서 두려움을 억누르는 것은 군인들이 주어진 임무를 수행할 수 있도록 해주기 때문에 매우 필요할 수도 있다. 그러나 경험에 대해 다른 사람들과 이야기할 기회가 제공되지 않으면 급성 스트레스는 PTSD로 이어질 수 있다. 부상으로 인해 부대에서 군인들이 분리될 경우, 그들은 더이상 믿을 수 있는 동료들과 공포나 이야기를 공유할 수 있는 집단을 가지지 못하게 된다.

군대에서 감정을 통제하는 것을 훈련받은 것과 PTSD의 회피 증상의 조합은 재향군인들에게 상당한 어려움을 일으킨다. 나는 1990년대 초 이라크 전쟁에 참전한 미국인 재향군인 LJ와 함께 일했다. LJ는 30대 초반의 아프리카계 미국인 남성이었는데, 그는 신체적으로나 정서적으로 폭력적인 가정에서 자랐으며, 폭력이 흔한 도시 환경에서 살았다. 청소년 시기에 범죄조직과 지역 갱단 활동에 관여하게 되었다. 거기서 그는 동료들에 의한 폭력을 목격했고, 폭력에 가담했으며, 여러 명의 살인을 목격했고 대인폭력과 갱 폭력으로 사랑하는 사람들을 잃었다.

LJ는 많은 강점을 가지고 있었으며, 그의 사교적인 성격과 친절함으로 인해 학교와 지역사회에서 그를 많이 좋아했다. 그는 좋은 성적으로 고등학교를 졸업하였으며, 특히 미술 수업과 그림에 관심을 가지고 있었다. 그는 어머니, 여자 형제들, 아내와 가까운 관계였으며, 이러한 관계들을 소중히 여겼고 여성들을 존중하고 학대를 저지르는 자신의 아버지와는 "다른 종류의 사람"이 되고자 했다.

LJ가 20대 초반에 해병대에 입대한 시점에는 이미 PTSD, 극심한 불안, 때때로 자살적 사고를 가지고 있었다. 그는 불안과 과민반응을 관리하기 위해 술을 마셨으며, 매일 심한 스트레스를 겪었다. 그는 전투 상황에서 자주 극도로 두려움을 느꼈지만, 동시에 그것은 매력적이고 흥미로운 경험이었다는 것을 알게 되었다. LJ는 혼돈스러운 환경에서 자신에게 "익숙하고 어떤 면에서는 편안한" 느낌이 들었다고 하였다. 그는 "나는 죽이는 것에 신경 쓰지 않았다-이전에 그렇게 했었고, 그것은 그저 내 일의 일부인 것 같다고 느꼈다"고 말했다. 그는 군대에서 "적"을 죽이는 것에 대한 목적과 의도가 분명했다. 그러나 이라크군과의 혼돈과 생명을 위협하는 상황에서, 자신을 보호하기 위한 결정을 내렸는데 이는 그의 개인적인 도덕적 기준을 위반했다. 그는 혼자서 자기방어를 위해 행동했지만, 그가 한 행동이 개인적인 도덕적 기준에 어긋난 것으로 여겨져 심한 수치심과 내적 혼돈을 초래했다.

LJ는 매복했다가 한 군인들 집단에게 습격을 당했고 총에 맞았다. 그는 좀 더 자세히 살펴보니 그들과 함께 아동들이 있었다는 것을 깨달았다. 처음에는 혼란스러웠지만, 미국 군인들이 전투 상황에서 민간인을 보면 반격하지 않을 것으로 기대하여 민간인과 아동들을 인질로 두었다는 사실을 깨달았다. LJ는 가능한 한 오래 기다렸지만, 이제 자신이 부대에서 마지막 사람이었고 곧 죽을 것 같아서 거의 불가능한 상황에 처해 있다는 것을 깨달았기 때문에 반격하기로 결정했다. 즉시 그는 자신의 결정을 후회했으며, 전쟁에 참여하지 않은 사람들을 상처 입힘으로써 생존하는 대신 거기서 죽었으면 좋겠다고 생각했다. 그는 해병대에서 많은 트라우마 사례를 목격했지만, 그의 군대에서의 PTSD는 그의 도덕적 가치를 어긴 것에 대한 고통에 중점을 두고 다루었다. 지적으로는 그가 반격하지 않았다면 죽었을 것이라는 것을 이해했지만, 감정적으로는 다른 사람들을 어떻게 대해야 하는지에 대한 자신의 원칙과 신념에 어긋났다고 느꼈다.

LJ가 군대에 들어가기 전에 이미 겪은 트라우마는 기존의 PTSD, 불안, 부적절감 상태로 이어졌다. LJ는 어린 시절에 많은 어려움을 경험했고, 살인을 목격했으며 청소년 시기에 폭력적인 범죄를 저질렀다. 이러한 트라우마들은 해결된 적이 없었으며, 이러한 요인들의 무의식적인 영향은 그의 수치심과 내적 혼돈에 기여했을 가능성이 높다. 그의 회복을 지원하는 강점으로는 외향성과 사교성, 호기심, 그리고 그림과 회화를 통한 창의적 표현에 대한 성향, 몇몇 우정과 다른 사람들과의 의미 있는 관계들이 포함되었다. 그는 일을 했고, 대학에 입학했으며, 가족을 지원할 수 있었다. 그는 아내가 첫아이를 낳은 후에 심리치료에 관심을 가지게 되었다. 그는 이전의 치료에서 호전된 적이 있었지만, 미술치료는 처음이었다.

치료 초기 단계에서 우리는 관계를 형성하고 감정 조절을 위한 도구들을 탐구하는 데 시간을 보냈다. 이전 치료사와 이미 이 작업의 많은 부분을 진행했지만, LJ가 나로부터 일관된 메시지를 받는 것은 여전히 매우 중요했다. 이를 통해 그는 불안이나 군대 경험으로 인한 플래시백을 경험할 때 자기를 안정시키기 위한 도구들을 새롭게 활용할 수 있었다. 그의 가장 두드러진 증상은 자신과 타인에 대한 감정의 무감각인 회피였다. 우리는 만다라를 회기 중의 "체크인"시간이나 그의 사고와 감정에 대한 마음 자각을 높이기 위한 과제로도 활용하였다. 나는 그에게 현재 순간에서 자신이 인식한 것을 선, 도형, 색상을 사용하여 묘사하도록 요청했다. 그의 미술작업은 그의 기분에 집중할 때 활기차고 숙련되었다. 그러나 그가 가장 괴로웠던 기억들을 다루는데 준비가 되어있었을 때, 그는 질적으로 떨어진 간단한 선 그림을 사용하여 일어난 일을 묘사했다.

치료 과정에서 회피는 트라우마 작업을 대신해서 그의 아내와의 관계 어려움의 증가에 대해 이야기하는 것으로 나타났다. 또한 그는 나이가 들어서 대학에 복귀했을 때와 학교에서의 과민반응을 관리해야 하는 어려움에 대한 지원을 필요로 했기 때문에 트라우마에 대해 이야기하는 것을 중단하였다. 트라우마 중심의 작업이 몇 주 동안 중단된 후, 나는 우리 모두가 그가 일어난 일에 대한 이야기를 만드는 것이 어려워서 진전을 회피하고 있었다는 것을 깨달았다. 나는 치료 중에 그가 트라우마를 처리하는 것과 직접적으로 관련되지 않은 주제에 관여할 때, 어떤 일이 치료에서 일어나고 있는지에 대해 호기심을 표현했다. 우리는 함께 회피에 있어서 우리 각자의 역할을 인정했고, 그는 그의 트라우마 기억이 아닌 회피가 치료의 진전의 "적"이라는 결론에 도달했다. 우리는 그를 그의 최악의 기억에 익숙하게 하기 위해 지속적인 노출을 사용함으로써 함께 작업했다. 그의 회피행동을 다루는 데 있어서 그는 회피로 여겨지는 것과 다른 행동들을 구분했다. 그는 불법적으로 돈을 버는 아드레날린 활동과 전형적으로 논쟁을 수반하는 가족과의 관계를 포함한 회피를 지원하는 것으로 확인된 일부 상황에서 자신을 멀리 하기로 결정했다.

LJ의 미술작업은 그의 트라우마와 관련된 작품을 만들 때 더욱 생동감이 있었고, 그의 예술적 기술도 유지되었다. 또한 그는 친한 친구의 사망으로 인한 슬픔을 다루기 시작하였으며, 친구를 기리기 위해 미술작품을 만들었고 이로 인해 안도감을 느꼈다고 하였다. 그의 PTSD 증상과 체험적 회피는 계속되었지만, 이전보다 훨씬 적은 빈도로 나타났으며, 그의 우울증도 개선되었다. 우리는 그가 침습적인 사고에 직면했을 때 이전에 비해 조기에 대처 기술을 사용할 수 있었고, 증상으로부터 회복하는 데 소요되는 시간이 짧아지면서 진전을 인정했다.

## 트라우마는 개인적인 경험이 아니다

"귀신이 머물기 위해서는 방이어야 할 필요도 없으며, 집이어야 할 필요도 없다; 뇌는 물질적인 장소를 초월하는 통로를 갖고 있다"(Dickinson, 1892, 첫 번째 단락). 우리의 내담자들만이 어려움에 처하는 것이 아니다; 치료사로서, 우리 역시 내담자에게 가해진 고통뿐만 아니라, 아마도 우리에게 가해진 고통에도 괴로움을 느낀다. 강간학대근친상간 전국네트워크(Rape, Abuse & Incest National Network)는 통계를 수집하고 24시간 상담 및 채팅 서비스를 제공한다(RAINN, 2020). 그들은 미국에서 여성 6명 중 1명과 남성 33명 중 1명이 강간 또는 강간 미수의 피해자가 되었다고 보고하였다. 아메리카 원주민은 다른 인종과 비교했을 때 성폭력을 경험할 확률이 두 배로 높다. 게다가 트랜스젠더, 젠더퀴어 및 젠더 비순응 대학생들의 21%가 성폭력을 경험했다. 감옥에서는 약 80,600명의 수감자가 성폭력을 경험하며, 이 중 60%는 교도관 등 직원들에 의한 것으로 추정된다. 성폭력은 정신건강에 어려움을 발생시킨다: 성폭력을 당한 지 9개월 후 여성의 30%가 PTSD를 경험하며, 성폭력을 당한 여성 중 33%가 자살을 생각하고, 약물 사용, 직장 및 대인관계 문제, 극심한 고통을 경험하는 위험이 더 크다.

이러한 통계는 우리나 우리가 사랑하는 사람 중 많은 사람들이 트라우마를 경험할 것임을 의미한다. 트라우마를 더 포괄적으로 정의한 경우, 미묘한 차별을 포함하며 그 숫자는 더욱 높아진다. 트라우마는 개인적인 경험이 아니라 트라우마를 겪은 사람이나 트라우마를 겪은 사람을 알고 있는 사람들에게는 보편적인 경험이다. 내담자에게 그들에게 일어난 일이 보다 큰 체계적인 문제의 일부임을 알게 해주는 것은 안도감을 제공하고 경험을 맥락화하는 데 도움을 준다. 여성주의 심리학이 우리에게 가르쳐 준 것처럼, 개인적인 것은 정치적인 것이며, 성적 학대와 성폭력은 대인 관계에서의 범죄이며 사회적인 범죄이다. 전쟁 트라우마에 관해서도, 국가는 우리의 젊은 남성과 여성들을 의도적으로 충돌지역으로 파견하여 많은 사람들이 잔혹 행위를 목격하고, 직접 경험하게 하며, 어떤 사람들은 그러한 행위를 저지를 것이다. 뉴스피드(newsfeed)만 보아도, 우리는 여성, 트랜스 여성, LGBTQ+ 및 유색인종 커뮤니티에 대한 폭력의 방관자이다. 내담자가 이러한 범죄를 사회적이고 정치적인 문제로 인식하도록 도와주면, 그들이 트라우마에 대해 자신을 탓하는 생각을 도전하는 데 도움이 될 수 있다.

## 치료사의 회피

회피는 PTSD의 증상일 수도 있으며, 치료 회기에서 내담자와 치료사 모두에게 나타날 수 있는 행동으로 이해할 수 있다. 치료의 어떤 시점에서는 치료실에서 내담자의 안전이 보장된 후에 내담자가 트라우마 경험을 상세히 공유해야 할 때가 있다. 이 이야기에는 트라우마의 사실들, 어떻게 그들과 다른 사람들이 반응했는지와, 그들의 감정, 그리고 냄새, 접촉, 맛, 소리 및 시각과 같은 신체적 기억들이 포함된다

(Herman, 1997). 마지막으로, 트라우마의 의미를 다루고 현재까지 이어지는 일관성 있는 트라우마 이야기를 구성해야 한다. 이 단계에서 내담자와 치료사 모두 어려움을 겪을 수 있다. 내담자는 이 자료를 피하고 싶어 하며, PTSD의 회피 증상은 여기에서 증가할 수 있는데, 그 예로 내담자가 치료 회기에 나타나지 않거나 늦거나, 약물 사용을 늘리거나, 치료에서 다루어질 필요가 있는 외부 문제/위기들의 증가가 나타나는 것을 볼 수 있다.

치료사는 여러 이유로 인해 트라우마에 대한 세부사항을 듣는 것을 피하고자 할 수 있다. 치료사들은 내담자의 트라우마에 대해 들을 때 유발되는 심리적 어려움이나 강한 역전이를 탐색하지 않았거나 해결하지 않았을 수도 있다. Herman(1997)은 내담자가 자신의 트라우마 기억을 되새길 때 수반되는 뚜렷하거나 또는 말로 표현하기 어려운 고통을 공유해야 한다고 치료사가 요구할 때 치료사도 경험할 수 있는 고통에 대해 논의한다. 치료사는 내담자에게 지지를 제공하는 데 가장 편안함을 느낄 수 있지만, 치료를 추진하고 내담자가 이 중요한 치료 단계로 이동하도록 압박하는 데는 매우 불편함을 느낄 수 있다. 우리 중 일부는 내담자가 트라우마의 고통을 탐색하도록 압박해야 하는 시점에서 내담자로부터 호감을 받고자 하는 강한 소망을 경험할 수 있다.

치료사로서, 우리는 내담자의 끔찍하거나 또는 슬픈 트라우마의 세부사항을 듣는데 집중하기 어려울 수도 있다. 트라우마 생존자와 함께 일하는 치료사들은 역전이가 환자에게만 국한되지 않고 가해자와 범죄 자체에까지 확대될 수 있다는 것을 알게 될 수 있다(Herman, 1997). 치료사가 내담자에게 트라우마에 대한 세부사항을 요구함으로써 내담자를 상처 입히는 것 같은 느낌을 받을 수 있으며, 이 과정에서 가해자와 같은 역할을 하는 것 같은 느낌을 가지게 될 수도 있다. 내담자에게 다음 단계로 이동하도록 압박하는 느낌은 불쾌할 수 있다; 내담자에게 의지에 반하여 무언가를 강요하는 것처럼 느껴져, 가해자의 행동을 재현하게 된다는 느낌을 줄 수도 있다. 트라우마와 함께 작업하는 것은 치료사 자신의 구원 판타지를 유발할 수 있는데, 이는 치료사가 내담자에게 안락감이나 회복을 제공할 수 있다고 상상하는 것이다. 구원자가 되고자 하는 의지에 반응하여, 트라우마 사건이 일어나는 동안 내담자가 경험한 신체적 감각과 같은 트라우마의 구체적인 세부사항을 묻는 것부터 피하고자

할 수 있다. 치료에서 편안함을 느끼도록 돕기 위해, 내담자가 암시적으로만 언급할 수 있는 구체적인 감정과 생각에 대한 깊이를 탐색하는 것을 피할 수도 있다.

만약 당신이 트라우마 관련 자료를 듣는 것을 관리하기 위한 충분한 슈퍼비전과 동료 지원이 부족하다면, 회피행동은 분명히 증가할 것이다. 내담자를 돌보는 과정에서 우리는 명확하고 강화된 경계를 통한 안정적인 자기돌봄과 동료, 슈퍼바이저, 그리고 우리 자신의 치료사로부터의 지원이 필요하다. 이와 더불어 강한 감정에 대한 반응 미술은 우리가 자신의 회피 전략을 인식하는 데 도움을 준다(Sanders, 2018).

## 내담자의 고통을 감당하는 것

치료사로서, 우리에게도 우리 자신의 고통이 있으며, 종종 우리 내담자의 고통을 함께 감당하게 된다. 경우에 따라서는 내담자의 대리적 외상 후 스트레스장애(PTSD) 증상을 가지게 되거나, 그 일로부터 직접적인 트라우마를 경험하기도 한다. 또한, 미술치료사로서 우리는 치료 회기에서 만들어진 이미지나 내담자의 이야기를 들을 때 우리 머릿속에서 만들어지는 이미지도 함께 간직하게 된다. 아래는 내가 내담자의 고통을 어떻게 감당하고 깊은 슬픔, 무력감, 심지어는 그 업무에 대한 두려움과 같은 감정을 어떻게 다루려고 노력했는지에 대한 몇 가지 예시이다. 또한, 다른 치료사들이 내담자의 고통을 어떻게 다루었는지에 대한 몇 가지 예시도 포함되어 있다.

### 대리외상반응

클리블랜드 성폭력위기센터(Cleveland Rape Crisis Center)는 내가 미술치료 석사학위 과정 중인 1996년에 미술치료 인턴십을 한 곳이었다. 이곳이 나의 첫 직장이기도 했고 나중에는 임상 지도자까지 하게 되었다. 나는 우리의 공동의 책임인 사회운동, 반인종주의, 반동성애혐오, 그리고 여성주의 원칙과 윤리를 지향했기 때문에 이곳에서의 일을 선택했다. 나는 지역사회를 지원하고 사회 정의에 참여하며 치료를 제공하는 것에 활력을 느꼈으며, 이 모든 것이 나에게 균형감을 만들어 주었다.

함께 한 교육자, 법률 지원자, 그리고 치료사 팀은 교육과 옹호를 제공하거나 개인적인 것이 정치적인 것이라는 것을 가르침으로써 개인과 넓은 지역사회를 위해 봉사했다. 우리는 백인 우월주의 집단(Ku Klux Klan)이 클리블랜드에 올 때 창문을 시위 표지판으로 채웠다. 우리는 여성 공동체에서 LGBTO+ 행사를 지원했다. 여성주의 윤리의 전통과 내담자를 병적으로 생각하지 않으려는 노력으로, 대부분의 내담자들이 급성 스트레스장애나 외상 후 스트레스장애를 가지고 있었을지라도, 우리는 내담자들에게 정신건강 진단을 형식적으로 내리지 않았다. 우리는 내담자들이 자유롭게 이야기할 수 있도록 허용했으며, 임상 기록을 보관하지 않음으로써 법정 소환을 피했다; 그렇게 함으로써 기록은 내담자들에게 불리하게 사용될 수 없었다. 우리는 경찰관, 형사, 간호사들에게 성폭력 문화와 트라우마 중심 치료에 대해 가르쳤다. 우리는 10대를 위한 무료 자기방어 수업을 제공하고, 24시간 핫라인을 운영하며, 피해자들이 경찰과 대화하고 간호사에 의해 "강간 테스트 키트" 검사를 받기 위해 기다리는 동안 그들을 만났다. 우리 지역사회에서 이러한 문제에 참여하는 것은 우리 모두에게 깊은 의미가 있는 경험이었다. 그리고 극심한 심리적 고통을 겪는 사람들과 그들을 지원하는 것이 잘 이루어져 있지 않은 시스템 및 기관들과 매일매일 일하는 것은 극도로 고통스러웠다.

내담자들의 치료를 완료한 후에도 잔류하는 대리 외상과 스트레스를 상쇄하기 위해 한 달에 한 번 외부의 치료사가 성폭력위기센터 직원들과 함께 작업하러 왔다. 우리는 실제로 우리의 일과 관련된 스트레스를 가지고 있었다. 그 사실은 어느 주말 오후에 샤워하고 있는 도중에 드러나게 되었다; 갑자기 내 집 뒷문을 잠그지 않았을까 하는 생각을 떨쳐 버릴 수 없었다. 방금 샤워를 하러 들어간 직후였는데도 불구하고 나와서 확인해야 했다. 나는 내 내담자들의 과민반응 행동들을 내가 하기 시작한다는 것을 알아차렸다. 또한 내 삶의 다른 영역에서도 이러한 행동들을 알아차렸다. 차에 타기 전에 뒷좌석을 확인하는 것은 좋은 조언이 될 수 있지만, 나의 내담자들의 경험으로 인해 주유 후 차에 타기 전에 다시 뒷좌석을 확인하기 시작했다는 것을 깨달았다. 이는 한 젊은 여성이 주유소에서 자신을 알지 못하는 세 명의 남성들에게 납

치되고 성폭력 당한 경험을 나에게 얘기하고 나서 발생했다. 스트레스를 견디는 사람들과 증상 간의 경계가 흐려지게 되었다.

성폭력위기센터의 핫라인에서 일했던 것은 종종 매우 슬펐던 경험이었고, 나의 취약성을 더욱 느끼게 했다. 휴대전화가 없었던 때에는 교대 근무를 위해 시내 사무실로 이동하기를 원하지 않는 사람들에게는 전화선을 집으로 착신 전환했다. 사무실에서 전화를 받는 것보다 사적인 공간인 집에서 전화를 받는 것이 더 어렵다는 것을 깨달았다. 결국, 근무 시간을 집이 아닌 사무실에서 하도록 일정을 변경했다. 그 작은 외부적인 경계가 실제로 나에게 도움이 되었다. 즉 일을 집에 가져오지 않는 것이었다.

## 반응 미술

한 여성이 우리 익명의 핫라인에 정기적으로 전화를 걸었고, 나는 그녀와 이야기하는 경험을 처리하기 위해 미술을 사용했다. [그림 6.2]는 내가 그녀인 것처럼 그린 자화상이다. 그녀는 한 가족 구성원으로부터 계속되는 성적 학대와 그로 인한 임신으로 힘들게 싸우고 있었을 때 나는 그녀에 대해 깊은 공감을 느끼고 있었다. 그녀와 함께 "희망"이라는 단어를 말하면서 긍정적인 태도를 유지하려고 노력했지만, 사실은 나에게는 매우 헛된 노력이었다. 실제로 나에게는 매우 절망적으로 느껴지는 상황이었지만, 그녀와 함께할 때 긍정적인 태도를 유지하기 위해 "희망"이라는 만트라[5]를 사용했다. 그녀는 자신의 인생에서 어떤 다른 성인에게도 이야기할 수 없다고 느꼈고, 자신의 지원 수단으로 핫라인을 이용했다. 그녀는 반복적으로 상담을 받으러 오라는 제안을 거절했으며, 센터 직원들이 아동보호 서비스에 신고할 수 있는 정보를 공유하는 것도 거절했다.

5) 역자주: 기도, 명상 때 외는 주문.

그림 6.2 희망(성폭력위기센터에서 일하는 동안의 Amy Backos의 반응미술)

## 실존적인 두려움에 대한 내담자의 취약성

자신의 트라우마에 대한 자기 비난은 매우 주의해야 한다. 트라우마 생존자들은 수치심, 자기 비난, 죄의식 등의 형태로 죄책감과 열등감을 경험하며, 이는 거의 보편적인 경험이다. 강간 피해자들은 죄책감을 느낀다고 하며, 자신들이 폭행을 당했을 때 어떻게 다르게 행동했을 수도 있었는지를 끊임없이 생각한다. 전쟁 피해자들은 전투나 죽음의 수용소에서 다른 사람들이 그렇지 못했넌 것과 달리 생존했기에 생존자의 죄책감을 느낀다; 이러한 경험들은 특정한 의식의 부담을 가져올 것으로 보인다. 트라우마의 후유증은 지속적으로 경험되거나, 더 정확히 말하자면, 끊임없이 재경험된다. 마법적 사고 능력과 발달적으로 적절한 자아중심성을 가진 아동들은 안타깝게도 자신들을 비난한다. 그들은 자신들이 학대를 받는 것이 자신을 "품행이 나쁘거나" 또는 "나쁜 아이"이기 때문이라고 생각하며, 그리고 성인들에게 이를 "말해서" 가족에게 고통을 일으켰기에 더욱 죄책감을 느낀다.

나는 자녀가 성적 학대를 받았음을 알게 된 부모들과 일하면서 그들의 대부분은 자녀의 학대 사실에 대해 자신을 비난했다. 그들은 이를 예방할 방법이 있었는지를 찾거나 자신의 양육 방식, 자신의 일에 대해 집중했던 것, 두 개의 일을 하고 집을 비웠던 것, 자신의 성적 트라우마, 더 높은 권력, "위험한" 동네에 사는 것 등 여러 가지에 의문을 가졌다. 그들은 "만약에"라는 수많은 상황의 시작에서 결과를 바꿀 수 있었는지를 계속 생각했으며 다른 나쁜 일이 발생할 때 예방할 수 있을지에 대해 걱정했다. 아동들이 고통을 겪는 것을 보는 압도적인 슬픔 외에도, 이러한 생각들은 우리 모두가 취약하며, 어떻게 우리가 "옳은" 일을 하려고 애쓰더라도 나쁜 일이 우리에게 일어날 수 있다는 인식을 피하도록 하였다. 우리가 모두 학대, 방임, 폭력, 재난에 취약하며 다소 세상은 불공평하다라고 생각하는 것은 고통스럽다.

## 실존적 불안에 대한 취약성

몇 년 후, 대규모 병원에서 일하고 있었을 때, 나는 사무실에 혼자 있었고 점심을 먹으러 나가려고 했다. 나는 알지 못하는 한 남자가 사무실로 들어와 자살사고에 대해 누군가에게 얘기하고 싶다고 했다. 나는 그와 함께 앉아 병원 응급실에 전화를 걸었고, 병원에 접수상담을 할 수 있는 담당자와 연결되었다. 그들은 병원 직원을 보내 그를 응급실로 안내했다. 이는 우리 부서의 내담자에 대한 표준 절차였지만, 그는 새로운 내담자가 아니었다; 그는 병원 직원이었다.

나는 나와 같은 직원이었던 그 사람을 만나 병원 응급실로 보내야 했기 때문에 무기력감을 느꼈다. 직장 동료가 자살에 대해 이야기하는 것을 듣는 동안 나는 취약함을 느꼈다.－나는 그 사람 안에 나 자신을 보았기 때문에 나 자신의 인간성과 취약성을 부인할 수 없었다. 매주 심리학자 그룹과의 점심 모임에서 많은 다른 사람들도 같은 감정을 느꼈다는 것을 알게 되었다: 우리와 우리의 내담자 사이에는 별 차이가 없다는 것을 알 수 있었다. 그 그룹에서의 반응은 나를 움직였다; 사람들은 예상치 못한 방식으로 자신의 심리적 고통에 다가갔다. 그리고 그 그룹에서 나는 그들도 마찬가지로 그 취약함을 느낀다는 것을 깨달았다.

아무도 내적 스트레스와 외부적인 압력에 면역이 되지 않으며, 이러한 면에서 우리는 우리의 내담자와 크게 다르지 않다. 치료사들도 스트레스 반응과 정신건강 문제에 민감하다는 것은 상당히 분명한 사실이다. 그러나 다소 이는 정신건강 분야에서 깊은 의미를 지닌 발언인 것 같다. 임상가들은 일을 깔끔하게 처리하길 원한다; 내담자와 치료사 간의 위계 구조가 명확하고 단단하게 유지되기를 원한다. 한 사람은 도움이 필요하거나 원하는 다른 사람을 돕기 위해 존재한다. 우리는 임상가로서 모든 것을 완벽하게 갖고 있는 위치를 유지하려고 하지만, 아마 그렇지 않을 수도 있고, 정신적인 질환으로부터 자유롭게 보이려고 하지만, 아마 그렇지 않을 수도 있다. 다시 말해, 우리는 우리가 단순히 인간의 일부이자 우리의 치료 업무의 부산물로서 느끼게 되는 고통을 피하거나 부인하는 방법으로써 우리의 인간성을 슈퍼바이저에게나 심지어 우리 자신에게도 부정하게 된다.

## 대리 외상과 결합된 트라우마

최근에 나는 성폭력위기센터에서 나의 동료였던 M과 인터뷰를 진행했다. 그녀는 성폭력위기센터에서 일하게 된 동기와 성폭력 생존자로서 그녀에게 미친 영향에 대해 되돌아보았다. 그녀의 이전 트라우마는 그녀가 감정적으로 열린 태도를 가지고 그녀의 내담자들을 깊이 지원할 수 있게 하였다. 그러나 나중에 그녀는 의식적으로 트라우마 생존자들과의 작업을 쉬었으며, 결국 자신의 신체적, 정신적 건강을 보호하려는 방법으로 그들과 더이상 일하지 않기로 결정하였다. 그녀 자신의 성장은 그녀를 심리학 분야로 다시 이끌었으며, 그녀는 현재 심리학 석사학위를 마무리하고 있다.

> 나는 나 자신의 상담을 받을 때, 나의 목표는 성적 학대에 대해 다시 생각하지 않고 내 일을 하는 것이었다. 그래서 왜 난 성폭력위기센터에서 일하게 되었을까? 거기에서 나는 내담자로서 많은 도움을 받았다. 내 치료사인 수잔은 나에게 목소리를 주었다. 나는 무언가를 갚아야 하는 듯한 압박감을 느꼈다. 나는 핫라인 자원봉사자로 일했고, 자원봉사자 코디네이터 자리가 열리자 지원하여 코디네이터가 되었다. 나는 성폭력위기센터에서 다른 사람들을 돕는다면 나의 트라우마를 치유할 수 있을 것이라고 계속 생각했다. 그렇게 하면 아픔이 그렇게 심하지 않을 것 같다고 생각했다. 그러나 여기서

나는 다른 사람들의 트라우마 가운데에 나 자신을 놓아버렸다. 나는 도우려고 하고, 도와야만 하지만 나 자신에 대해서는 생각하지 않았다. 그게 여성에게만 해당되는 것인지, 아니면 그저 나에게만 해당되는 것인가? 나는 내담자를 우선시하고 나 자신을 소홀히 했다. 나는 혼돈스러운 상태에 있는 것이 더 편안함을 느꼈던 것인 게 아닌가 싶다.

나는 우리가 도와주는 사람들로부터 받는 트라우마에 대해서는 생각하지 않았다–나도 같은 일을 겪어서인지 나에게는 다르게 다가온다고 생각한다. 내가 새벽 3시에 성폭력위기센터 핫라인에서 일하고 있었을 때 한 여성이 전화를 걸어 혼자 있으며 두렵다고 말했다. 그녀의 남자친구는 야간에 일하는데, 그녀는 문이 열리지만 그가 아니라 강간범이 들어올 것 같고 다시 한번 강간을 당할 것 같다고 걱정했다. 나는 그녀가 무엇을 말하고 있는지 정확히 알았다. 조용하면 나의 공포가 솟구쳐 올 때가 있었다. 나는 "주소를 알려줘, 내가 도와줄 테니까"라고 말하고 싶었다. 나는 그녀를 보호하고, 우리가 서로 보호하길 원했다. 그것은 나를 화나게 만들었다–그녀에게 화를 내는 게 아니라, 그녀를 버린 시스템에 화가 났다. 나는 왜 그녀가 자신을 구하기 위해 이렇게 힘들게 노력해야 하는가에 대해 생각했다. 그것은 나를 너무 슬프거나 좌절하게 만들었고, 그녀를 "구원"하고 싶었다. 그 후로, 더이상 성폭력위기센터에서 일하고 싶지 않았다. 머릿속으로는 "경계, 경계, 경계"라는 생각이 들지만, 여전히 내담자들을 "구원"하고 싶었다. 핫라인은 너무나 가까웠고, 우리는 그들의 감정과 우리 자신의 감정을 담고 있었다. 나는 그것을 결코 뒤로할 수 없었다. 나는 성폭력위기센터를 떠날 때, 마치 모든 생존자들이 함께 집으로 걸어갔다고 느꼈다. 나는 그것을 놓을 수 없었다.

우리는 아동기 때 트라우마를 잊을 수 있지만 우리의 몸은 기억한다. 내가 젊었을 때는 어린 시절의 트라우마를 다루지 않으면 신체적으로 아플 수 있다는 것을 들어본 적이 없었다. 누구도 나에게 어떤 일이 일어날 수 있고, 아직 치유되지 않은 트라우마로 인해 질병이 생길 수 있다는 통찰력을 주지 않았다. 동양 의학에 대해 좀 더 배웠다면 다를 수도 있었을 것이다. 서양 의학은 그저 약을 주려고만 한다. 나는 조기 폐경을 경험하고 지금은 류머티스 관절염이 있다... 내가 자신을 밀어붙이려고 하면, 내 몸은 망가지고, 고통을 견뎌내지 못한다. 의사에게 갔을 때 의사는 내가 소진되었다고 말했다. 그녀는 한 달간 휴가를 내어줄 수 있는 소견서를 써 주었지만, 나는 2주만 휴식을 취하는 것에 동의했다. 나는 계속 지쳐 있었고 눈에 이상한 일이 벌어지기 시작했다–

각막이 부었고 극심한 통증을 겪었다. 나는 침대에서 울면서 있었고, 과학자이자 실용주의자인 나의 파트너는 나를 보고 "이것은 몸이 너에게 그만하라고 하는 거야. 더이상 할 수 없어."라고 말했다. 그 결과, 나는 너무 많은 일을 하는 것이 일상화된 그 업무에서 그만두게 되었다. 나는 너무 많은 일을 하는 것으로 인해 스스로 아프게 만든 것 같았다. 나는 이제 동료들이 점심시간과 휴식 시간에도 계속 일하는 것을 본다. 나는 그렇게 할 수 없고, 그렇게 하면 나의 건강에 문제가 생기게 된다.

트라우마 작업을 하는 사람들에게는 자기 자신에 대한 상담을 반드시 해야 한다. 그 시기에 이 일을 가능하게 한 다른 요소는 우리의 전무이사인 Mary가 우리를 얼마나 감사하게 생각하는지였다. 그녀는 우리가 진정으로 모든 것을 바쳐 일을 하고 있기 때문에 우리를 인정하고 가치있게 여기는 문화를 조성했다. 그녀가 우리를 감사하게 생각해 준다는 것은 나에게 많은 의미를 주었다.

인터뷰 도중, 우리는 서로의 내담자를 지원하는 일에 대한 연결감에 대해 간단히 이야기했다. 나는 M에게 이와 같은 맥락에서 우리가 함께 일하는 사람들과 연결되는 것에 대한 생각을 물었고, 우리가 일할 때 매일의 심각한 트라우마로부터 오는 깊은 스트레스를 다루면서 어떻게 연결되어 있는지 궁금해했다. 그녀는 그곳에서 일하는 사람들은 "트라우마적으로 연결되어 있다고 믿는다"라고 말했다.

## 회피를 줄이기 위한 미술치료

2018년 AATA의 콘퍼런스에서 로비에 전시된 미술작품은 직업 내에서 정신건강의 편견을 감소시키기 위한 것이었다. 미술치료사들이 만든 미술작품은 치료사들 사이에 퍼져 있는 정신건강에 대한 편견에 도전한다. 치료사들 사이에서의 정신건강 및 약물 남용에 대한 편견은 우리 자신, 우리의 사랑하는 사람들, 그리고 우리의 내담자와의 진정한 연결의 기회를 제한한다. AATA의 이 갑작스럽게 열린 미술 전시회의 메시지는 명확했다: 우리는 모든 것을 함께 갖고 있는 척 할 수 없으며 인간의 고난을 공유하지 않는 척 할 수 없다. 전시회에는: "나는 대부분의 내담자와 같은 진단을 받았다", "나는 내 내담자처럼 PTSD를 가지고 있다. 나는 그들을 이해한다", "단지 당신이 보이지 않는다고 그것이 거기에 없는 것은 아니다."와 같은 문구들이 있었다. 이 강력한 미술 전시는 우리가 동료들 사이에서의 트라우마와 정신건강의 존재에 대한 사회적인 회피에 도전한다.

콘퍼런스에서 돌아온 후, 나는 Notre Dame de Namur 대학교의 미술치료학과 학생들과 이러한 포스터의 사진을 공유했다. 신진 치료사들, 처음 시작한 치료사들 그리고 종종 경험을 쌓은 치료사들에게도, 우리의 내담자를 돕거나 심지어 구원하고자 하는 소망은 우리의 역기능적인 가족들, 친구들, 그리고 우리 자신을 고치고자 하는 깊은 판타지를 반영한다. M이 위에서 언급한 것처럼, 내담자를 "구원"하려는 소망은 내담자와 치료사 모두에게 건강하지 않다. 그 통제의 환상과 영웅 판타지가 사라질 때, 우리는 우리의 취약성을 받아들이고 고통을 다루는 데 있어서 "우리와 그들"이라는 구분이 없음을 알게 된다.

처음 시작하는 심리치료사로서, 나는 올바르게 잘하고 싶었다. 거의 옳고 그름이 있는 치료적인 선택들이 있으며, 우리는 이를 위해 우리를 안내하는 이론, 법률, 윤리, 전문적 행동에 의존한다. 그러나 우리는 내담자와 가족을 고치고 구원하거나 치료하려는 소망을 인정하고 그것을 놓아주는 것이 분명히 도움이 될 것이다. 구원하고자 하는 입장은 우리 자신을 다른 사람들의 경험의 중심에 두려고 시도할 뿐만 아니라 우리 자신의 취약성을 피하고, 다른 사람들을 깔보는 듯한 태도로 대하는 것이다. 누군가를 고친다는 가정은 판단의 태도에서 비롯되며, 문화적 겸손이 부족한 것이다. 궁극적으로, 구원하는 것/고치는 것/치료하는 것은 우리의 임상 실천 범위를 벗어나고 불가능하기 때문에 치료사에게 실패를 가져온다.

치료사로서의 성공과 가치는 전적으로 치료 결과에 달려 있지는 않다. 우리 자신의 취약성과 불확실성에 대한 회피를 주시하고 극복할 수 있다면, 더 의미있고 영향력 있는 방식으로 작업에 들어갈 수 있다. 우리가 내담자들과 소통하며 솔직하게 관여하기 위해서는 우리 자신이 회피 방식을 사용하는데 어떻게 기여하고 있는지 살펴보고, 트라우마 생존자들과 함께 작업할 때 발생하는 유사한 과정을 인식하며, 우리 개인적인 회피 방식을 촉발하는 것이 무엇인지를 알아야 함을 의미한다.

## 결론

PTSD의 증상 중 하나인 회피는 이를 확인하거나 다루기가 특히 어려울 수 있다. 회피 증상은 내부적인 고통을 일으키며, 인간관계와 업무에서도 어려움을 초래한다. 내담자들은 삶에서 다른 문제들에 대해 관심을 가져야 하며, 다른 큰 문제들이 존재할 때 트라우마 중심의 작업에 우선순위를 부여하는 것은 어렵다. 치료사들도 트라우마를 회피하는 유사한 과정에 있을 수 있다. 우리 자신의 회피 전략을 탐구할 의지를 갖는 것은 치료에서의 존재감을 크게 향상시키고 최상의 트라우마 중심 치료를 제공할 수 있도록 해준다.

개인적인 치료와 미술작업은 우리 자신의 회피를 관리하는 데 있어서 매우 중요하다. 우리 자신이나 우리의 사랑하는 이들, 심지어 뉴스 속 사건들에 대한 우리의 회피와 부인하는 태도를 탐구하는 것은 우리로 하여금 개인적으로 성장할 기회를 주는데, 이는 우리가 내담자와의 효과적인 작업을 수행하는 능력에 영향을 미친다. 우리의 신뢰할 수 있는 사람과 함께 우리 자신의 상실, 애도, 그리고/또는 트라우마에 대한 감정을 털어놓거나 우리 자신의 미술작업을 한다면 우리는 더 나은 삶을 살고 자신의 부인과 회피를 다룰 수 있게 된다. 그 결과, 이 과정은 창의성과 미술을 통해 치유를 촉진함으로써 우리의 진정성과 진심 어린 작업에 참여할 수 있도록 지원한다.

### 참고자료

RAIN Hotline: Rape/Abuse/Incest National Network: 1-800-656-HOPE (4673).

그레이터 굿 사이언스 센터(GGSC)는 행복과 연민, 강한 사회적 유대관계와 이타적인 행동을 연구함으로써 의미 있는 삶의 과학에 전념하고 있다. 그들은 긍정심리학의 과학을 캘리포니아에 있는 버클리에서의 수업과 그들의 온라인 매거진을 통해 널리 알리고 있다.

Chapter

# 07

# 미술치료 실제

PTSD를 가지고 있는 내담자와 함께 작업하기 위해서는 지적인 성장과 개인적인 성장이 모두 필요하다. 치료사는 통찰력, 자기인식, 문화적 겸손을 촉진하기 위해 지속적으로 숙고작업에 참여해야 한다. 지적인 측면은 이 책의 첫 번째 부분에서 다루는 내용을 포함한다; 트라우마가 인코딩되는 방식, PTSD의 신경심리학적 요소, 미술 개입, 조직과 개인의 억압, 차별 및 트라우마, 트라우마 기억에 노출되는 치료 단계 및 내적 경험의 창조적 표현. 트라우마 치료사에게 필요한 개인적인 성장 영역은 자신의 트라우마에 대한 인식(믿음, 촉발요인들, 회피 전략, 미해결된 이슈들), 편견과 낙인에 대한 인식, 그리고 자신의 문화, 특권, 억압과의 개인적 교차점에 대한 인식과 행동을 포함한다. 이 장과 이 책의 2부에서는 PTSD를 가지고 있는 내담자와 작업하는 데 있어서 실제적인 방법들을 탐구하고자 한다. 여기에는 치료 접근방식에서의 태도, 윤리의 시행, 초기 전화 통화, 접수면접 평가, 그리고 치료의 초기, 중기, 후기 단계에 대한 몇 가지 관찰 등이 포함된다.

## 치료에 접근하는 태도

PTSD 치료는 치료사가 내담자와 함께 트라우마에 대한 끔찍한 세부사항과 그 경험에 대한 반응과 감각을 탐색하려는 의지에서 비롯된다. 또한 치료사는 내담자에게 권한을 부여하여 치료에 대한 결정을 스스로 내리고 치료과정을 주도할 수 있도록 함으로써 내담자를 강화시켜야 한다. PTSD를 가지고 있는 사람들을 위한 치료에서는 치료사가 내담자에 대한 무조건적 긍정적 존중과 그들이 경험한 것에 대한 공감적 이해와 같은 진정한 인간중심 태도를 취해야 한다. 또한, 우리는 문화적 겸손, 자기인식, 진정한 존재를 통해 우리 자신에서 일치성을 발전시켜야 한다. 우리는 내담자와 우리 자신을 보호하기 위해 치료에서 건강한 기대와 경계를 설정하는 것이 필요하다.

명확하고 건강한 경계를 유지하는 것은 내담자를 보호하고, 그들이 어떤 내용의 치료를 기대할 수 있도록 하며, 치료사가 그들에게 약속을 지키는 데에 대한 신뢰를 형성하도록 도와준다. 경계를 넘는 행동은 적지만 의미 있는 위반행위부터 부도덕하고 불법적인 행동까지 다양한 범위에서 이루어진다. 내담자들에게는 치유와 회복 측면에서 상당한 비용이 따른다. 또한 경계 위반은 치료사에게도 영향을 미친다. 이차적 외상 스트레스와 소진으로 인해 장애를 초래할 수 있고 높은 윤리적 기준을 유지하는 능력이 감소할 수 있다(Everall & Paulson, 2004). 경계 위반의 더 극단적인 결과에는 직장이나 면허의 상실, 전문적 정체성의 상실, 동료 및 전문적인 관계의 상실 등이 포함된다.

## 미술치료에서의 윤리 실현

치료의 단계에 대해 논의하기 전에 윤리에 대한 검토가 필요하며, 윤리적인 결정은 매일매일 주의를 기울여야 함을 상기시킨다. AATA(2017)의 '미술치료사를 위한 윤리 원칙의 이상적 가치'는 미술치료사들이 윤리적인 실천 사고방식과 태도를 형성하는 데 도움을 준다. 이들은 인권과 존엄성을 지원하기 위해 우리가 지켜야 할 가치를 명시한다. "미술 치료사들은 핵심적인 인권을 지지하는 핵심 가치에 의해 의사결정을 할 수 있도록 하며, 이러한 가치는 자율성... 불안전하지 않음... 선의... 충실... 정의... [및] 창조성"을 포함하는 윤리 원칙을 반영한다(미술치료사를 위한 윤리 원칙 서문, 2절). 우리는 이러한 윤리적 기준을 우리의 일상적인 업무에 적용하여 치료 회기, 기관 및 지역사회에서 내담자를 돌봐야 한다. 우리는 또한 법적으로 신고해야 하는 것처럼, 내담자를 타인의 착취로부터 보호해야 한다.

또한 내담자와 함께 작업할 때 윤리적 선택과 딜레마나 우리 자신의 주관적 혼란이나 감정적 반응에 직면할 때 윤리적 의사결정 모델이 존재한다. 상담에서는 평가, 혜택, 결과 및 자문, 의무, 교육(Assessment, Benefit, Consequences and Consultation, Duty, and Education: ABCDE) 모델(Sileo & Kopala, 1993)이 "의사결정을 강화하고 도움을 주는 것을 촉진"하기 위해 의사결정 워크시트를 제공한다(Ling et al., 2019, p.94). 미술치료에서는 딜레마, 선택과 결과, 지원, 책임, 행동 실천(DO ART: the Dilemma, Options and outcomes, Assistance, Responsibilities, and Take action) 모델(Hauck & Ling, 2016)이 윤리적 의사결정의 선형 모델을 제공하여 효과적이고 윤리적인 행동 방향을 결정할 수 있다. 미술치료사들은 DO ART 모델보다는 더 오래된 ABCDE 모델을 사용해왔다. DO ART 모델은 상대적으로 최근에 개발되었다. 최근 DO ART 모델에 대한 연구는 ABCDE 모델과 동일한 효과를 보여준다는 것을 시사한다(Ling et al., 2019).

## 치료 시작 전 고려사항

초기 접수 시 희망을 확립하는 것은 매우 중요하다. 잠재적인 내담자나 예비 내담자와 처음 연락을 취할 때, 우리의 임무는 그들의 고통을 인정하고 희망을 제공하는 것이다. 우리는 사람들이 우리에게 연락하기 전에 가능한 모든 방법을 시도했다고 가정해야 한다. 그들은 친구나 목사와 이야기를 나누거나, 자신의 주의를 다른 곳으로 돌리는 방법을 찾거나, 사건이 일어나지 않았다고 여기거나, 앞으로의 폭행으로부터 자신을 보호하기 위해 자신의 행동을 분리해 보거나 감정을 무감각하게 만들기 위해 약물을 남용하거나 다른 사람들로부터 멀어져 있는 것 등을 시도해 볼 것이다. 그들은 무의식적으로 자신의 고통을 타인에게 표출하거나 자해 행동을 하거나, 비슷한 상황을 만들어 상황을 극복하려고 하거나 (반복 강박) 다양한 다른 행동을 할 수도 있다.

내담자의 이야기에 대한 믿음은 치유와 치료적 관계를 형성하는데 매우 중요하다. 내담자는 다른 사람들이 자신을 믿어주지 않았고 그들에게 무시당했으며, 내담자 자신과 다른 사람들로부터 가혹하게 비난받은 경험이 있을 수 있음을 생각해 볼 필요가 있다. 상담자가 내담자 이야기를 믿는 태도는 내담자가 상담자를 찾아와서 치유하는 데 있어서 매우 중요하다. 따라서 언어와 억양에 대해 주의하고 조심스럽게 모니터링하는 것이 중요하다. 첫 대화에서 심문이나 조사를 시도하는 대신, 신뢰를 전달하는 언어를 선택해야 한다. 친구와 함께 말하는 것을 연습하거나, 지지를 전달하고 비난으로 해석될 수 없는 단어와 생각들을 적어보길 바란다. 사건을 부인하거나 이야기를 완화하거나, 더 나빠질 수도 있다거나 당사자가 살아있어서 운이 좋다는 식으로 말하지 말길 바란다. 상담사는 나중에 더 구체적인 질문을 할 수 있다.

## 전화 또는 첫 회기에서의 반응하기

### 신뢰 전달하기

- "이런 일이 일어난 것에 대해 미안합니다."
- "분명히 더 나아지려고 여러 가지 시도를 해오셨을 텐데, 지원을 받기 위해 저에게 연락해 주신 것에 대해서 감사드립니다."
- "지금까지 자신의 기분을 좋게 하기 위해 또는 어떤 일을 잊기 위해 무엇을 시도해 보셨나요? 무엇이 도움이 되었고 도움이 되지 않았나요?"

### 희망

- "혼자가 아니에요. 많은 여성/남성/청소년들이 비슷한 경험을 했어요."
- "현재 당신에게 지지를 보내주는 사람들은 누구인가요?"

### 경계

- "저와 함께 상담할지를 결정하기 위해 첫 회기 시간을 잡아볼까요?"
- "당신이 여기에 오면 몇 가지 질문을 드리고 몇 가지 서류를 작성해달라고 할 텐데, 첫 회기는 당신이 저와 제 작업에 대해 알아볼 수 있거나 제가 당신에 대해 조금 알게 될 수 있는 기회입니다. 저는 당신에게 처음에 무슨 일이 일어났었는지에 대한 세부사항을 말해달라고 요구하지 않을 거예요."

### 자해 평가하기

- "간헐적으로 강간피해 후 우울함과 슬픔을 느끼는 사람들이 있습니다. 혹시 이런 증상을 경험하고 있나요?"

  만약 내담자가 이러한 증상을 언급한다면, 우울증과 자해에 대한 전체적인 평가를 수행하길 바란다.

## 그 외의 치료 고려사항

### 라포형성

라포형성은 내담자와 복도를 걸을 때 즐거운 대화를 빠르게 나누는 것보다 더 많은 것을 요구한다. 치료사로서의 우리의 지위는 얻어온 신뢰와 받은 신뢰로부터 나타난다. 내담자들은 우리가 교육과 자격을 가지고 있기 때문에 어느 정도의 이루어낸 지위를 가지고 있다고 여긴다. 다시 말해, 내담자들은 우리의 교육과 치료사로서의 지위 때문에 어느 정도의 신뢰를 가지며, 이는 우리가 능력 있는 돌봄 제공자라는 수준의 신뢰를 의미한다.

신뢰성은 우리의 학위, 이름 뒤에 붙은 직함, 또는 사무실의 모습만으로 오는 것이 아니다. 더 중요한 것은 형성된 신뢰이다; 이는 우리가 내담자들에게 문화적으로 겸손한 자세로 접근하고 그들을 이해하고 성장을 지원하는 데 신뢰를 얻어야 한다는 의미이다. 이러한 깊이 있고 본질적인 라포형성과 신뢰는 우리가 내담자의 상황을 진정으로 이해하고 이러한 상황을 부인하거나 감추지 않으며, 더 나아가 내담자들을 트라우마의 책임자로 돌리지 않는다는 것에서 비롯된다.

형성된 신뢰는 문화적 겸손, 자기인식, 그리고 우리 자신의 미해결된 문제에 관심을 기울이지 않을 때 손상될 수 있다. 우리는 우리 자신의 고통이나 우리도 트라우마에 취약하다는 사실을 피하려는 욕구가 강하기 때문에, 우리는 우리의 내담자들을 실수로 상처 주고 비난할 수도 있다. 우리는 인간으로서, 내담자들이 직면하는 취약성을 피하려고 노력하며, 궁극적으로는 우리 자신이 내담자들만큼 취약하다는 공포를 피하기 위해 거의 모든 것을 다할 수도 있다. 이는 우리가 우리 자신의 미해결된 트라우마를 피하고 있는 경우에는 매우 복잡해질 수 있다. 우리의 회피와 그로 인해 야기되는 고통은 실망스러운 치료 결과나, 좋지 않은 관계, 그리고 내담자들이 다시 치료에 오지 않는 결과로 이어질 수 있다.

## 치료적 관계

전체 치료과정 동안 내담자들과 치료 관계에 대해 계속해서 소통하는 것은 그들에게 힘을 주게 된다. 내담자들이 치료 관계와 미술치료과정에 대해 좋아하는 점과 싫어하는 점을 표현할 수 있도록 도와주는 것은 치료과정에 보다 많은 소유감(ownership)을 불러일으키며 내담자들이 치료의 방향에 대해 자신들의 의견이 중요하다는 것을 알 수 있게 한다. 나는 치료과정, 우리의 관계, 그리고 미술에 대해 질문을 하곤 한다. "오늘 저와 대화한 경험은 어떠셨나요? 오늘 미술하는 것에 대해 어떻게 생각하시나요? 가장 좋았던 부분과 가장 마음에 들지 않았던 부분은 무엇인가요? 오늘 우리 시간 중에서 가장 기억에 남는 점은 무엇인가요? 미술이나 그것에 대해 이야기하는 과정에서 자신에 대해 알게 된 것 중 하나는 무엇인가요?"

## 첫 회기

"어떻게 도와드릴까요?"는 Ram Dass와 Paul Gorman이 동일한 제목으로 전문가들을 위한 영적 측면에 관한 책에서 제기한 질문이다. Irving Yalom(2012)은 내담자와의 첫 회기마다 "무엇이 괴로우신가요?"라고 묻는 것으로 시작한다. 내담자들은 우리의 치료적 관계의 맥락에서 자신의 외상 후 스트레스장애(PTSD) 증상을 관리하는 방법을 배우게 된다. 그러나 이는 그들이 안전한 방식으로 반응과 감정을 억제하고 관리할 수 있게 되었을 때에만 실제로 가능하다. 감정을 '억제'하는 것은 우리가 치료과정에서 하는 일과는 반대로 보일 수 있다. 왜냐하면 우리는 사람들이 치료에서 자신의 감정을 표현할 수 있도록 돕기 위해 노력하기 때문이다. 그러나 과거 트라우마의 고통을 표현하는 것은 우리가 내담자들이 자신의 기억, 감정 및 트라우마와 관련된 신체적 감각을 탐구하는 데 안전한 환경에서 대처 기술을 구축하는 데 도움을 주었을 때에만 가능하다.

예를 들어, 만약 우리가 산에 오르기로 결정한다면, 우리는 단지 산기슭에 도착해서 걷기 시작하는 것이 아니다. 먼저 어디로 가야 할지 계획을 세우고, 등반을 위해 필요한 도구, 지도, 옷, 그리고 음식을 가방에 담는다. 우리는 이미 이 여행을 완주한 사람들과 이야기를 나누고, 이와 같은 도전을 위해 좋은 신체 상태인지 확인한다. 산을 오르기 위한 이런 준비 작업은 내담자의 트라우마에 대한 치료를 진행하는 초기 단계와 유사하다. 안전성, 윤리성, 신뢰성, 대처 기술 및 연관된 문제에 대한 접근은 트라우마 중심 작업을 위한 준비 작업에서 중요하다. AATA(미국미술치료학회) 윤리강령(2017)은 내담자와의 첫 만남에서 우리의 초기 책임을 다음과 같이 설명한다.

> 14.1 미술치료사는 내담자와 상담을 하기로 결정하면 내담자에게 사전 동의를 제공한다. 이는 내담자의 권리, 비밀 유지 및 제한 사항, 보고 의무, 내담자와 미술치료사의 역할, 미술치료과정의 기대와 제한, 요금 구조, 결제 일정, 회기 일정 조정, 비상 절차, 불만 및 불만 접수 절차, 그리고 내담자의 작품이 어떻게 문서화되고 보관될지에 대한 사항을 포함하되 이에 국한되지는 않는다. (p.13)

14.2 초기 단계에서 미술치료사와 내담자는 치료 계획, 목표 및 목적을 설계하여 내담자가 최대 수준의 기능 유지와 삶의 질을 달성하는 데 도움을 준다. (p.13)

이러한 책임 외에도, 우리는 내담자의 성적 지향과 문화를 포함한 독특한 경험을 환영할 수 있는 공간을 마련하고, 자살사고에 대한 개인적 경험과 치료의 첫 번째 회기를 어떻게 경험했는지에 대해 다루어야 한다. PTSD를 가지고 있는 사람들을 지원하는 모든 측면에서 이러한 분야의 각각에서 자기 결정권과 선택권을 고려해야 한다. 예를 들어, 우리는 이성애에 대한 가정을 하지 않고 내담자들에게 PTSD가 어떻게 그들에게 영향을 미쳤는지 이해하기 위해 그들의 정체성의 모든 측면을 다룰 수 있는 공간을 치료에서 만들고 있다는 것을 내담자들이 알 수 있도록 해야 한다.

## 정보제공 동의

정보제공 동의는 내담자가 이해할 수 있는 언어로 치료과정과 비밀 유지의 한계에 대한 명확한 설명을 받도록 하는 데 사용된다. 정보제공 동의는 내담자가 치료에 관한 판단을 내리기 위해 필요한 정보를 제공한다. 또한, 내담자는 치료에서 기대할 수 있는 내용을 완전히 이해하기 위해 질문할 기회를 갖는다. Knapp과 VandeCreek (2012)은 정보제공 동의를 치료사와 내담자 간의 자기결정권 확장을 위한 협력으로 언급하며, 의사소통과 명확화를 모두 포함한다. 첫 번째 회기의 끝에서, 나는 계속해서 치료할 것에 대한 동의를 요청한다. 두 번째 회기에서도 동의를 재확인하고, 때로는 치료과정 동안 정기적으로 동의를 강조한다. 이는 트라우마를 겪은 내담자에게 자기 결정의 힘을 주며, 당신과 그들 사이의 계약을 상기시키고 비밀 유지의 경계와 한계를 재확인해 준다.

18세 미만의 아동과 청소년의 부모/보호자가 정보제공 동의를 한 후, 우리는 그 정보를 아동/청소년과 공유하고 그들로부터 동의를 얻으려고 한다. 이는 보호자가 있는 성인에게도 적용된다. 보호자가 정보제공 동의를 한 후, 우리는 내담자로부터 정보제공 동의를 얻으려고 한다. 특히, 지적 장애나 치매, 외상성 뇌손상과 같은 신경학적 결함이 있는 내담자의 경우, 지속적인 동의가 중요하다. 게다가, 사람들이 불안을 경험할 때는 말하는 모든 것에 집중할 수 없다. 따라서 불안장애가 있는 사람과 함께 작업할 때는 반복과 명확화가 최선의 방법이다. 아래에는 초기 회기에서 검토하는 정보 목록이 있으며, 내담자가 각 영역을 명확하게 이해할 수 있도록 필요에 따라 언어를 바꿔서 사용한다.

1. 내담자에게 정보제공 동의를 제공한다(내담자의 권리, 비밀유지, 비밀유지의 한계, 보고의무, 내담자와 미술치료사의 역할, 미술 치료과정의 기대와 한계, 비용과 지불, 회기 일정 조정 방법, 긴급상황 절차, 불만/불만 절차, 작품 문서화/저장).
2. 안전 및 자해 또는 타인에 대한 의도를 평가한다.
3. 초기 치료 단계는 심리치료과정 중 트라우마에 대한 자세한 내용을 제공하지 않는 대신 관계 형성을 위해 설계된 것임을 내담자에게 알린다.
4. 내담자에게 그들이 언제 트라우마에 대해 이야기하고 누구에게 이야기할지 결정할 권한이 있다는 사실을 상기시킨다.
5. 내담자가 노출된 트라우마 유형에 대해 직접 묻는 대신 설문지를 사용하는 것은 더 나은 선별 도구이다. 이것은 내담자가 공유하기에 더 쉬운 방법일 가능성이 있다. 왜냐하면 수치심을 느낄 수 있기 때문에 초기 회기에서 트라우마 정보를 말로 확정하기는 극도로 어려울 수 있기 때문이다.
6. 목표와 치료 단계를 다시 말하고 요약하며 반복한다.

### 자해 평가

전화나 접수상담에서 잠재적인 내담자들이 자해 행동으로 이어질 수 있는 감정을 경험하고 있는지에 대해 물은 후, 첫 번째 회기에서 이 주제에 대해 더 다룬다. 다음은 이와 관련된 예시이다. “전화로 이에 대해 물어봤는데, 우울함과 슬픔에 대해 다시 이야기하려고 합니다. 이런 감정을 경험하고 계신가요? 가끔 사람들은 자해하는 생각을 가지게 되는데, 그런 경험이 있으신가요?” 만약 그렇다면: “조금 더 알려주세요(자해를 했던 마지막 때, 이전 시도, 계획, 수단 등).” 그렇지 않다면: “자해 또는 자살에 대한 생각은 트라우마를 경험한 사람들에게는 흔한 일이 아닙니다. 만약 이후에 이에 대해 이야기하고 싶거나 미래에 그러한 경험을 하신다면, 저는 언제든 이야기할 준비가 되어 있습니다." 내담자에게 자해 사고를 언급할 경우 어떤 일이 일어날지, 그들이 얼마나 많이 이야기하고 있으며, 계획이 있다면 어떤 일이 일어날 수 있는지에 대해 알려주는 것은 내담자에게 예측할 수 있도록 하는 데 도움이 된다. 예를 들어, "저는 자살적 사고에 어떻게 대처하며, 생리적이고 심리적인 이유로 자해로 이어질 수 있는 왜곡된 사고에 대비하여 지원하고 안전을 지키기 위해 어떻게 대응하는지 알려드리고 싶습니다." 또한, 자해나 타인에게 해를 입히려는 생각이 있는 경우나 아동 또는 노인 학대에 대한 정보를 알고 있는 경우에, 비밀 유지의 한계에 대해 내담자에게 상기시키는 좋은 기회이다. 우울증과 자살 경향성에 대한 전반적인 평가를 수행하고, 매 회기마다 이러한 사고를 언급하는지 확인하는 것이 필요하다. 자살 예방 계획을 수립하고, 아동 또는 노인 보호 서비스에 보고하거나 필요한 경우 입원 치료를 진행해야 한다.

## 문화/교차성

문화, 인종, 나이, 성별, 종교 및 능력을 치료과정에서 다룬다면 내담자들이 자신의 다양한 면에 대한 트라우마의 영향을 탐구할 수 있게 한다. 또한 그것은 치료사가 그들을 "보고" 있고 그들이 누구인지 기꺼이 함께 일할 의향이 있음을 보여주고 있기 때문에 잠재적으로 신뢰를 향상시킬 수 있다. 내담자와 치료사 사이에는 이러한 영역에서 차이가 있을 수 있으며, 이러한 차이를 인정하는 것은 내담자에 대한 존중뿐만 아니라 치료과정에 대한 존중에도 중요하다. 이전에 언급한 대로, 트라우마 작업 시에는 내담자가 이해받거나 자기 결정을 하는 데에 대한 지원이 가장 중요하며, 인종, 종교, 성별, 나이, 세대 등과 관련된 문화적인 문제는 내담자를 이해하는 데 핵심적인 역할을 한다. 나는 초기 회기 및 치료과정에서 적절한 때에 이러한 문제들을 다루고 있다. 이에 대한 접근 방법 중 하나는 다음과 같다. "문화와 과거 경험은 우리와 관계를 맺고 믿을 수 있는 사람들에게 실제로 영향을 미칠 수 있습니다. 저는 당신 전반적인 모습과 트라우마가 여러 측면에 어떤 영향을 미쳤는지를 이해하기 위해 최선을 다할 것입니다. 때로는 이러한 영역에서의 차이로 인해 두 사람(내담자와 치료사) 간의 의사소통에 도전이 있을 수 있습니다. 이런 상황이 발생할 경우 신뢰나 저의 이해와 지원 능력에 대한 우려를 제기해 주시기 바랍니다. 그리고 저도 마찬가지입니다. 우리가 인종, 문화, 특권, 성별, 성적 지향 및/또는 능력과 관련된 잠재적인 어려움을 통해 의사소통할 수 있다는 것을 저는 매우 중요하게 생각합니다."

### 목표

PTSD 치료에서 목표 설정은 매우 중요하며, 내담자에게 어떤 목표를 달성하길 희망하는지 묻는 것은 내담자가 치료과정을 통제하는 것에 대해 확인하는 것이다. 이것은 간단히 "치료에서 개인적으로 어떤 목표를 가지고 계십니까?"라고 묻는 것이 가능할 것이다. 우리는 그들의 목표를 진심으로 듣고, 현실적인 치료 목표에 도달하기 위해 치료과정 동안 도움을 줄 수 있어야 한다. 때로는 내담자가 트라우마에 대한 생각을 전혀 하지 않거나 완전히 잊어버리고 싶은 불가능한 목표를 가질 수도 있다. 이러한 경우에 우리는 내담자들에게 그들이 잊고자 하는 소망에 대해 더 질문을 함으로써 도달 가능한 목표를 설정하는 데 도움을 줄 수 있다. 아마도 그들은 밤에 공격적인 생각으로 인해 잠을 제대로 잘 수 없는 문제를 겪고 있을 수 있다. 이 경우에는 잊는 것이 실제로 불가능하다는 점을 명확히 해주어야 하지만, 두 사람(치료사와 내담자)이 침습적인 사고를 다루고 불면 증세를 최소화하기 위해 대처 기술을 개발하는 데에 함께 노력할 수 있다고 알려주어야 한다. 또한 치료과정 중에 내담자와 목표에 대한 만족도를 확인하고, 상황에 맞게 목표를 업데이트하는 것이 중요하다.

## 치료 초기 단계

트라우마에 대해 이야기하는 적절한 시기는 언제일까? 강한 감정이나 촉발요인을 다룰 수 있는 대처 기술을 갖지 못한 내담자가 세부 사항을 공유하는 것은 문제가 될 수 있다. 그러나 트라우마에 대한 이야기를 너무 오랫동안 미루는 것 역시 치료 진행을 어렵게 만들 수 있다. 나는 성폭력위기센터에서의 초기 경력 중에 내담자들이 치료 초반에 자신의 강간 경험에 대해 곧바로 이야기하도록 허용한 실수를 저질렀다. 일부 내담자들은 소개 이후에 즉시 자신의 이야기를 시작했다. 많은 사람들은 자신이 곧바로 경험을 이야기해야 한다고 생각한 것 같았다. 치료 초기에 이야기를 즉시 시작한 사람들 중 일부는 나중에 치료를 계속 하지 않기도 했다. 견고한 라포형성과 안정화 능력 및 대처 기술 능력이 없는 상태에서 내담자들이 트라우마에 대해 이야기하면, 내담자들은 해리되거나 트라우마를 다시 경험할 수 있으며, 그로 인해 자신의 이야기를 생각하거나 이야기하면서 감정적으로 지나치게 힘들어지거나 "무너지게" 된다는 인식이 강화될 수 있다.

일부 내담자들은 첫 번째 회기에서 세부 사항을 이야기한 후에 돌아오지 않았다. 한 14세 소녀는 돌아와서 자신의 부모가 "무슨 일이 있었는지 치료사에게 말하라"고 했다고 전했다. 나는 신속하게 내담자들에게 치료에서 무엇을 기대할지에 대한 교육을 우선시해야 한다는 것을 깨달았다. 처음 전화 통화 중에 더 교육을 제공하였고 내담자와 그들의 부모에게 첫 번째 회기에서는 서로 알아가는 시간을 가지며, 회기에서 무엇을 기대할지에 대해 더 많이 이야기할 것이라고 말했다. 또한, 그들이 나에게 자신의 트라우마에 대해 이야기할지 여부를 나중에 결정할 수 있다고 언급했다. Chapman(2014)도 초기 회기에서는 이러한 종류의 심리 교육을 제공하며, 아동과 청소년들에게 그들의 미술에 대해 많은 질문을 하지 않을 것이고, 초기 회기에서는 미술을 하는 시간이 많고 이야기하는 시간이 적을 것이라고 알려준다.

모든 치료사들은 초기 회기에서 안전, 신뢰, 희망에 주의를 기울인다. 그러나 트라우마 생존자와 함께 작업할 때의 초기 치료 단계에서는 라포를 형성하고 트라우마에 대한 세부사항을 반드시 이야기하는 것을 포함할 필요는 없다는 것을 내담자에게 알려줄 필요가 있다. 안전 여부를 확인하는 것이 매우 중요하다; 자신이 더이상 학대를 받지 않는지 묻는 것이 필요하다. 또한, 자신이 자해나 타인에게 해를 가하려는 생각이 있는지 물어보아야 한다. 내담자들이 자신이 일어난 일에 대해 언제 누구에게 이야기할지에 대한 권한이 있다는 점을 상기시키는 것은 매우 중요하다. 또한, 트라우마 회복에는 결국 그들의 이야기를 말하고 전반적인 삶의 이야기로 통합하는 과정이 포함된다는 것을 내담자들에게 교육하는 것이 중요하다. 사람들은 불안할 때는 말하는 내용의 1/3정도만 듣는다는 점을 기억하길 바란다. 첫 회기와 이후 회기에서 몇 번씩 치료목표와 치료단계를 요약해야 한다는 것도 잊지 말아야 한다. 가능한 한 내담자들의 언어를 사용하고, 그들이 말한 내용을 요약할 때 "제가 이해한 것이 맞나요?"라고 물어야 한다.

## 치료 중기 단계

내담자가 현재에 집중하고 안전을 확보함으로써 자기 자신을 위한 정서조절 전략을 개발했다면, 트라우마 중심 작업으로 전환할 시기이다. 이 작업에는 내담자가 가능한 한 상세하게 기억하는 대로 자신에게 무슨 일이 일어났는지를 이야기하는 것이 포함된다. 트라우마 경험이 끝난 후에 일어난 감정, 신체 감각 및 기타 기억도 포함된다. 트라우마 중심의 치료 단계는 몇 주에서 수개월 동안 지속될 수 있으며, 내담자가 미술에서나 언어로 말한 이야기에서 일관된 트라우마 이야기를 구성할 수 있는 정도에 따라 달라진다. 트라우마 중심 치료의 구체적인 측면은 초기에 다루는데, 여기에는 내담자와 치료사의 회피 문제를 포함한다. 이 부분에서는 이러한 치료과정에서 나타날 수 있는 해리와 관계 문제에 대해 검토한다. 내담자의 감정, 그리고 자신에 대한 판단과 생각은 내담자가 통합을 시작할 준비가 되었을 때 후기 단계의 치료에 유용한 소재가 될 수 있다.

### 해리

Pierre Janet는 1800년대 후반에 트라우마를 경험한 자신의 내담자들의 "기억 흔적의 분리"를 설명하기 위해 '해리'라는 개념을 고안했다(Herman, 1997, p.34). 해리는 트라우마 기억이 "기억을 통합할 능력을 잃어서 비정상적인 상태에서 보존되는 것..."으로 기억의 분열 경험을 말한다(Herman, 1997, p.34). Herman은 의식의 트라우마 상태가 트라우마 기억을 "보통의 의식과 구분된 상태로 막아놓음"으로써 그 기억들에 근접할 때까지 치유를 위해 필요한 통합을 방해한다고 언급한다(p.45). 감각적인 단편들이 현재의 순간으로 스며들어와 "문자 그대로 재체험"되며(van der Kolk, 2014, p.66), 현재 순간의 경험으로 나타난다. 플래시백은 트라우마 경험을 다시 체험하는 방식으로 언제든지 발생할 수 있다. 이를 경험하는 사람들은 이러한 기억과 함께 동반되는 스트레스 호르몬을 피하기 위해 매우 애를 쓴다. 트라우마 생존자들은 스트레스 호르몬으로 과민해지고 일상적인 활동과 사건이 감정이나 흥미를 잃어 지루해지는 것을 느낀다(van der Kolk, 2014). 내담자들은 플래시백을 통제하고 신체적 및 호르몬의 자극을 얻기 위해 고위험 행동을 시도할 수도 있다. 그들은 강해지기 위해 강박적으로 운동을 하거나, 흥미로운 느낌을 얻거나 고조된 상태를 경험하기 위해 약물이나 알코올을 사용할 수도 있다. 그들은 위험하거나 생명을 위협하는 상황에 자신을 놓음으로써 가상의 통제력을 얻으려고 시도할 수도 있는데, 예를 들면, 아드레날린이 넘치는 고위험 스포츠, 스릴을 즐기는 행동, 군대, 보안 또는 응급 의료 직종과 같이 큰 위험을 수반하는 직업들에 종사하는 것이다(van der Kolk, 2014).

회피와 다른 행동들 예를 들어 트라우마 이야기의 중단 또는 회기 중의 해리(Dissociation)를 구별하는 것에 주의를 기울여야 한다. 내담자들은 잠시 생각하는 것을 멈출 수 있으며, 이 경우 우리는 침묵과 인내심을 제공할 수 있다. 그들은 숙고하고 있거나 아마도 자신을 표현할 말을 찾기 위해 애쓰고 있을 수 있다. 통제 매체는 대화 중에 도화지에 낙서할 기회를 제공할 수 있으며 이는 집중력을 돕고 적절한 언어를 찾는 데 도움이 될 수 있다. 그러나 내담자가 멍하게 멀리 바라보며 잠시 중단하는 경우, 그들은 아마도 해리 경험을 하는 것일 수도 있다. 해리 상태에 있는 내담자에게는 우리의 지지가 필요한데, 이는 그들을 현재의 순간에 자각할 수 있도록 안정화 기법을 사용하여 참여시키는 것이다. 이 단계에서 안전에 대한 지속적인 재확인은 매우 중요하며, 이 과정에서 증상이 증가할 것임을 내담자에게 사전에 알려주는 것은 어려움을 덜어줄 수 있다. 내담자의 이름을 말해서 그들의 주의를 끌고, 주변의 공간(앉은 자리, 방 안의 색상, 온도)에 주목하도록 요청하는 것이 도움이 될 것이다. 그런 다음 내담자에게 숨을 들이마시고 내쉬는 것을 세어, 주의를 집중하도록 하면서 방 안에 보이는 사물들에 이름을 붙여 말하도록 요청한다.

### 섹슈얼리티

섹슈얼리티는 신체적 및 성적 학대의 치유 과정에서 중요한 주제이다. 치료의 두 번째 단계에서 성적 학대의 모든 신체적 및 정서적 측면을 다루는 것은 매우 중요하다. 두려움을 공유하고 부정적인 자기대화를 하면 어떤 식으로든 피해자로서 낙인찍히는 것에 대한 우려를 완화할 수 있다. 한 내담자는 자신에게 학대를 가한 사람의 성별이나 자신이 받은 학대를 상기시켰던 성적 행위를 통제하는 것에만 흥분하게 될 수도 있다는 두려움에 대해 보고하였다. 나는 성적으로 남성에게 학대당한 여러 남자 청소년들과 함께 일했는데, 그들은 다른 사람들이 자신의 성적 지향이나 성 정체성을 알게 된다면 어떻게 생각할지에 대해 걱정했다. 한 청소년은 어린 시절 남성 친척으로부터 학대를 당했다는 사실을 그의 여자친구에게 말한다면 그녀가 그를 게이로 생각하고 더이상 함께 하지 않을 것을 우려했다. 다른 젊은 남성은 자신의 미래의 파트너가 어떤 식으로든 자신이 학대를 당했다는 것을 "그냥 알게 될 것"이며, 결국 자신은 사랑받을 가치가 없다는 것을 알게 되는 두려움에 대한 이야기를 나누었다. 또 다른 내담자는 성적 학대를 당할 때 자신의 몸이 발기하는 것에 대해 수치심과 혼란, 배신감을 느꼈다.

치료사로서 우리는 섹슈얼리티와 관련된 감정과 "다른 사람들이 이를 알고 판단할 것"이라는 생각에 주의를 기울여야 한다. 학대를 당한 사람들은 종종 사람들 특히 자신의 성적인 파트너들이 자신에 대해 어떻게 생각할지에 대해 더 수치심을 느낀다, 게다가, 때로는 상호 동의한 섹스에서 성적 학대에 관한 생각이 유발될 수도 있다. 나중에 통합 단계에서, 내담자들은 섹슈얼리티 선택권을 되찾기 위해 노력할 수 있다.

## 치료 후기 단계

트라우마 치료의 후기 단계에서는 경험을 개인의 이야기에 통합하고 다른 사람들과의 관계를 새로운 방식으로 재결합하는 것이 중요하다. 이 시기에 나는 ACT 개념인 가치와 전념적 행동에 주목한다. 이 책의 첫 부분에서 언급한 대로, ACT는 내담자들이 고유한 가치 체계를 구분할 수 있도록 한 후에 일상적으로 그 가치에 전념하는 행동을 하도록 격려한다. 치료의 후기에 이르러서는, 내담자들이 새로운 방식으로 삶과 재결합하면서 자신의 가치를 탐구하도록 격려한다. 만성적인 아동기 학대와 복합 외상 후 스트레스장애(C-PTSD)를 가지고 있는 내담자들의 경우, 그들은 처음으로 자신의 개인적인 소원과 가치를 탐구할 수도 있다.

이 단계에서, 우리는 내담자들이 자신의 트라우마 경험으로부터 배운 것에 대해 이야기하기 시작하는 것을 들을 수 있다. 예를 들어, 그들은 트라우마 이후에 그들을 지원해 준 친구와 가족에 대한 새로운 감사함, 심리치료 집단의 다른 사람들에 대한 존중, 그리고 자신과 타인에 대한 새로운 관심 등을 가질 수 있다. 치료사로서 우리는 이러한 경험을 듣고 더 알아가기 위해 호기심을 가지고 질문할 수 있다. 일부 내담자들은 유사한 경험을 한 다른 사람들을 돕기 위해 "보답하고 싶다"라는 의지를 표현하거나, 트라우마를 지속시키는 사회나 기관, 상황을 변화시키기 위해 사회 운동가가 되고자 할 수도 있다.

클리블랜드 도심에 위치한 옛 히그비스 백화점에서 이루어진 나의 첫 번째 외상 후 성장 경험은 미술과 사회운동으로 나타났다. 클리블랜드 성폭력위기센터는 청소년 성폭력 생존자들을 위한 미술 전시회를 클리블랜드 메인 광장에 위치한 이전 히그비스 백화점의 전면 윈도우에 마련했다. 이 큰 전면 윈도우는 이전에 최신 스타일의 마네킹을 전시하던 곳이었지만, 성폭력위기센터의 'Girls Kick Butt' 집단의 팝업 아트 설치물로 바뀌었다. Girls Kick Butt은 성학대를 경험한 10대 소녀들을 위해 지속되는 워크숍 시리즈로서, 다른 소녀들과 연결하고 싶어 했던 개별 및 집단치료에서의 소녀들의 요청에 의해 시작되었다. Phyllis Harris와 나는 매달 워크숍을 공동으로 기획하고 진행하였으며, 소녀들은 주말 행사 중 하나 또는 여러 행사에 참석할 수 있었다. 우리는 자기방어, 여성 건강, 사회 정의, 음악, 요가 그리고 물론 미술치료를 가르치는 연사들을 초빙했다.

우리는 소녀들에게 성폭력, 강간, 가정 내 성적 학대에 대해 남들이 알기를 바란다면 어떤 메시지를 전하고 싶은지 물었다. 그들은 기회를 잡아 메시지를 공유하기로 결정하고 시위 집회의 표지판과 같은 설치물을 만들기로 했다. 그들은 백화점

창가에 미술작품과 표지판을 걸고 자신들의 교육, 지원, 그리고 정의에 대한 호소를 듣는 많은 사람들이 있음을 알게 되었을 때 매우 흥분했다. 그중에서도 25년이 지난 지금도 나에게 기억에 남는 한 표지판은 "나는 미치게 화나, 더이상 참지 않겠어!"라는 문구였다. 매일 이 문구를 본 수백 명의 사람들은 성폭력 피해 소녀들이 나서서 말하고 있고 그들의 생각과 감정을 클리블랜드와 공유하고 있다는 사실을 알게 되었다. Girls Kick Butt 그룹은 오늘날에도 클리블랜드 성폭력위기센터에서 활동하고 있다.

## 보편적인 생존 원형

트라우마와 생존의 원형(archetypes)들은 내담자들이 자신의 경험, 반응 및 감정이 보편적이라는 것을 이해하는 방법을 제시한다. 치료집단에서 비슷한 트라우마를 경험한 다른 사람들과 연결되는 것은 고립감을 줄여주는 반면, 미술치료에서 원형을 사용하면 PTSD로부터의 회복에 대한 개인적인 측면뿐만 아니라 보편적이고 집단적인 측면에 대한 내담자의 연결을 용이하게 할 수 있다.

Claudia Mezzera(PhD, LMFT, ATR-BC)는 내담자와 연구 참가자들이 내면적 경험을 탐색하고 표현하도록 원형을 미술치료 실제에 활용하는 미술치료사이다. 그녀는 자신의 연구에서 개인들이 원형과의 연결을 통해 자신들의 반응과 경험의 보편성을 인식함으로써 힘을 얻을 수 있는지를 입증하였다. 그녀의 연구는 미국의 라틴 여성들이 현재 그들의 역할에서 원형을 확인하고, 그들의 강점을 확인하기 위해 원형적인 이미지를 어떻게 활용하는지를 탐구한다. 그녀는 여기서 미술에서의 원형이 트라우마 치유에 어떻게 활용될 수 있는지에 대해 말하고 있다. 그녀는 Carolyn Myss(2003)의 자극 카드를 사용하여 보편적인 원형의 빛과 그림자 또는 숨겨진 측면을 탐구한다. 그녀의 아이디어는 치료의 후기 단계에 이상적이며, 치료 종결 단계에서도 치유 관계를 탐구하는 데 사용될 수 있다. 그녀는 자신의 생존 원형 미술 예시를 [그림 7.1]에서 제시하고 있다.

원형적인 이미지를 자극으로 한 미술은 다양한 문화적 배경을 가진 내담자들의 트라우마를 다루는 데에 풍부한 치료 방식이 될 수 있다. 원형의 묘사와 서술에 대한 반응으로 창작된 미술은 다양한 치료 단계에 있는 참여자들에게 자신들의 트라우마 경험과 관련된 보편적인 주제를 부드럽게 탐색하는 과정을 제공한다. 미술은 자아 개념의 발달, 진전, 그리고 치유를 지원하며(Dissanayake, 1992), 내담자들이 자기돌봄과 대처 전략을 실천하도록 동기를 부여하는 데에도 활용될 수 있다. 트라우마 상황에 대처하는 방식으로써 상징화를 통해 이해를 도모하는 것은 자아의 가치를 강화하고 자신의 삶에 대한 개인의 이야기를 지원하는 열린, 긍정적인 실천 방식을 제공할 수 있다(Arciero & Guidano, 2000; Bruner, 1987; Thompson & Janigian, 1988). 또한 원형은 자기실현과 개인적 통찰의 과정에 영향을 미칠 수 있는 집단적, 개인적 강점과 도전에 대한 객관적인 반영을 내담자에게 제공하는 방식으로 문화적으로 정보를 얻은 패러다임을 입증하고 검증하는 자극제로 사용될 수 있다.

그림 7.1 원형(Claudia Mezzera 작품)

자극적인 원형 이미지와 반응 미술의 조합은 적절한 치료적 자료를 수집하는 데 잠재적으로 유익한 방식이다. 이것은 내담자의 변화하는 요구에 관련된 치료를 개발하고 맞춤화하는 데 사용될 수 있다. “원형은 고대적이면서 보편적인 현상이지만, 그것들이 자신의 심리 일부가 되었을 때 개인화된다”(Myss, 2003, p.4). 따라서 원형적 자극 미술은 생존과 외상 후 성장과 관련된 집단적 트라우마 주제에 대한 개인적이고 사회적으로 영향받은 투사를 의식적으로 탐구하는 풍부한 수단과 독특한 기회를 제공한다.

보편적인 생존 원형은 모든 문명에서 공통적으로 나타나는 생존의 시련과 관련된 원형들이다(Myss, 2003). Ohno(2010)는 원형이 당혹감이나 질병 속에서 안정을 취하려는 인간 의식의 변화무쌍한 능력, 성향 및 패턴이라고 주장한다. 각각 생존 원형에는 “그림자” 특성이 포함되어 있는데, 이는 정체성과 의식적 자아의 부조화로 일어나는 생김새와 요소로 이러한 특성들은 신체적인 욕구를 충족시키는 데 초점이 맞춰져 있다(Stein, 1998). 보편적인 생존 원형에는 신성한 아이, 영원한 아이, 마법의 아이, 자연의 아이, 고아 아이, 상처 입은 아이, 매춘부, 파괴자, 피해자 등이 포함된다(Myss, 2003). Mezzera(2016)는 “라틴 여성들이 보편적인 생존 원형에 대한 이미지 선호도를 최고 또는 현재의 자기표현으로 인식하고 이미지가 자기를 어떻게 나타내는지, 자존감 및 인구통계학적 변인들에 대한 개인적 설명 사이의 상관관계를 인식했다”(p.2).

원형적인 반응 미술은 회복 과정 중인 내담자들이 자기개념과 전체적인 자기 가치감을 인식하고 유지할 수 있도록 격려할 수 있다. Langer(1957)는 과거의 상징들과 개인적인 믿음을 수용함으로써 새로운 아이디어와 정신적인 관점이 형성된다고 주장했다. 미술을 보고 만들면서 의미와 가치를 창출하는 것은 트라우마의 부정적인 영향을 완화하고 마음챙김을 증가시키기 위한 효과적인 접근 방법을 제공할 수 있다(Mezzera, 2016). 따라서 미술치료에서 원형적인 이미지를 사용하는 것은 다문화적 상징주의와 가치를 이해하고 관계적 발달과 치유를 위한 유익한 자원으로써 민족적 강점과 가치를 배양하고 인식할 수 있는 문화적으로 민감한 경로를 제공한다.

원형적인 이미지에 기반한 미술 지침은 내담자들에게 신화적인 전제, 주제 및 원형적인 페르소나에 기인한 외상적 도전에 대한 비위협적인 토론에 참여할 수 있는 기회를 제공할 수 있다. 이것은 내담자가 친숙한 경험에 대한 자신의 숙고를 투사하거나 주입할 수 있고 적절한 자기 관리를 통합하는 방법을 상상할 수 있도록 안전한 방법을 제공한다. 정신적으로 유익한 실제에 초점을 둔 반응 미술은 내담자들의 심리적, 신체적인 욕구를 보편화하고 타당화하는 도구로써 활용될 수 있다. 또한 이것은 그들이 적절하게 자신을 돌보고 힘을 기르도록 동기를 부여할 수 있도록 한다. 이렇게 함으로써 "상징화는 목적이자 도구"(Langer, 1957, p.51)이며, 자기 조절, 자기 돌봄 및 회복에 대한 강점 기반 접근 방식과 문화적 겸손을 융합하는 최고의 수단이다. 원형은 다양한 문화와 인간 경험에 적용 가능한 미학적인 이미지를 제공한다.

[그림 7.2]는 분석심리학자 융이 강바닥을 원형에 대한 은유로 비유한 것에 대한 반응으로 Jennifer Clay의 원형 미술을 묘사한 것이다. 이 작품에서 그녀는 체제적인 사회적 배제와 회복력에 관한 원형적인 주제를 탐구했다.

그림 7.2 강바닥 원형(Jennifer Clay 작품, 캔버스 위에 아크릴)

## 종결

내담자에게 종결은 축하할 일이거나 암울한 경험일 수 있다. 종결 단계로 감에 따라, 내담자는 치료자와 치료자의 관계 경험에 대해 더 알고 싶어 할 수도 있다. 그들은 당신이 유사한 트라우마를 경험했거나 이로 인한 영향을 받아왔는지를 물을 수도 있다. 이러한 종류의 질문에 대한 대응 방식은 치료사와 치료사의 슈퍼바이저에게 달려 있다. 자신에 대한 정보를 공유하는 것은 오로지 내담자의 계속적인 성장을 위한 것으로 이루어져야 한다. 자신의 미해결된 트라우마를 내담자와 공유하는 것은 결코 적절하지 않다.

작은 상징 선물이나 미술용품은 주고자 하는 치료사나 특히 아동들에게는 적절할 수 있다. 상호 간에 미술작품을 만드는 것은 좋은 선물이자 전이 대상이 될 수 있으며, 돈을 소비하는 선물을 피할 수도 있다. 내담자가 당신에게 선물을 주고 싶어 할 수도 있으며, 이는 선물의 의미를 이해하는 데 도움이 되도록 치료과정에서 탐구될 수 있다. 선물을 받을 수 없는 상황일 수도 있는데, 아마도 적절하지 않다고 생각되거나, 큰 선물이며 적절한 비용을 초과하는 경우일 수도 있다. 또는 치료사의 기관에서 선물에 대한 규정이 명확하게 정해져 있을 수도 있다. 선물을 단호히 거절하는 대신, 선물의 의미를 탐구하여 선물의 의도를 이해해 보는 것이 필요하다. 내담자가 감사의 인사를 전하고 싶다고 말한다면, 그들에게 치료사가 이를 감사하게 생각한다는 것을 알려주는 것이 좋다. 치료사가 선물을 반환하기로 결정하더라도, 거절하는 것이 선물이지 내담자이거나 그에 대한 감정이 아니라는 것을 이해할 수 있도록 내담자에게 부드럽게 전달해야 한다. 자기 노출이나 선물을 주는 것은 슈퍼바이저와 신중히 논의되어야 하며, 슈퍼바이저의 검토를 받을 수 없는 경우에는 경험 많은 동료 상담사와 상담하는 것이 좋다.

내담자들은 건강한 관계를 끝내는 것에 익숙하지 않을 수 있으며, 치료 마지막 회기 이전에 이 과정을 사전에 논의함으로써 그들에게 유익한 마무리를 탐색하고 그 과정에서 자신의 욕구를 알게 될 기회를 제공할 수 있다. 내담자에게 자원을 제공하는 것은 종결과정을 연결해 주는 역할을 한다. 책 목록, 미술 스튜디오와 수업, 웹사이트, 지지 그룹 또는 다른 자원들을 제공하는 것은 내담자에게 선물을 전하는 것과 같은 역할을 할 수 있다. 또한 내담자들에게 앞으로 다시 심리치료를 받을 수 있다는 사실을 상기시켜 주며, 이러한 상기는 스트레스나 변화의 시기에 특히 도움이 될 수 있다.

## 결론

트라우마와 트라우마 생존자에 대한 태도와 편견에 대해 주의하는 것은 모든 종류의 사람과 트라우마 반응에 대해 안전하고 환영받는 치료 환경을 조성하는 데 도움이 된다. 이러한 태도는 윤리에 대한 주의와 함께 적절하고 필요한 치료적 경계를 가능하게 한다. 치료의 각 단계에서 내담자의 욕구에 주의 깊게 주의를 기울이는 것은 치료적 경계가 단단하게 유지되도록 하는 것을 포함하여 계속해서 정보제공 동의를 얻는 것, 자해와 관련된 절차를 시행하는 것, 그리고 비밀 보장의 한계에 관한 정보를 제공하는 것을 포함한다.

내담자에게 권한을 부여하는 것은 미술과 관련된 치료과정 전반에 걸쳐 선택권을 제공하고 치료에서 자신을 표현하는 방법과 그들의 삶에서 자기 스스로 결정을 내릴 수 있도록 지지하는 것을 포함한다. 치료 단계들은 체계적으로 구성되어 있지만, 실제로는 선형적인 것보다는 더욱 순환적이고 겹치는 성격을 가진다. 내담자는 치료과정에서 안전과 관련된 단계를 계속해서 되돌아보거나, 트라우마 중심의 자료가 직접적이지 않은 방식으로 나타날 수 있다. 종결을 통해 내담자를 지원하는 것은 관계에 대한 검토나 계속되는 치유에 대한 안정감을 보장하는 것을 포함한다. 종결 단계에서 생존의 원형과 치료적 관계를 탐색할 수 있는 공간을 마련함으로써 치료과정에 건강한 종결을 제공할 수 있다.

## 참고자료

The American Art Therapy Association Ethics Code (2017).

www.arttherapy.org/wp-content/uploads/2017/06/Aspirational-Values-Underlying-the-Ethical-Principles-for-Art-Therapists.pdf.

www.arttherapy.org/wp-content/uploads/2017/06/Ethical-Principles-for-Art-Therapists.pdf.

The Carolyn Myss Archetype cards (described by Claudia Mezzera) are available at www.Myss.com and www.Amazon.com.

Myss, C. (2003) *Archetype Cards.* Carlsbad, CA: Hay House.

Myss, C. (2013) *Archetypes: Who Are You?* Carlsbad, CA: Hav House.

Chapter

08

# 외상 후 성장

외상 후 성장은 트라우마를 경험한 후에 생기는 선물이다. 트라우마로 인한 도전과 스트레스를 견뎌내고 마침내 새로운 성장과 긍정적인 변화를 이루어내게 된다. 외상 후 성장은 관계에 대한 새로운 감사함과 세상, 타인, 자기 자신을 보는 시각의 변화를 제공한다. 이 장에서는 외상 후 성장의 개념을 다루며, 치유 여정을 거친 후에 새로운 목적과 감사함을 느낀 사람들과의 인터뷰도 포함되어 있다. 또한 외상 후 성장을 미술치료사들의 사회 정의, 교차성, 그리고 긍정적인 돌봄과 연결짓는다. 이러한 개념들에 주의를 기울이면 성장을 촉진하는 분위기를 조성할 수 있다. 우리는 우리의 단체나 전문기관에서 내담자들을 위한 대변을 하는 것으로 지속적인 변화를 지원하며, 적대적이지 않고 환영받는 환경을 만들기 위한 목표를 추구한다.

## 외상 후 성장의 개념

외상 후 성장은 트라우마 사건이나 매우 어려운 생활 위기를 다루면서 발생하는 긍정적인 심리적 변화를 말한다(Duesun, Saracli & Konuk, 2014; Tedeschi & Calhoun, 2009). 외상 후 성장은 관계 개선, 자아에 대한 시각의 변화, 그리고 외상 경험이 없었다면 일어나지 않았을 변화된 인생철학을 나타낸다(Joseph, Murphy & Regel, 2012). 외상 후 성장은 삶에 대한 감사함의 증가, 강점 또는 목표의 증가, 의미 있는 관계의 형성, 더 깊고 친밀한 관계에 대한 소망, 풍요로운 영적 생활, 가치와 우선순위의 재구성으로 표현될 수 있다(Tedeschi & Calhoun, 2009). 더욱이, 이러한 변화는 지혜의 증가와 일관된 삶의 이야기와 같은 새로운 강점의 다른 영역과 상호 작용한다(Tedeschi & Calhoun, 2009).

1980년대 후반과 1990년대 초에 외상 후 성장에 관한 연구가 등장했다. 이는 PTSD가 DSM에 추가된 후 약 10년이 지난 시기이다(Joseph et al., 2012). 이 개념은 1980년대에 긍정심리학의 움직임과 밀접한 연관이 있으며, 이는 심리학자들이 단순히 증상을 완화하는 것 이상으로 의미 있는 삶을 개발하는 개인에게 있어서 그 중요성을 인식하기 시작한 시기이다.

ACT에서 트라우마를 다룰 때 중요한 문제 중 하나는 경험적 회피이다. 한 연구는 외상을 경험한 사람 중 사건 중과 사건 이후에 회피에 크게 의존하는 사람들은 웰빙 수준이 낮아지는 것으로 나타났다. 반대로, 고통스러운 기억을 회피하지 않고 그 고통과 접촉하기를 더 원하는 사람들은 장기적으로 더 나은 기분을 느끼는 것으로 조사되었다. 대학생 176명을 대상으로 한 연구에서, 적어도 하나의 트라우마 사건을 겪었다고 보고한 학생 중 높은 수준의 불안과 회피 전략에 의존하는 학생들은 전반적인 웰빙 수준이 감소하는 것으로 나타났다(Kashdan & Kane, 2011). 저자들은 또한 외상 후 스트레스를 겪는 사람 중 회피 전략에 덜 의존하는 사람들이 외상 후 성장의 수준과 심지어 삶의 의미를 더욱 크게 느끼는 것을 발견했다.

외상 후 성장 검사(Post Traumatic Growth Inventory)는 다음 영역에서 외상 후의 긍정적인 결과를 평가한다: 새로운 가능성, 타인과의 관계, 개인적인 강점, 영적 변화, 그리고 삶에 대한 감사함(Joseph et al., 2012; Tedeschi & Calhoun, 1996). 외상 후 성장은 낙관적인 태도와 외향성이라는 성격 변수와 약간의 관련이 있다(Tedeschi & Calhoun, 1996). 이는 희망을 품고 다른 사람들로부터 도움을 청하는 것이 PTSD로부터의 회복을 예측할 수 있는 좋은 요인이기 때문에 이해할 수 있다. 치료의 후기 단계에서 이 검사를 사용하면 개인들이 자아, 인식, 그리고 삶의 의미를 재구성하는 과정을 평가하는 데 도움을 줄 수 있다.

사실, 우리는 도전적인 상황을 마주한 후에 더욱 풍요롭고 깊이 있는 존재가 될 수 있다는 것을 오랫동안 인식해 왔다. 비교 신화에서, 우리는 영웅의 여정(Campbell,

1949)을 전 세계적으로 공유되는 신화로 이해한다. 영웅은 험난한 여정을 떠나게 된다. 중대한 도전을 마주한 후, 영웅은 전투와 투쟁을 거쳐 바뀐 상태로 집으로 돌아오게 된다. 트라우마와 PTSD를 경험한 우리의 내담자들도 완전히 바뀌며, 이상적으로는 증상 완화뿐만 아니라 개인적인 외상 후 성장을 이룬 상태에 도달하게 된다.

외상 후 성장은 치료과정의 후기에 나타나며, 이와 관련된 연구에서는 내담자가 긍정적인 변화를 느끼고 있다는 신호를 찾은 다음 이 개념을 도입하여 희망을 고무시키고 추가적인 성장을 도모해야 한다고 제시한다. 처음으로 내담자와 접촉할 때부터 치유를 위한 희망을 제공하는 것은 우리에게 책임이 있으며, 치료과정을 통틀어 외상 후 성장의 낙관적인 태도는 내담자와 미술치료사 모두에게 긍정적인 그 느낌을 갖게 하는 요소이다. 다음은 자동차 사고로 PTSD가 발생한 미술치료사가 경험한 예시이다.

## PTSD를 가지고 있는 치료사의 외상 후 성장

치료사조차도 외상을 경험한다. 트라우마 미술치료를 전문으로 하는 젊고 재능 있는 TT는 어느 날 저녁에 집으로 돌아가던 중에 트라우마 사건을 겪었다. 그녀는 누군가가 사망하는 장면을 목격했고, 이 끔찍한 경험으로 인해 PTSD 진단을 받게 되었다. 그녀는 치료작업을 잠시 멈추고 자신의 경험과 증상을 다루기 위한 시간을 가졌으며, 그녀의 트라우마를 탐구하는 방법으로 미술을 사용했다. 이후 그녀는 미술을 통해 혼란스럽고 인정하기 어려운 감정과 생각을 이해하려고 했다. 그녀의 치료과정에서 나중에는 증상에 대해 궁금해지고, 그로 인해 자신의 내담자들의 경험, PTSD의 복합 증상 및 회복에 대한 노력에 대해 새로운 통찰력을 얻게 되었다. 그녀의 외상 후 성장은 내담자와 연결하거나 미술치료를 하는 데 있어서 새롭고 창의적인 방식에 영감을 주었다. TT는 자신의 외상에 대한 세부사항을 나와 공유하였으며, 아래에 그녀의 회복 과정을 공유한다.

2019년 1월, 나는 트라우마 사건을 경험하여 PTSD가 발병했다. 매일 집으로 가는 동일한 경로를 운전하고 있었는데, 어떤 사람이 자살을 시도하듯 내 차 앞으로 뛰어들었다. 그는 충돌로 인해 사망했다.

아이러니하게도, 그 사건이 벌어지던 시점에 나는 트라우마 전문치료 센터에서 LPC(Licensed professional counselor) 및 미술치료사로 근무한 지 3년째 되었을 때였다. 이 사건 이후로는 내 직무에서 잠시 벗어나야 했으며 EMDR 치료를 시작하게 되었다. 대학원 시절에도 치료를 받은 적은 있었지만, 나는 이번에 처음으로 치료사의 역할에서 내담자로 완전히 바뀐 것 같은 느낌이 들었다. 나는 나의 내담자들의 충격과 깨달음의 순간들을 겪었다. "나의 내담자들이 매일 이런 경험을 하는 건가? 이런 기분일까?" 나는 그 순간에 너무 압도되었다.

트라우마로부터의 회복 과정에서 가장 어려웠던 점은 분노였다. 나에게 있어서 분노는 매우 불편한 감정임을 깨달았다. 나는 분노를 허용해야 한다는 사실을 받아들여야 했다. 특히, 이 일을 일으킨 개인에 대해 분노할 수 있도록 스스로 허용하는 것이었다. 이 개인은 심한 고통을 겪고 도움이 필요했지만 받지 못했다. 공감하는 인간으로서와 치료사로서 분노를 느끼는 것은 잘못된 것처럼 느껴졌다.

미술을 통해, 나는 분노를 애도의 단계로 비유하여 미술에 담아냈다. 이 작품에서 가장 중요한 상징은 십자가이다. 나는 매일 내 일상에서 십자가를 보게 된다. 그것은 무엇이 일어났는지에 대해 눈에 띄게 상기시키는 것이다. 내 분노는 다음과 같은 말을 한다. "다른 사람의 행동 때문에 너는 많은 것을 잃었는데, 왜 그들은 십자가를 얻을 수 있는 걸까? 그날 죽은 당신을 위한 하얀 십자가는 어디에 있을까?" 애도와 트라우마 속에서, 나는 분노와 공존할 수 있도록 배워야만 했고 그래야만 나아갈 수 있다. 이는 오른쪽 아래 모서리에 발이 십자가에서 멀어지는 모습으로 나타난다[그림 8.1]. 궁극적으로, 나에게 십자가가 필요하지 않은 이유이다.

나는 예전에 배웠고 활용했고 치료사로서 가르쳤던 것들을 믿어왔지만, 이제 그것이 나에게 현실이었다. 내 삶의 모든 것이 더 어려워졌다. 모든 것이 10배 더 많은 단계를 거쳤다. 내 마음은 기억을 끄지 않았다. 그것은 내가 일어날 때 가장 먼저 마주한 것이자, 잠들기 전 마지막으로 생각한 것이었다. 그때만큼은 잠을 자는 것이 가능했다. 나 자신의 EMDR 치료가 진행됨에 따라, 더 많은 깨달음을 얻었다. 만약 이 트라우마를 겪지 못했다면, PTSD 관련 증상 속에서 멈추고 대처 기술을 사용하는 것이 얼마나 어려운지에 대해 이해하지 못했을 것이다. 플래시백과 공포, 그리고 그것이 일어난 사실에 대한 끊임없는 억울함과 함께 분노가 있었다. 나는 이런 기술을 사용해야만 하는 것이 공정하지 않으며 그런 기술을 사용해야 한다는 것에 억울함을 느꼈다. 때로는 회복에 반대되는 활동을 선택하는 내담자들에 대한 새로운 통찰력을 얻었다. 약물을 복용하는 것이 더 쉽다. 숨는 것이 더 쉽다. 무감각하게 되거나 그냥 포기하는 것이 더 쉽다. 이제 PTSD 진단을 받은 트라우마 치료사로서, 나는 면역력이 없다는 것을 깨달았다. 사건 발생 후 1년이 다가오는 시점에도 여전히 고군분투하고 있다. 하지만 나는 외상 후 성장을 이루었다. 그것이 나에게 힘을 준다. 나는 더 나은 치료사가 되었다. 왜냐하면 나는 트라우마를 겪었을 뿐만 아니라 트라우마에 대한 교육을 믿기 때문이기도 하지만, 그 과정을 신뢰한다. 나는 단호한 진실로 내담자들에게 그들도 살아남을 수 있다고 말할 수 있다.

그림 8.1 흰 십자가는 어디에 있는가(TT 작품)

## 한 예술가의 외상 후 성장

예술가들은 자신들의 트라우마 경험을 관리하기 위해 독특한 도구들을 가지고 있으며, 다음 예시에서는 복합 트라우마, 평생에 걸친 반응, 그리고 치유에 대해 다룬다. TW는 중국 의상 직물 복원을 전문으로 하는 섬유 예술가이다. 그녀는 예술을 사용하여 자신이 겪은 어린 시절의 학대에 대한 감정을 완화시키는 방법으로 활용하였으며, 나중에는 중국 문화를 자신의 미술에 표현함으로써 즐거움을 표출하기도 했다. 나는 그녀의 미술과 문화, 영감을 주는 사람들, 그리고 어떻게 치료가 그녀의 정체성, 자신감, 예술을 강화시키는 데 도움이 되었는지에 대해 알아보았다. 그녀의 어린 시절 이야기에는 아동학대와 가족의 배신이 포함되어 있었으며, 이 시기 동안 그녀는 미술을 "탈출"의 수단으로 활용하였다. 나중에 그녀는 영적인 지도자와 심리학자로부터 치유를 찾으며, 자신과 자신의 문화를 표현하기 위한 미술을 통해 정체성을 회복하였다. TW는 자신의 행동들을 어린 시절의 트라우마에 대한 반응으로 연결시킬 수 있는 탁월한 통찰력을 갖고 있다.

> 나의 어린 시절은 행복하지 않았다. 내가 아버지라고 불렀던 남자는 나의 생물학적인 아버지가 아니었다. 어머니는 아버지와 결혼하기 전에 다른 결혼한 남자와 불륜 관계였는데, 그 남자는 본인의 아내와 자녀들을 떠나지 않겠다고 해서 어머니는 강제로 아버지와 결혼하게 되었다. 그들의 불륜 관계는 내가 3~4살이 되는 시기까지 계속되었는데, 그때 아버지는 어머니에게 그 관계를 끊거나 본인들의 결혼 생활을 끝내라고 강요했다. 어머니는 그 관계를 끝냈지만, 그 후로는 나를 인형처럼 다뤄주고 옷을 만들어 주는 대신에 잔인하게 폭행하기 시작했고, 이는 초등학교 대부분의 시기까지 이어졌다. 나는 아직 등에 희미한 흉터가 남아있다. 어머니는 항상 내게 실망스러운 존재라고 말했다-내가 충분히 똑똑하거나 예쁘거나 재능이 충분치 않다고 했다.
>
> 나는 반격하는 대신, 학업에 몰두하여 좋은 성적을 잘 받았고, 내가 할 수 있는 유일한 것인 체중을 조절하는 것에 집중했다. 90파운드로 저체중이 되는 것부터 160파운드로 비만에 이르기까지 몸무게는 극단적으로 오갔다. 아버지는 일하는 시간을 모두 직장에서 보냈다. 나는 부모에게 이야기할 수 없었다-어머니는 나에게 주먹을 휘둘렀

고 아버지는 주위에 없었다. 다행히도 여름 방학이나 다른 학교 휴일에는 외할머니와 함께 시간을 보낼 수 있었는데, 할머니는 나에게 강한 자기 가치감을 심어주고 무엇이든 성공하고 싶다는 불타는 열망을 심어주었다.

18세 때 집을 떠나 어머니로부터 벗어났고, 그 후 수십 년 동안 일, 남편, 자녀에 전념했다. 나의 학대받은 경험을 상자에 담아 나의 일상생활에서 멀리 숨겼다. 나는 자녀들을 때리지 않기 위해 의식적인 노력을 했다. 나는 여러 가지 일을 하는 데 오랜 시간을 보낸 탓에 성질이 급해졌다. 그러나 자녀들에게는 결코 손을 대지 않았다는 점이 자랑스럽다.

수십 년 동안 평화로운 삶을 보낸 후, 나의 17년 연인과의 이별 과정에서 갑작스럽게 폭력이 다시 등장했다. 그는 두 번이나 강제로 내 집에 들어왔고 긴 협박성 이메일을 보냈다. 나는 나 자신의 안녕을 위협하는 공포를 느끼게 된 후, 불교 신자 중 한 분에게 조언을 구했다. 그녀는 간디의 한 구절을 나와 공유했는데, 그것은 아직도 내가 공포에 직면할 때 영감을 주고 있다:

> 두려움은 몸의 질병이 아니라 영혼을 죽이는 것이다. 만약 우리의 영혼이 시들어서 죽는다면, 우리는 패배한다. 그리고 그것은 우리를 탄압하려는 자들의 손을 더욱 강화시킨다. 그러므로 두려워하는 것보다 더 어리석은 것은 없다. 아무것도 더 체면을 손상시키는 일은 없다. 우리 자신을 두려움에 시달리게 두는 것만큼 비생산적인 것은 없다. 나는 당신에게 선언한다: 친구들이여, 두려워하지 말아라! 박해를 두려워하지 말라. 거짓말쟁이를 두려워하지 말라. 질투심에서 비롯된 공격을 두려워하지 말라. 왜 기반 없고 겁쟁이인 개인들로부터 어떤 것을 두려워해야 하는가? 이러한 두려움 없음이 Nichiren Daishonin의 불교의 본질이며, 사자왕의 정신이다(참조: Nichiren Daishonin' Gosho, n.d., and Yust et al., 2006)

나는 겁 없이 외쳤다. 괴롭힘에 대해 반응하지 않기로 결심했다. 이메일은 결국 그쪽에서 그만두었고, 몇 달 후에 그는 이별을 받아들였다. 그리고 이별 후 1년 동안은 괜찮았다. 현재의 파트너와 사귀기 시작한 지 1년이 지난 뒤, 우리는 영화 '12년의 노예'를 보러 갔고, 그것이 완전한 정신적 붕괴를 유발했다. 영화를 보고 집에 돌아와서 적어도 1시간 동안은 태아 자세로 땅에 엎드려 아무것도 할 수 없었다. 그 후로, 59세에 접어들었을 때, 나는 한 치료사와 함께 치료를 하기 시작했다. Adam 치료사와의 9개월 동안의 작업은 훌륭했다. 그 과정에서 나는 어머니가 나를 폭행한 것은 내 잘못이 아니며, 이는 그저 문화적 관습이 아니라(최근까지 중국에서 아내 폭행이 허용되던 것처럼) 그녀의 치료되지 않은 정신적 질환의 산물임을 깨달았다. 또한, 더이상 정신 붕괴를 겪지 않기 위해 어떠한 스트레스 상황에서도 대처하는 도구들을 개발했다. 즉각적으로 대화하고 스트레스를 조금씩 푸는 것은 유용한 도구가 되었으며, 이로 인해 이제 더이상 폭발하거나 내부적으로 붕괴하지 않는다. 왜 50년 이상이나 지나서야 완전한 정신적 붕괴를 겪으며 치료를 찾으려고 기다렸는지에 대해서는, 파트너인 K와 함께 하는 시기에야 비로소 자녀나 아버지에 대한 책임이 없는 "안전한" 장소에 처해 있었기 때문이라고 생각한다. 이제야 모든 것을 털어놓고 이를 다룰 수 있게 되었다. 시작하지 않는 것보다 늦게라도 시작하는 것이 낫다.

이후로, 나는 작업에 접근하는 방식을 다르게 했다. 나는 사람들이 교착 상태를 극복한 경험을 공유하는 미술 부서의 회의에 참석하였다. 내 머리에 박힌 한 가지 지침은 염불하는 예술가가 아니라 예술가인 보살이 되라는 것이었다. 그날 저녁부터 나는 알려진 것, 익숙한 것 너머로 나아가고자 하는 일하는 섬유 예술가인 보살이 되라고 염불하기 시작했다; 내 사업을 성장시키기 위해 내 안전지대를 벗어나는 것이 필요했다. 나는 3일 동안 나의 예술가 사명 선언문을 작성했고 다른 예술가 친구는 특정 아티스트로 제출하기 위해 원래의 30년대 스타일의 모자를 쓴 나를 사진 찍는 데 하루를 보냈다. 이 일은 힘든 일이었지만 내가 누구인지, 왜 이 일을 하는지 정의하는 데 도움을 주었다. 나는 나의 일생 동안 여러 차례 내 자신을 재탄생시켰다. 처음에는 오페라 가수로, 다음에는 법률 비서/법률 보조원으로, 지금은 섬유 예술가이자 30, 40, 50년대 빈티지 의류의 재생산자로서의 나. 나는 뜨개질/크로셰와 빈티지 의류의 교차점에 있으며, Oscar Wilde의 권고에 따라 "자신이 예술품이 되거나 예술품을 입어야 한다"라는 말을 엄격히 따르기 위해 노력하고 있다.

또한 나는 한민족과 소수민족 의상의 역사와 자수 기술을 스스로 배웠다. 특히 중국의 아동용 모자를 좋아한다. 그것들은 매우 기발하며, 자녀들을 보호하기 위해 엄마들이 사랑을 담아 수공으로 만든 정령 동물들이 그려져 있는 모자이다. 내 머리가 작아서 이런 모자들을 많이 착용할 수 있다! 내가 준비하는 음식 외에 내 문화유산의 다른 측면에 익숙해지는 것은 엄청난 치유가 되었으며 대부분의 중국계 미국인이 전혀 알지 못하는 역사의 일부를 보존하는 방법이었다. 최근에 나는 사진 프로젝트에 착수하여 아동용 모자, 동양 예복, 보석 등을 특집으로 다루는 책을 제작하는 친구와 협력하고 있다. 2006년에 어머니가 간암으로 사망한 후에는 아버지와 화해했고, 나중에 아버지는 마지막 3년 동안 나와 함께 살았다. 우리는 내 어린 시절 겪은 트라우마에 대해 이야기할 수 있었고, 아버지는 그것을 멈추지 못한 것에 대해 진심으로 사과했다. 나는 아버지를 용서했지만, 어머니는 아직 용서하지 않았다.

이후로 나는 지원을 받기 위해 다른 사람들에게 연락하기 시작했다. 한 친구가 New York Times의 Bill Cunningham이 자주 사진을 찍은 맨해튼의 69세 패션 센세이션인 Tziporah Salmon에 대한 기사를 내게 주었다. 나는 Tziporah의 웹사이트를 팔로우하기 시작했고 미친 광팬처럼 보이지 않게 그녀에게 다가갈 수 있는 용기를 외쳤다. 나는 그녀에게 내 사명 선언문과 모자를 쓴 나의 사진 두 장을 보냈고, 내가 그녀를 얼마나 존경하는지, 그리고 그녀가 샌프란시스코에 있다면 거기에서 그녀와 함께 만나고 싶다고 전했다. 아마도 운명이었을지도 모르겠다. "되기로 정해져 있는(meant to be)"이라는 유대인 용어로 말하자면, 다음 날 아침, 그녀로부터 열정적인 이메일을 받았다. 그녀는 샌프란시스코에 있고 주말 동안 여기에 머무를 것이라고 말했다. 나는 호텔에 있는 그녀에게 전화를 걸었고, 그녀는 "나는 너의 새로운 가장 친한 친구야"라고 대답했다. 우리가 대화를 나누는 동안, 내 중국 참새가 배경에서 지저귀기 시작했고, Tziporah는 내가 새를 키우고 있고, 그녀의 이름이 히브리어로 "새"를 의미한다는 것을 알고 있는지 물었다. 그녀는 내가 그녀의 이름이 히브리어로 "새"를 의미한다는 것을 알고 있어 놀라워했다.

우리가 아시아 예술 박물관 로비에서 만났을 때 서로를 바라보는 순간부터 우리의 연결은 신비로웠다. 우리는 서로를 포옹하고 오랜 친구처럼 이야기하기 시작했다. 우리의 우정은 나에게 첫 번째 모델 경험을 안겨주었다. 2016년에 Tziporah은 의복의 예술에 관한 책을 쓰기 시작했고, 기쁘게도 내가 10명의 모델 중 한 사람으로 선정되었다! 아시아계 모델은 현재 많이 있지만, 아시아계 모델이 패션과 의상 예술에 관한 책에 소개된 적은 없다고 생각한다. 그리고 내가 60세가 되었을 때 사진을 찍었다는 사실이 그 경험을 더욱 특별하게 만들었다.

만약 Tziporah에게 책에 출연해달라는 제안을 받기 전에 Adam과 함께 일하지 않았다면, 60세에 인쇄 모델이 될 자신감을 가질 수 없었을 것 같다. 나는 이 사진 촬영을 재미있는 실험으로 접근하고, 내가 복원하는 고전 의상과 함께 내 뜨개질 작업도 자랑할 수 있는 방법으로 촬영을 진행했다. 출판 전까지 나는 정말로 책에 실리게 될지 확신할 수 없었다. 내 마음속에는 언제나 어머니의 목소리가 있었고, 그녀는 항상 나를 편집실 바닥에 버려질 것이라고 말했다. 그래서 그녀가 다시 한번 틀렸다고 증명해서 정말 기뻤다!

나는 TW에게 그녀의 인터뷰를 읽을 다른 미술치료사들과 함께 우리의 역할을 수행하면서 문화적 겸손을 발전시키고 도움이 될 조언이 있는지 물었을 때, 그녀는 "우리는 서로에게 인종차별, 성차별, 혹은 잔인한 행동이 허용되지 않는다는 것을 가르쳐야 하며 모든 예술을 촉진하고 지원하는 것도 중요하다. 그리고 다른 문화, 관습, 음식, 종교를 배우기 위해 읽고 여행하는 것을 잊지 말아야 한다!"라고 답변했다. TW의 작품은 [그림 8.2]에서 강조되었는데, 그 그림에서 그녀는 공작 깃털 모자와 뜨개질한 깃털 재킷을 자랑스럽게 보여준다. 이 재킷은 전통적인 기모노 형태, 새에 대한 사랑, 그리고 모자 제작 기술이 결합되어 있다.

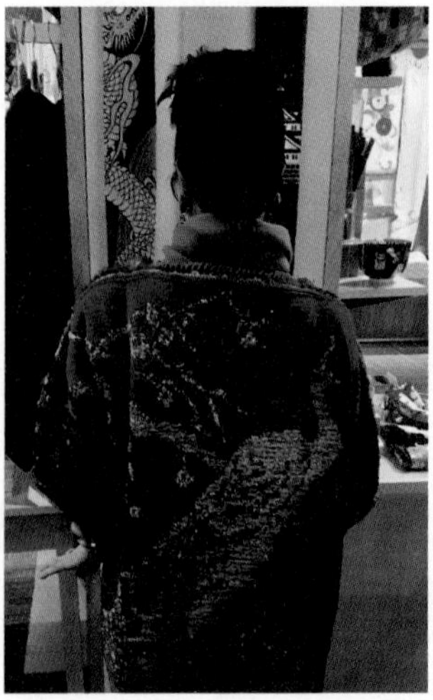

그림 8.2 공작 깃털 모자와 뜨개질한 기모노 깃털 재킷(TW 작품)

## 외상 후 회복력

Anh Tran는 북부 캘리포니아의 미술치료사이자 부부 및 가족치료사로서 자신의 세대 간 및 역사적 트라우마의 영향에 대한 통찰을 공유한다. 원래 그녀의 연구는 창의성이 어떻게 트라우마로 인해 부정적으로 영향을 받을 수 있는지에 초점을 두었다. 여기에서 그녀는 자신과 다른 사람들이 외상 후 회복력을 인식했을 때의 깨달은 순간을 공유한다. 그녀는 이야기를 따라가는 대신 가해자/식민지 지배자의 이야기가 아닌 개인과 지역사회의 힘에 초점을 맞춤으로써 변혁적인 치유를 제공하는 방법을 강조하고 있다. 그녀의 이야기는 가해자/실종자의 서술 대신 개인과 공동체의 힘에 초점을 맞추어 이야기의 탈식민화가 어떻게 변혁적인 치유를 제공하는지에 관해 강조한다.

나는 베트남 난민의 자녀이자 군인의 딸로서, 세대 간 전해지는 트라우마는 실제로 나에게 영향을 미치는 현실이다. 세대 간 트라우마, 트라우마와 스트레스의 전달, 그리고 스트레스에 대한 대응 방식의 패턴은 나에게 깊은 공감을 일으킨다. 미국에서 태어난 첫 번째 세대로서의 문화 간 적응도 추가적인 복잡성의 요소였다. 나는 캘리포니아의 벨몬트에 위치한 Notre Dame de Namur 대학교 미술치료 심리학 석사과정에서 논문을 쓰는 과정이 미술 과정 자체가 된 것이라는 사실은 거의 알지 못했다. 특히 완성된 후에 그 아이디어의 발전에 기여할 것임을 나중에 알게 되었다. 내 논문은 내재화된 문화적 억압(예: 내재화된 인종 차별, 여성혐오, 계급차별)과 창의적 표현 사이의 관계(또는 그 부재)를 탐구했다.

나 자신을 더 잘 이해하기 위한 내면적인 작업을 통해, 나의 창의적 표현에 대한 개인적인 제한 요소들을 점점 더 깨닫게 되었다. 내재화된 자기 의심, 충분하지 않다는 느낌, 억압된 분노 등이 나의 창의적 능력을 확장하는 데 (특히 예술적인 수단을 통해) 방해 요소로 작용했음을 알게 되었다. 내가 가설로 세운 것은, 내재화된 문화적 억압을 많이 경험할수록 창의적인 느낌이 적어질 것이라는 가설이다. 데이터를 분석한 결과, 내 가설은 지지되지 않았다. 사실은 그 반대였다. 연구 참여자들이 보고한 내재화된 문화적 억압이 클수록 창의적인 느낌도 커졌다. 나는 문화적 회복력을 고려하지 않았다.

몇 달 후, 전국 인종및민족학회에 참석하여 나의 논문 연구를 발표하던 중, 활기찬 주제 연설자인 Walidah Imarisha가 나에게 큰 인상을 남겼다. 연설자는 오랫동안 유색인종의 새로운 세대를 교육하는 동안 자신의 이야기를 억압자 중심으로 한다는 사실을 깨닫게 되었다. 그녀는 사회적으로 억압받은 공동체에 대한 억압의 역사에 대한 교육을 제공했지만, 어느 순간 어린 소년이 다가와서, "맞아요, 우리는 고통과 부당함에 대한 이야기를 이해하지만, 우리의 용기와 업적에 대한 이야기는 어떻게 되는 건가요?"라고 말했다.

나에게도 아-하 순간이 찾아왔다. 나 또한 자신의 이야기를 억압자에게 집중하고 있었다! 베트남은 세기에 걸쳐 중국, 프랑스, 일본에 의해 식민지화되어 베트남 사람들의 목소리가 진압되었다. 나는 피해자로서의 이야기와 자유를 갈망하는 이야기를 내면화했고, 식민자와 그들의 부당함을 드러내는 부담을 가지고 있었다. 나의 전체 논문은 상속된 고통, 고뇌, 트라우마가 창의력과 치유를 방해하는 것을 세상에 드러내기 위한 희망으로 이루어졌지만, 그러나 그 대신, 불굴의 회복탄력성의 힘을 또한 상속받을 수 있다는 것이 드러났다.

내 이야기를 탈식민화하는 것은 나 자신 안에서 억압자의 잘못을 인정하고 조상들이 전해준 힘과 용기를 인정하는 공간을 만드는 것을 의미했다. 그 결과로써, 나에게 개인적인 자유감과 내 힘을 되찾을 수 있는 기회를 제공했다. 어둠의 그림자와 탄력성이 있는 빛깔의 덧칠을 통합하는 미술 과정은 나의 존재를 비추며 희망과 자유로움의 이야기로 나타난다.

## 외상 후 성장과 ACT 가치

내담자들이 개인적으로 선택한 가치에 초점을 맞추고 그 가치에 부합하는 행동에 전념하도록 돕는 것은 그들에게 자율성과 선택의 기회를 제공한다. PTSD 증상을 여전히 경험할 수는 있지만, 이 단계에서 그들은 자기와 타인에 대해 새로운 의미를 찾기 시작한다. 중요한 점은 증상과는 상관없이, 내담자들이 가치 중심의 삶을 지속할 수 있다는 것이다. 이는 희망, 집중력 및 사회나 공동체 참여에 대한 새로운 가능성을 제공하는 아이디어이다.

ACT에서 가치는 내담자들이 트라우마를 경험한 후에 인생의 개인적인 방향을 결정하는 나침반 역할을 한다. 가치는 우리에게 중요한 것을 가리키며, 이러한 가치에 부합하는 행동에 노력한다. 활동주의와 사회 정의는 외상 후 성장과 Maslow의 욕구 위계의 거의 마지막 부분인 자기실현의 중요한 부분이 될 수 있다. 다른 사람의 자기실현을 돕는 것은 위계 구조의 맨 위에 있는 것인데, 우리와 우리의 내담자는 이러한 심리적 성장을 위한 기회를 만들면서 혜택을 얻을 수 있다. 나는 약물 중독 미술치료 집단을 이끌고 있으며, 이 집단의 구성원들은 공유하는 가치로서의 유산(legacy)을 확인하고 미래의 내담자들을 위해 무언가를 남기는 기회를 요청했다. 그들은 채색된 암석정원을 만들기 위해 주도적으로 나섰으며, 이를 통해 중독으로부터 회복을 위한 희망의 상징을 미래의 내담자들에게 제공함으로써 개인적인 자기실현에 기여하는 느낌을 가지게 되었다. 그들은 또한, 불리한 아동기 경험이나 대규모 약물 회사의 이익과 같이 중독을 생성하고 유지하는 체계에 도전하고 해체하기 위해 목표 지향적인 옹호에 어떻게 참여할 수 있는지에 대해 논의했다.

## 내담자가 자신과 타인을 위해 대변할 수 있도록 지원하기

미술치료사로서, 우리의 작업은 이상적으로는 내담자들에게 심리적인 안녕에서 긍정적이고 오래 지속되는 변화를 내면화하고, 심리적인 문제를 일으키거나 기여하는 체계의 외부 수준에서의 변화를 촉진하는 데 도움을 준다. 이를 위해, 우리는 치유적인 환경을 조성하여 내담자가 자신의 개인적이고 문화적인 가치에 따라 원하는 변화를 이룰 수 있도록 도움을 준다. 이러한 과정에서 내담자는 궁극적으로 자신을 강화시키게 된다. 급진적인 돌봄 방법은 돌보는 사람의 능력에 초점을 맞추어 개인의 자율적 수준에서 성장을 촉진하고, 시스템 수준에서 사회 정의를 촉진하는 데 중점을 둔다(Ravichandran, 2019). 급진적인 돌봄은 "내담자 중심, 트라우마 중심 및 권한 부여 기반 접근법"(p.149)을 강조하여 미술치료에서 사회 정의를 촉진하는 수단으로 사용된다; 또한 그것은 내담자들이 자신의 성장과 자기실현을 추구하며 자신의 지역사회를 대변하도록 권한을 부여하는 데 사용된다.

이 급진적인 돌봄 모델은 계급적이고 상향식 접근법을 내담자 중심, 공동체 중심의 접근법의 심리치료 및 미술치료로 대체한다. 시카고 지역 이민자 지역사회에서 성폭력을 종식시키기 위한 사명을 가진 비영리 단체인 'Apna Ghar(우리의 집)'는 미술치료를 제공하여 이민 여성들에게 권한을 부여하고 여성에 대한 폭력을 지원하고 유지하는 사회 구조를 철저히 해체하기 위한 통합적인 관리 체계의 일환으로 사용된다. Sangeetha Ravichandran(2019)은 Apna Ghar의 급진적인 돌봄 모델을 사회와의 교차점적 접근과 우리가 함께 일하고 있는 지역사회의 욕구를 고려한 미술치료 전반에 적용 가능한 비전과 방법론으로 설명했다.

교차성은 사람들의 다중 사회적 정체성(성별, 인종, 성적 지향, 장애, 계급, 국적, 종교 등)으로 인해 겪는 교차적인 역할과 이에 따른 차별을 검토하는 방식을 의미한다(Crenshaw, 1991; Ravichandran, 2019). 교차성이라는 용어는 시민권 운동가이자 법학자인 Kimberlé Crenshaw가 1989년에 만들었으며, 초기에는 성차별과 인종차별로 인해 이중적인 억압을 경험하는 흑인 여성들에게 적용되었다. 성차별과 인종차별의 결합은 각각의 억압의 합의 효과보다 더 큰 것으로 나타났다. Crenshaw(1991)는 이러한 초기 아이디어를 바탕으로 교차성 개념을 발전시켰으며, Talwar(2019)와 많은 다른 학자들도 이를 확장시키고 있다. 예를 들어, 우리가 내담자의 경험을 이해하는 방식은 반드시 그녀/그의 문화와 인종, 계급, 문화, 성적 지향 등의 교차하는 사회적 정체성을 종합적으로 고려해야 한다. 게다가, 우리는 개인에 대한 차별의 부정적인 영향을 증폭시키고 억압을 유지하는 제도와 시스템에 대한 인식을 확장함으로써 내담자를 보다 깊이 이해할 수 있다.

Apna Ghar에서 이주 여성들을 돌보고 미술치료를 활용하는 접근은 관행적으로 이루어지는 것이 아니라, 서비스를 받는 여성들의 변화하는 욕구와 이들의 교차하는 사회적 정체성에 기반한다(Ravichandran, 2019). Ravichandran(2019)은 "치료사, 옹호자, 또는 도움이 되는 사람이 1차원적인 구조(rescue) 모델을 통해 치유에 접근하는 대신, 나는 공유되고 의미 있는 공간을 창조하고 긍정적인 행동으로 이어지게 하는 것에 관심을 갖게 되었다"라고 언급했다(p.149). 이 접근은 여성들 사이에서 공동 책임감을 형성하여 자기 결정력을 강화하는 목적으로 이루어진다. 더 나아가, 이는 이중 식민주의와 제3세계 여성 등과 같은 정신건강의 억압적인 권력체계를 해체한다

(Ravichandran, 2019). 이중 식민주의는 백인 여성주의자들이 제3세계 여성의 존재를 창조하고 이로부터 이득을 얻는 경우에 발생한다(Ravichandran, 2019). 제3세계 여성은 의존적이고 가난하며 성적으로 희생되는, 이민자이며 종교적이고 백인이 아니며 도움을 필요로 하는 존재로 상정되었다. 그리고 백인 여성주의자들은 "다른" 여성들의 구원자로 자리잡고, 자신들은 도움이 필요한 다른 여성들에 비해 우월한 위치에 있다고 여기게 된다. 안타깝게도, 이러한 고정관념은 지속되고 있다.

가치 중심적 행동과 사회 정의는 미술 박물관에서 이루어진 집단미술치료에 참여한 노인집단에서 자발적으로 나타난 주제였다(Bennington et al., 2016). 미술치료 집단에 참여한 노인들은 특정 미술 작품들을 감상하고 토론한 후 자신들의 작품을 창작했다. 노인들이 미술 창작과 숙고의 시간에 참여하는 동안, 가장 흥미로운 점은 박물관이 노인들에게 더 나은 서비스를 제공할 수 있는 방법을 상세히 설명한 편지를 그들이 즉흥적으로 작성했다는 것이다. 그들은 미래의 노인들이 노인으로서의 사회적 정체성뿐만 아니라 공동체와 창의성에 대한 공유 가치를 기반으로 박물관을 방문하도록 옹호했다. 우리의 내담자들에게 권한을 부여하기 위해서는 가치를 확인하고 그 가치 중심적 행동을 지원하는 시간과 기회를 마련하는 것이 필요하다. 이는 정체성 중심의 옹호 및 사회적 행동과 같은 가치 중심적 행동을 지원하는 것이다.

## 심리학과 미술치료에서의 사회 정의 옹호하기

상담사와 및 미술치료사로서의 우리 작업의 근간이 되는 DSM의 병리학의 변화하는 개념은 정신건강에 대한 지배적인 사회적 개념화에서 비롯된다. 예를 들어, 동성애는 우세한 보수적이고 종교적인 인간의 상태에 대한 신념 때문에 DSM (Diagnostic and Statistical Manual of Mental Disorders)에 잘못 포함되었다. 자본주의는 정신건강 치료에 중요한 역할을 하며, 심리적 장애를 치료하기 위해 제안되는 약물들이 소비자와 의사들에게 마케팅되기 때문에 의약품 및 보험 회사들이 치료에 대한 담론과 심리학 연구에서 제기되는 질문들을 형성하게 된다. 우리 직업에 대한 이러한 더 큰 사회적 영향은 사회적 세력이 옹호를 통해 압력을 가하게 되어 시간이 지남에 따라 변화한다.

타인의 치료와 돌봄에 대한 가설을 해체하는 것은 트라우마 생존자를 지원하는 데 매우 중요하다. 예를 들어, 성폭력과 강간은 다른 사람에 대한 권력과 통제의 범죄이다. 성폭력은 전 세계적으로 전쟁을 벌이는 집단들 간의 전쟁에서 또는 여성에 대한 사회적 전쟁의 일환으로 사용된다. 권력과 통제의 개념을 인정하고 이에 대응하는 것은 미술치료사의 업무에서 상당히 중요하다. 이를 통해 전쟁, 정치적 폭력, 성폭력, 인간의 원인으로 발생한 재해 트라우마로부터 개인과 지역사회가 치유될 수 있다. Talwar(2019)는 이러한 개념에 대해 상세히 다루며 어떻게 미술치료가 공동 책임의 입장에서 진행될 수 있는지에 대해 언급하고 있다.

정신건강, 우리 자신과 내담자의 행동, 그리고 미술이 치유 과정에서 어떤 기능으로 작용하는지에 대한 가설을 탐색하는 것은 치료실과 미술 스튜디오에서 억압적인 권력 구조를 해체하는 데 매우 중요한 첫 번째 단계이다. 처음으로 일한 성폭력위기센터에서의 팀 회의는 회전의자 모델을 사용하여 진행되었다. 이 모델은 우리가 번갈아 가며 회의를 열고 이끌었던 것을 의미한다. 이러한 공동 책임은 형식적인 회의에서 권력이 어떻게 행사될 수 있는지에 대해 다양한 집단에서 배울 수 있는 기회를 제공하며, 우리의 치료집단에서 유사한 구조를 만들기 위한 예시로 작용했다.

MFT, ATR-BC 자격을 가지고 있는 Lisa Manthe는 북부 캘리포니아의 정서적, 행동적 어려움을 가지고 있는 아동들을 위해 한 학교에서 미술치료사이자 임상 감독자로 근무하고 있다. 그녀는 최근 학교에서 개별 교육 계획(Individual Education Plans)을 위한 회의에서 급진적 돌봄으로의 전환을 이루었다. 이러한 회의는 법적으로 요구되는 경우, 부모의 요청이나 학교가 아동의 학업 성공을 위해 필요한 경우에 진행된다. 일반적으로 이러한 회의는 치료사나 학교 직원이 주최하며, 가족, 학생 및 기타 전문가들이 참석하며 결함이나 병리 모델에 근거한다. Manthe는 회의의 리더 역할을 학교 직원에서 아동으로 변경했는데, 이렇게 함으로써 교육 계획은 학생 중심으로 이끌어지며, 아동, 가족 및 학교 직원 모두가 공동의 책임을 갖게 되었다(L. Manthe, 개인적인 대화, 2019년 11월 23일).

심리학과 미술치료는 식민주의에 기반을 둔 이념에 근거하기 때문에 다양한 목소리가 배제되어 왔다. 예를 들어, 우리는 LGBTQ+ 개인들에 대한 사회적인 법적 차별과 남성에 대한 연구로 인해, 성별 경험의 복잡성에 대한 이해가 제한되어 왔다. 또한, 정신건강에 대한 식민지적인 이념으로 인해 사회적 문제에 대한 이해도 제한되었는데, 그 이유는 병리가 개인의 문제로 개념화되고 심리적 문제의 다면적인 원인이나 기여되는 맥락이 무시되기 때문이다. 심지어 이전 세대의 여성주의도 식민지적인 생각에 의존하여 일부 여성을 희생자나 도움이 필요한 사람들로 개념화함으로써 다른 여성들과 연대를 구축하는 대신 "다른" 여성들을 타자로 만들었다. 이는 백인 여성주의자들이 "다른" 여성들을 구해주는 구원자로 표현함으로써 이중 식민주의가 발생하는 경우이다(Ravichandran, 2019).

이중 식민주의는 때때로 우리 학생들과 동료들이 치료에서 사람들을 구해야 한다는 소망에서 드러난다. 이중 식민주의는 치료사들이 자신들을 유색 인종 내담자의 성공의 중심에 있다고 생각하거나, 치료사들의 자아 욕구가 큰 경우에 나타난다. 예를 들어, 한 동료는 자신의 단기 간의 작업으로 인해 자신의 내담자가 수십 년간 가지고 있던 중독에서 완전히 벗어나게 되었다고 주장했다. 이 임상가는 내담자가 내담자 자신의 변화의 중심에 있는 것보다 자신을 구원자나 구원자로서 이야기의 중심에 위치시켰다. 이것은 독서, 자기숙고, 타인과의 대화, 그리고 슈퍼비전 및 미술에 참여하는 것을 통해 문화적 겸손을 가지는 것의 중요성을 보여주는 한 예이다. 그러나 인식은 변화가 아니며, 문화적 겸손의 작업은 인식으로 끝나는 것이 아니다. 오히려 이는 상담, 타인에 대한 도전, 그리고 우리의 믿음, 편견 및 행동에 대한 타인의 도전을 수용함으로써 시작된다.

## 심리학의 다섯 번째 흐름으로서의 사회 정의

심리학은 "역사적으로 소외된 집단에 대한 차별적 관행을 강화하고 신뢰를 부여하는 이론, 연구 및 실천을 통해 인권 역사를 점검하고 있다(Sorenson, 2017, p.1). 미국심리학회(2002)의 윤리 규정 서문은 심리학자들이 시민 및 인권을 보호하는 데 기여한다고 명시하고 있다.

이러한 지침들은 2003년에 APA 다문화 가이드라인이 채택되면서, 사회적 정의와 포용을 임상적인 작업과 연구의 중심에 두는 방향으로 이동하도록 하였다. 심리학의 처음 네 가지 흐름은 심리 역동, 행동주의, 인간중심/실존주의, 다문화주의였지만, 우리는 지금 다섯 번째 흐름인 사회 정의 심리학으로 전환하였다(Manivong, 2009). 상담에서의 사회 정의 관점은 특권, 권력 및 억압의 존재를 인정한다. 여성주의 심리학이 이러한 이슈들에 주목하는 것과 마찬가지로, 사회 정의는 이러한 이슈들을 상담 이론에 더 광범위하게 투영한다(Manivong, 2009).

영국미술치료학회의 미술치료사를 위한 전문적인 실제에 대한 윤리 규정과 원칙에서는 "치료사는 문화에 능숙해야 한다. 문화적 능력은 치료사가 다문화적인 상황에서 효과적으로 일할 수 있는 일련의 일치하는 행동, 태도 및 정책이다"라고 언급하고 있다(n.d., p.2). AATA(2011)은 미술치료사들을 위한 윤리 원칙에서 심리학적 실천의 다문화적 측면에 주목하고 특히 다문화적 능력에 관해 다루고 있다.

> 미술치료에서의 다문화/다양성 역량은 미술치료사가 자기와 타인에 대한 문화적 다양성에 대한 인식과 지식을 보유하고, 동시에 이 인식과 지식을 개인 내담자와 집단 내담자들과의 실제에 능숙하게 적용하는 능력을 의미한다. 미술치료사는 문화적 이슈에 대한 인식과 민감성을 포함한 치료 개입과 전략을 제공하기 위해 다문화/다양성 역량을 유지한다(p.1).

특히 AATA(2011)의 다문화/다양성 역량은 다문화 인식, 지식 및 기술을 강조한다. 인식은 자신의 문화유산에 대한 인식과 심리학 및 창의성에 대한 가치와 편견에 어떤 영향을 미치는지에 대한 인식과 민감성을 포함한다. 지식은 문화와 계급에 대한 구체적인 이해와 문화적으로 적절한 자원에 대한 지식을 의미한다. 이 지식 영역은 자신의 역량의 한계, 문화적 차이에 대한 불편감의 근원, 그리고 지역사회, 사회 및 세계 정치에서의 차별적인 실제에 대한 인식을 인지할 필요성을 강조한다. 기술은 내담자의 다양한 전통을 고려하는 비언어적 의사소통 수단 및 미술치료 개입을 포함하여 정보를 교환하는 다양한 방법을 이해하고 구현하는 능력을 의미한다. 기술에는 내담자에게 "치료과정에서의 권리와 책임"에 대해 교육하는 것뿐만 아니라, 내담자의 지역사회와 관련된 지속적인 교육을 추구하고 적절한 경우 전통적인 치유사와 상담하는 것도 포함된다.

최근, 많은 AATA 회원들은 다문화 포용과 평등을 지지하지 않는 사람들과의 동맹, 시스템에서의 차별과 관련된 AATA의 시스템 문제를 강조하여 AATA의 초점을 사회 정의 이슈로 전환할 것을 요구했다. AATA는 2018년에 다양성, 공정성, 포용을 새로운 우선순위로 채택했으며, 이는 사회 정의 심리학에 대한 전환을 나타내며, Covid-19와 Black Lives Matter운동[6]의 증가와 함께 더욱 진전되었다. 전문 기관에서 아이디어와 연구의 다양성을 위한 공간을 만드는 것은 권력, 특권 및 억압 문제에 대한 필요한 관심을 끌어내는데, 이는 우리의 내담자와 지역사회에 도움이 되는 것이다.

## 첫 세대

Vannesa Jimenez는 북부 캘리포니아에서 학령기 아동들과 함께 작업하는 미술치료사이다. 그녀는 자신의 교차하는 정체성을 작업에 반영하여 가장 동일시하는 사람들에게 봉사한다. 그녀는 멕시코계 미국인 여성으로서, 가족 중 첫 대학 진학을 이룬 세대이다. 그녀의 여성주의와 사회 정의에 대한 관심은 자신의 치유 과정의 일부였으며, 그녀는 이러한 관점을 내담자와의 작업에 반영한다.

> 나는 멕시코계 미국인 여성으로, 가족 중에서는 첫 학사와 석사 학위를 받은 사람이다. 현재 미술치료사 석사 학위를 취득하고 있는 중이며, 박사 학위를 취득하려고 노력하고 있다. 아버지 쪽 가족 중에는 첫 세대이다. 두 언어를 구사하며 텍사스에서 어머니와 함께 한부모의 삶 속에서 태어나고 자라났다. 4피트 6인치(약 137cm)로 키가 작지만 강한 내 어머니는 나의 영웅이다. 어머니는 최저임금으로 가족 4명을 부양하며 끊임없이 일하고, 건강을 희생하며 가족과 생계를 책임지고 계셨다. 어머니는 자신의 선조들의 과거를 피할 수 없었으며, 그녀는 가족 안에서 사랑하는 사람들로부터 육체

6) 역자주: 미국을 비롯한 전 세계적으로 인종차별과 경찰의 폭력에 반대하는 사회운동.

적, 언어적, 정서적 학대를 경험했다. 다른 사람들로부터 고통받는 어머니를 구할 수 없었다. 나는 어머니의 고통, 가족의 고통, 나의 고통에 결국 무감각해졌다. 나의 유일한 탈출구는 바로 미술을 통해서였다.

우리 가족의 여성들이 남성이나 다른 여성에게 받는 학대는 삶의 일부였다; 이는 나에게는 평범한 것이었다. 나의 가족, 라틴계 지역사회에서 정신건강에 대한 부정적인 편견을 목격해 왔다. 가족 내에서는 이 개념이 감기, 열, 숙취와 같이 몸에 물리적으로 나타나지 않기 때문에 쓸모없는 것으로 여겨졌다. 세대를 거치며 가족구성원들에게는 다른 사람들에게 당하는 것을 견뎌야 한다는 가르침이 전해져왔다; 그래서 너는 너 스스로 일어서고, 현실을 받아들이고, 삶을 이어가며 원치 않는 감정을 억누르라는 것이었다.

나와 유사한 정체성(이민자들의 보호자, 언어 장벽, 경제적 스트레스, 세대 간 트라우마, 정신건강에 대한 선입견, 그리고 미지의 두려움)을 가진 사람들과 함께 일하는 경험은 같은 배경을 가진 사람들을 위해 대변하는 일에 대한 중요성을 알게 해주었다. 내가 지역사회에 공유하고 싶은 메시지는 우리가 침묵 속에서 고통받을 필요가 없고, 우리 지역사회에는 목소리가 있으며, 고통은 고통이라는 것이다.

나는 항상 미술을 만드는 것을 내 탈출 수단으로 삼아왔고, 미술이 나의 치유를 위한 도구가 되었다는 것을 깨달았다. 내가 발견한 진실은 미술이 타인과의 소통과 연결을 위한 보편적인 방법이라는 것이다. 미술은 숨겨져 있던 것들을 탐구하고, 처리하며, 숨겨져 있는 것에 불을 밝히는 촉매제가 된다. 미술은 경계를 초월할 수 있는 보편성을 통해 정신 건강에 대해 이야기하는 비침습적인 방법이 된다.

나는 정신건강 제공자, 트라우마 생존자, 라틴 여성, 예술가로서 존재하는 것에 대해 운이 좋다. 예전에는 내 과거에 대해 수치심과 창피함을 느꼈지만, 깨달은 바는 이러한 경험들이 내게 구원과 지지의 차이를 가르쳐 준다는 것이다. 나의 상처들은 나를 규정하지 않는다; 그것들은 내가 치료 장면에서 만나는 가족들과 소통할 수 있는 도구들이다. 나는 또한 라틴 지역사회 내에서 정신건강에 대한 편견에 도전한다. 나는 내 지역사회를 위해 봉사하고, 트라우마가 어둠 속에서 곪을 필요가 없음을 보여주고 싶다[그림 8.3]. 정신건강 서비스는 긍정적인 지역사회 변화를 이루기 위한 인식을 촉진하는 자원일 수 있다. 이 일을 함으로써 나의 치유, 변화, 그리고 성장은 내 안에서만 이루어지는 것을 넘어선다. 더이상 숨겨지지 않는 것은 무시될 수 없다. 함께 우리는 다른 미래를 그려갈 수 있다.

그림 8.3 자기표현 억제(Vannesa Jimenez 작품)

## 결론

외상 후 성장은 사람들이 트라우마를 경험한 후에 관계 개선, 자기(self)에 대한 시각의 변화, 인생철학의 변화를 하게 만드는 강점과 긍정적인 변화를 강조한다. 삶에 대한 감사함, 강점, 삶의 목적의 증가, 더 깊고 친밀한 관계를 갈망하며 더 의미 있는 관계를 형성할 수 있는 능력, 더 풍부한 영적 생활, 가치와 우선순위의 재구성은 내담자들에게 더 큰 의미와 만족감을 준다. 이러한 성장 과정을 지켜보는 것은 치료사에게도 기쁨과 전문적인 충족감을 불러일으킨다.

외상 후 성장은 종종 비슷한 경험을 한 사람들의 회복을 돕기 위한 이타적인 욕구를 일깨우며, 이러한 긍정적인 성장은 많은 다른 사람들에게 영향을 미친다. 사회정의는 심리학에서 다섯 번째 흐름으로 나타났으며, 문화적 겸손과 교차성은 치료 공간에서 우리의 대인 관계와 지역사회 경험을 균형 있게 다루는 방법을 제공한다. 이러한 개념을 받아들이는 것은 치료과정에서 성장을 촉진하고, 내담자들이 외상 후 성장을 추구하는 데 도움이 된다.

## 참고자료

치료실에서 성장 촉진 분위기를 조성하기 위한 치료 실제를 개발할 수 있는 아이디어를 얻기 위해 AATA 다양성 역량을 검토하길 바란다.

www.arttherapy.org/wp-content/uploads/2017/06/Multicultural-Competencies.pdf

치료사 자신의 외상 후 성장과 관련된 이야기를 쓰고, 이와 관련된 미술을 만든 후 만약 불편하지 않다면 그것을 믿을 만한 다른 사람들과 공유하길 바란다.

Chapter

# 09

## 치료사가 되는 것에 관하여

우리는 자기 관리와 자아실현을 통해 다른 사람들을 돕고 오랜 기간 동안 일을 지속할 수 있게 된다. 우리는 내적, 외적 삶의 측면을 더 의식적이고 현재가 되도록 하거나 내적 및 외적 경계를 촉진함으로써 이를 향해 나아갈 수 있다. 우리는 마음과 몸을 돌보고 영혼을 양육해야 한다. 의식적이고 현재에 존재함은 우리 자신과 현재의 실상, 생각과 감정, 과거, 가족, 문화, 그리고 현재의 상황에 대해 깨어있음을 의미한다. 이는 현재의 순간과 내면과 외면의 상황을 받아들이는 것을 요구한다. 수용은 우리 자신의 창의적인 과정과 예술 창작에 지속적인 관심을 기울임으로써 생길 수 있다. 현재의 존재를 수용하는 것은 영적인 면에 관심을 가지게 할 수도 있으며 또한 오직 신뢰할 수 있는 상담사와의 심리치료만이 제공할 수 있는 자기성찰을 필요로 한다. 만약 당신이 신진 치료사이거나 이미 경력이 있는 치료사인데 다른 치료사와 함께 자기 자신에 대해 치료를 받지 않은 경우, 이 책을 내려놓고 다른 일을 하기 전에 반드시 치료를 예약하길 바란다. 의식은 또한 우리가 문화적 겸손을 향한 자업을 시작하거나 계속할 것을 요구한다. 우리가 우리 자신을 아직 탐색하지 않은 상태에서 내담자들이 치료과정에서 자기 자신의 측면을 탐색하기를 기대할 수 없다. 다시 말해, 만약 우리가 내담자들에게 가족 관계를 탐색하도록 요구하면서 실제 우리는 그 작업을 아직 수행하지 않았다면, 우리는 그들을 효과적으로 이끌어 나갈 수 없다.

내면적인 경계와 외면적인 경계를 발전시키는 것은 자신과 타인으로부터 어떤 것을 제공하거나 수용할 의사가 있는지를 파악하는 것을 의미한다. 이러한 경계는 시간이 지남에 따라 가족과 친구들과 함께 확인하고 실천할 수 있다. 우리가 성장함에 따라 다양한 상황에서 우리의 경계를 확인하는 데 도움이 되는 학습 경험을 갖게 된다. 때로는 경계가 교차된 후에야 우리는 그 경계를 확인할 수도 있다. 삶의 상황이 변화하고, 우리가 노화되고, 다른 책임을 맡으면서 우리는 유연하게 경계를 조정하고 강화하거나 완화할 수 있다. 경계는 의미 있는 건강한 관계를 지원하며, 우리 개인적인 경계에 신중하게 주의를 기울이는 것은 다시 치료적인 경계의 필요성에 대한 우리의 적극적인 대응을 지원한다.

우리는 여러 가지 방법으로 마음과 몸을 양육하고 영혼을 살찌울 수 있다. 마음을 기르기 위해서는 대화, 책, 영화, 모험 등을 통해 새로운 아이디어를 받아들이는 것이 중요하다. 몸을 기르기 위해서는 우리 몸에 좋은 일을 실제로 실천해야 한다. 매일 몸을 움직이고 충분한 수면을 취하며 영양가 있는 음식을 섭취하는 등 몸에 좋은 행동을 해야 한다. 영양, 수면, 운동은 우리의 삶의 모든 순간과 우리가 하는 모든 일에 영향을 미친다. 마지막으로, 영혼을 양육하기 위해서는 기쁨을 주는 것과 더 큰 목적과 연결되는 시간을 내야 한다. 사랑하는 사람들, 친구, 가족, 동료, 그리고 지역사회와의 의미 있는 관계는 우리를 지탱하고 성장하게 해준다.

이 장의 나머지 부분은 이러한 영역들을 자세히 설명한다: 의식과 존재에 대한 인식, 내부와 외부 경계의 발전, 마음과 몸의 양육, 그리고 영혼의 양육. 이러한 영역들을 점검하고 변화를 이루거나 더 깊게 알고 싶은 부분을 확인하길 바란다. 마지막으로, 이 장에는 미술치료사, 표현예술치료사, 그리고 다른 자격을 가진 전문가들의 윤리적 의무가 포함되어 있다. 이를 통해 우리는 개인적인 문제로 인해 전문적인 품위가 저해될 수 있는 상황에 대해 경계할 수 있다.

## 의식과 존재

우리 자신과 내담자와 함께 존재하는 것은 경청하고 진정한 치료적 관계를 형성하는 데 필수적이다. 존재하는 것은 "현재 순간에 있는 것"을 지속적으로 실천하거나 흐름을 도와주는 활동에 참여하는 것을 요구한다(Csikszentmihalyi, 1990). 명상, 미술작품 활동, 운동, 자연과의 시간은 이러한 현재에 존재하는 실천을 제공하며, 이를 우리가 치료에 활용할 수 있다.

Suzuki(1970)는 "단계적으로 나는 속삭이는 시냇물의 소리를 멈춘다"라고 언급하고 있다(p.112). 이 선 지도자(Zen Master)인 Shunryu Suzuki의 이 인용구는 명상이 어떻게 바쁜 마음을 가라앉히는지를 설명한다. 우리의 마음은 항상 생각과 함께 활동하며, 그중 많은 것들이 걱정과 부정적인 생각과 관련이 있다. 시냇물의 소리는 마치 우리의 마음이 끊임없이 움직이는 생각으로 속삭이는 것과 같다. 생각하는 마음은 생존에 필요한 것이지만, 현대 생활은 마음의 속삭이는 소리가 우리에게 도움이 되지 않을 뿐만 아니라 상처를 입히는 상황들이 많이 있다. 그러나 명상적인 상태와 흐름 상태를 유도하는 행동과 같은 방법으로 우리의 시끄러운 마음 상태를 가라앉힐 수 있는 몇 가지 검증된 방법이 있다(Csikszentmihalyi, 1990). 우리가 완전히 현재에 존재할 때, 우리는 시끄러운 마음 상태를 멈출 수 있고, 그로 인해 시냇물이 쏟아지는 소리를 멈출 수 있다. 우리는 물가에 앉아 시끄러운 마음 상태에 있을 때, 현재에 머물고 집중함으로써 잠시 소리와 그 영향을 멈출 수 있다.

Suzuki(1970)의 목표가 마음의 소리와 비유적인 시냇물의 흐름을 멈추는 것이었다면, ACT는 개인들이 자신의 생각을 통제하거나 피하려고 하는 것을 권장하지 않는다. 오히려 ACT는 우리가 그저 그것들을 인지하도록 제시한다. ACT는 우리에게 시끄러운 마음의 상태를 인정하고, 계속되는 독백을 제공할 것임을 받아들이며, 기분과 행동에 영향을 덜 미칠 수 있는 적응을 하도록 요구한다. 이를 위해 우리는 현재의 순간에 더 많은 시간을 투자하고, 명상, 미술 창작활동, 신체 활동 또는 완전히 우리를 사로잡는 다른 프로젝트를 통해 흐름 경험을 유도함으로써 이를 달성할 수 있다. 가치에 대한 주의와 전념적인 행동은 ACT가 의식적인 삶을 지원하는 다른 방법이다.

현재에 머무는 것은 단순한 내적 경험이 아니라 주변 환경과 다른 사람들에 대한 인식을 포함한다. 우리는 내적인 삶, 환경, 그리고 주변 사람들을 인식하지 않은 채로 삶을 살아가면 심리치료에서 좋은 작업을 수행할 수 없다. 우리의 행동이 주변 사람들에게 직접적이거나 간접적인 영향을 미친다는 사실을 숨길 수 없다. 심리치료, 명상, 그리고 미술은 우리의 주의를 현재의 순간에 우리 자신으로 이끌어주는 동시에 문화적 겸손은 같은 방식으로 우리의 주의를 타인과 그들의 경험에 집중하도록 도와준다(Jackson, 2020; Teravalon & Murray-Garcia, 1998).

가장 기본적인 의미로 경계는 우리와 다른 사람들 사이의 차이를 알려주는 것이다. 아기들은 분리 과정에서 어머니와 자기 자신을 구별하는 것을 배워야 한다. 경계가 학습된다는 것은 우리가 가족, 친구, 그리고 내담자들 사이에서 건강한 경계를 발전시킬 수 있는 시기에 제한이 없다는 것을 의미하기 때문에 좋은 소식이다. 심리학과 미술치료 윤리는 치료적 관계의 한계에 대해 우리에게 가르친다. 그러나 우리 개인적인 삶에서는 어떻게 한계를 설정해야 할지에 대한 매뉴얼이 없다. 우리 중 일부는 개인주의적인 문화에서 자라고, 다른 사람들은 집단주의적인 문화에서 자라기 때문에, 경계를 어떻게 설정하는지는 각자에게 고유할 것이다. 다른 사람의 최적의 경계 수준은 당신에게는 너무 엄격하고 형식적으로 보일 수도 있고, 너무 느슨하고 충분하지 않아 보일 수도 있다.

우리가 트라우마를 겪었든 겪지 않았든, 모두가 다른 사람들이 우리의 경계를 넘어서는 경험을 가지고 있다. 당신의 사랑스러운 할머니가 치료 상담을 요청하거나 이웃이 딸의 정신건강 문제에 대해 걱정을 나누고 싶어하는 경우일 수도 있다. 기차에서 주변에 무리한 공간을 차지하는 사람이나 한 번 이상의 부탁을 하는 사람과의 미묘하고 은밀한 경험일 수도 있다. 또한, 믿음을 저버리고 비밀로 말했던 일을 다른 사람과 공유하는 사람이나 공공장소에서 당신을 수치심을 느끼게 하는 사람일 수도 있다. 경계를 넘어서는 더 극단적인 형태는 돈을 훔치거나 당신을 붙잡거나 공격하는 사람일 수도 있다. 일부 사람들은 경계에 대해 명확하게 알고 있지만, 다른 사람들은 그 경계가 침범된 후에야 명확하게 알게 된다. 경계가 불분명하고 건강하지 못한 가정에서 자란 사람들에게는 적절한 경계가 어디에 있는지를 판단하는 것이 더 어려울 수 있다. 개인적인 심리치료는 개인적인 삶과 전문적인 삶에서 건강한 경계를 이해하는 데 중요하다. 또한 미술치료사의 역할에서 내부적인 경계와 외부적인 경계가 침범될 수 있다는 점을 고려해야 한다.

심리치료사나 신진 심리치료사로서, 당신은 친구, 가족, 지인, 심지어는 모르는 사람들도 당신의 서비스를 이용하고 싶어할 것이다. 때로는 친구가 당신에게 이야기하길 원하고, 당신도 듣고 싶을 수 있다. 그러나 때로는 누군가가 치료 계약이나 지료 관계 외에도 당신과 함께 훈련받은 전문적인 업무에 참여하길 원할 수도 있다. 나는 변호사들이 파티에서 느끼는 느낌이 이런 것일 것이라고 상상한다. 사람들은 당신과 이야기하길 원하지 않거나 무료 상담을 원할 수 있다. 당신이 왜 친구, 동료, 가족과의 전문적인 업무에 건강한 경계를 설정해야 하는지 궁금할 것이다. 불충분하거나 전문적이지 않은 치료로 인해 법정에 서게 되기를 원하지 않는 것 외에도 우리는 무조건적인 긍정적 존중과 진정성을 가진 무한한 원천이 아니다. 변호사가 파티에서 법적 분쟁에 대한 정보를 제공한다고 느낄 수 있지만, 우리의 작업은 매우 개인적인 성격을 띠고 있으며, 우리는 실천의 도구이다. 우리의 작업은 법적 정보를 공유하는 것과는 달리 심리적인 부담을 요구한다.

심리치료사로서, 우리는 내담자가 건강한 내부적 경계를 형성하는 데 도움을 주고자 한다. 그러나 종종 학생들과 경력 있는 심리치료사들이 스스로의 일과 다른 사람들과의 한계를 설정하지 않고, 휴식, 영양, 수면, 질 좋은 음식 또는 의미 있는 관계에 충분한 시간을 제공하지 않아 자신을 과다하게 소모하는 것을 보게 된다. 융 심리학에서, 치유자의 원형은 우리가 다른 사람들에게 도움이 될 수 있는 친절하고 사랑스러운 경험을 유형화한다. 그러나 모든 원형은 그림자 측면을 가지고 있으며, 치유자 원형의 그림자 부분에는 자기 방임 또는 피해자 성향이 포함된다(Myss, 2003).

나는 대학원을 마치고 치유자 역할의 그림자 측면을 일부 버리기 시작했던 졸업생을 사회에서 만났는데 그녀를 거의 알아보지 못했다. 예를 들어, 대학원 미술치료 석사과정 중 한 학생은 자신이 심리치료사가 되기 위해 모든 것을 바쳤다. 그녀는 훌륭한 학생이었지만, 이는 상당한 대가를 치렀다. 수업, 연구, 실습에 대한 그녀의 끊임없는 헌신은 사기 관리와 개인적인 관계를 희생하게 했다. 운동, 충분한 수면, 집에서 요리하는 것, 친구와 함께 시간을 보내는 것을 모두 포기했다. 그녀의 미술활동은 수업 내에서만 이루어지기 때문에, 결국 처음에 미술치료 분야로 이끈 것을 놓치게 만들었다. 최근에 우리가 만났을 때 학생 시절 알고 있던 그녀와는 전혀 다른 모습을 보여줬다—상쾌하고 휴식을 취하고 잘 차려 입은 모습, 건강하게 보이며 행복해 보였다. 이는 피곤해 보이고 잠옷을 입은 듯한 학생 모습과는 정반대이다. 만약 당신이 자신의 시간, 에너지, 정신적 공간의 너무 많은 부분을 내놓았거나, 스스로 너무 많은 일을 하거나, 스스로를 돌보기 전에 다른 사람들을 돌보는 경험이 있다면,

이러한 선택이 당신과 주변 사람들에게 어떤 영향을 미치는지 고려해 보길 바란다.

## 우리의 마음과 몸을 양육하기

어릴 때, 나는 담배를 피우면서 진찰을 해주는 의사로부터 매년 정기적인 건강 진단을 받았다. 이때는 1970년대였으며 사람들은 흡연이 해롭다는 것을 알고 있었지만 많은 사람들이 신경쓰지 않았다. 심지어 그 어린 나이에도 내 의사가 자신의 건강에 신경을 쓰지 않는 것을 보고 진지하게 의사에게 집중하기가 어려웠다. 어른이 되어서 나 자신의 기본적인 예방 건강관리를 받는 한 사람으로서, 자신의 건강 상태가 아주 좋지 않은 사람들로부터 진료를 받은 적이 있다. 신체적으로나 정서적으로 자신을 돌보지 않고 왔던 수십 년 동안 식습관, 운동, 친구와 가족, 알코올 및 약물 사용, 수면, 여가 시간에 대해 일관되게 좋지 않은 선택을 한 많은 치료사들을 알고 있다.

일부 치료사와 의료 서비스 제공자는 치료사의 그림자와 자기 방임 측면이 직업에 대한 전념의 긍정적인 증거라고 생각하면서 치료사가 되기 위해 희생하는 것에 자부심을 느낀다. 내가 알고 있는 한 치료사는 회기 중에 목이 마르더라도 물을 마시지 않는다. 그는 이것이 내담자의 욕구에만 주의를 기울이고 자신의 욕구에는 주의를 기울이지 않는 방법이라고 말했다. 이는 현재에 머무는 것과 자기 돌봄에 대해 이전에 언급했던 것과는 정반대이다. 그가 목이 마르다면 이미 그의 두뇌와 신체는 탈수되었으며, 집중력과 기분이 손상되고, 그의 마음은 계속해서 목마름 때문에 산만해지게 될 것이다.

당신은 비행기를 탈 때 이미 규칙을 알고 있다. 타인을 돕기 전에 스스로의 산소마스크를 착용하길 바란다. 같은 안전 지침이 치료사인 우리에게도 적용된다. 자기 자신의 돌봄은 매우 중요하다. 왜냐하면 우리가 자신의 정신적, 신체적, 영적, 그리고 감각적인 욕구와 원하는 것에 대한 관심 부족을 보여줄 때, 우리는 미묘하고 교활한 메시지를 내보내고 있기 때문이다. 내담자들은 무의식적으로 그 메시지를 받아들여 “만약 나의 치료사가 자기 건강에 신경을 쓰지 않는다면, 나도 할 수 없고 나도 그런 가치가 없을 것이다"라고 생각할 수 있다. 이러한 메시지를 내담자에게 보내면 치료에서의 효과성을 제한할 수 있다.

Melissa Satterberg(PhD., LMFT, ATR–BC)는 공인 부부 및 가족치료사(Licensed Marriage and Family Therapist)이자 미술치료 박사학위를 가진 미술치료사(Board–Certified Art Therapist)이다. 그녀는 샌프란시스코 베이 지역에 있는 외래 클리닉에서 근무하면서 개인 미술치료실을 운영하고 있으며, 캘리포니아의 Notre Dame de Namur 대학교 대학원 미술치료학과에서 겸임 교수로 활동하고 있다.

Satterberg는 LGBTQ+ 커뮤니티에 큰 관심을 가지고 있으며, 최근의 연구에서는 레즈비언으로 정체성을 가진 여성들의 삶의 경험을 탐구하였다; 또한, 과도기 LGBTQ+ 청소년들을 위한 미술치료 프로그램인 콜라주 프로젝트의 창립자이다. 그녀는 미술치료 인턴십을 마친 AIDS 커뮤니티에 환원하겠다는 약속의 일환으로 해마다 샌프란시스코에서 로스엔젤레스까지 545마일의 자전거 여행인 AIDS LifeCycle에 참여하고 있다.

아래는 그녀가 미술치료사로서 우리의 신체와 영혼을 어떻게 양육해야 하는지에 대한 이야기이다:

> 미술치료사로서, 우리는 내담자들의 이야기를 직접 목격하는 독특한 기회를 갖는다. 그들의 이야기에는 어려움과 복합 트라우마뿐만 아니라 희망의 순간들이 포함되어 있다. 치료과정이 성공적으로 진행되면, 우리는 내담자들이 새로운 길을 열어나가며 새로운 사고방식을 형성하는 것을 보게 된다. 이는 종종 상상할 수 있는 가장 어두운 감정적인 공간에서 비롯된다. 이것이 "기분 좋은" 직업이라 할 수 있는, 치료적인 성공이라고 말할 수 있다. 그러나 많은 트라우마 이야기를 경험한 후, 내담자의 인생 경험이나 특정 트라우마 이야기에 대한 개입이 끝나고 과제가 부여된 이후에는, 우리가 목격자로서 듣게 되는 내용을 간직하고 그것에 대해 흔들리지 않고 탄력성을 유지하는 것은 도전이 될 수 있다. "내담자의 이야기를 집으로 가져가지 않음으로써" 우리 자신을 돌보는 개념은 임상 실제에서 흔히 발생하는 정도와 발생 비율에 대해 대학원에서 충분히 설명되지 않았다. 매우 강한 정서적 인내력을 갖고 있던 몇몇 임상가들이 이러한 이유로 임상 업무를 그만두었다.

우리는 모두 인간이며, 또한 감정을 가지고 있다. 문화적 겸손과 역전이를 점검하는 개인적인 숙고와 상담 후에도, 치료사로서 우리는 이 일에서 균형을 잡는 것이 여전히 어려울 수 있다.

가족과 친구들이 자주 묻는 질문 중 하나는 "왜 계속해서 이 일을 하고 있나?"이다. 하지만 이에 대한 답은 그리 단순하지 않다. 미술치료사로서, 나는 연결성 자체를 즐기기 때문에 이 일을 계속 하기 위해 나의 회복탄력성을 관리해 왔다. 내가 만나는 내담자들 중 일부의 경우 내가 그들의 이야기를 오롯이 알고 있는 유일한 사람이다. 이것은 권력이 아니라 특권이다. 도전과 질문, 내담자 이야기 속에서 희망을 함께하며 작업하는 과정을 통해, 나는 치유의 힘을 목격할 수 있다. 치료적 관계에서 연결을 경험하는 것 외에도, 이 일에 남아있게 하는 것은 나 자신의 창조적인 과정이다.

치료사로서 미술매체를 사용하여 임상 경험 과정에 참여하는 행동인 창조적인 과정은 항상 나의 개인적이고 전문적인 여정의 일부였다. 스크랩 종이, 잡지 이미지, 오일 파스텔 등을 통해 의미를 찾아내는 것이든 아니든, 이것은 내담자에 대한 반응을 처리하는 공간이기도 하다. 이러한 창조과정은 내담자와의 어려운 회기를 겪은 후나 역전이 과정 또는 회기에서 새로운 발전이나 성과를 이루는 것을 목격한 후에 나타날 수 있다.

미술치료사로서 우리는 귀로 들을 뿐만 아니라 회기에서 미술작품에 나타나는 내담자의 창의적인 과정을 목격하도록 훈련받았다. 우리가 내담자의 이야기에 참여하는 바로 그 장소에 매달려 있는 형태인 귀걸이를 만드는 것은 나에게 있어서 지극히 자연스러운 일이었다. 매회기마다 내 귀를 장식하는 이 귀걸이들은 내가 각 내담자를 위해 들고 있는 희망의 그릇이다. 이 그릇은 각 내담자의 트라우마, 적응, 회복탄력성의 이야기를 담고 있다.

치료 관계는 변화와 인식이 생길 수 있는 기회이다. 나를 이 일에 머무르게 하는 것은 단지 치료적인 성공이나 연결의 희망 또는 약속 그 이상이다. 나를 이 일에 머무르게 하는 것은 때로는 나조차 놀라운 나 자신의 내적 창의적인 기준이다. "희망의 우물"이라는 비유는 나의 내담자들의 이야기가 안전하게 보관되고 소중히 여겨질 수 있도록 해준다. 이야기의 소유자를 외부로 옮기면, 치료 도구로서의 나는 머릿속에 균형을 존중하고 조화가 이루어질 수 있도록 공간을 만들 수 있다.

## 우리의 영혼을 양육하기

우리 자신과 우리의 일을 존중하고 소중히 여기는 것은 우리가 사랑하는 일에 시간을 내는 것도 포함된다. Gwen Sanders 박사는 자신에게 영감을 주고 영혼을 양육하며 살아가는 것에 대해 이렇게 말한다: "사랑, 사랑에 둘러싸여 있고 사랑을 느끼며, 내 오감각이 관여된 모든 방식으로 사랑을 표현하는 것을 좋아한다. 나는 영감을 찾는 것을 좋아하고 시각적인 것에서 영감을 얻는다. 사람들, 장소, 예술 그리고 특히 사진을 보는 것이 나를 정말로 흥분시키고 영혼을 양육하며 살아가게 한다." 우리는 내담자들, 그들의 예술, 그리고 그들이 치료과정에서 얻는 진전으로부터 영감을 얻을 수 있다.

심리학 연구는 소진과 간접적인 트라우마에 대해 광범위하게 다루고 있지만, 최근 연구는 치료사로서 우리 자신의 대리탄력성을 찾아보도록 상기시켜준다. 우리는 내담자들이 어떻게 견디는지에 대해 깊은 영감을 받을 수 있다. Gwen Sanders는 2019년에 AATA로부터 우수한 임상가상을 수상했으며, 그녀는 내담자들의 회복력이 자신이 더 나은 치료사가 될 수 있도록 도왔던 두 가지 경험을 공유했다. 그녀는 치료적 관계에 유머를 도입하고 동시에 공감하며 내담자들이 더 많은 성취를 이루도록 격려하는 것을 시도했다. 첫 번째 예는 비공립학교에 다니는 정서적으로 불안한 아동들과의 작업에서의 경험이고 두 번째 예는 개인 치료 실제에서의 경험이다.

> 내 아동 내담자들은 항상 내게 영감을 주었는데, 그들은 거칠고 실제보다 생기 넘치고 깊은 슬픔을 안고 있었다. 그들은 종종 분노로 슬픔을 가렸다. 그들은 생존자였고, 그들이 강한 목소리를 가지고 있었다는 것을 알게 되었다. 처음에는 내가 여기서 왜 일하는지, 이 아동들과 무엇을 하고 있는지에 대한 내면의 질문에 많이 힘들어 하고 있었다. 이러한 질문들은 나 자신의 초기 학습, 첫 직장 경험에 관한 것이었고, 나와는 너무 다른 이 아동들에게 어떻게 미술치료를 통해 영향을 줄 수 있는지에 대한 질문이었다. 결국에는 놀이적인 면을 치료자로서의 내 모습에 접목시키는 것을 알게 되었다. 나는 스스로를 웃기고, 그들과 함께 유머를 사용하며, 내 실수와 불완전함에 대해 솔직하게 이야기할 수 있었으며, 내 자신을 너무 진지하게 받아들이지 않으면서도 여전히

깊이를 느낄 수 있었다. 그들은 가족과 사회의 잘못된 행동과 폭력으로 인해 자신을 비난하고 자신들에게 투사해온 부정적인 목소리 때문에 자신들을 싫어했다. 나는 그들에게 현재의 순간에 나 자신을 덜 비난하는 자세를 보여준 진정성 있는 성인이라는 모델을 제공함으로써 그들은 더 많은 자기수용을 경험할 수 있었다. 그들의 행동과 나의 행동을 돌아보면서, 유연하고 회복력 있는 사람으로서 우리의 삶을 희망의 실천으로 조율하고 항해할 수 있다고 믿는다.

오늘은 나의 한 명의 내담자, 혼혈 남성과 매우 감정적으로 연결되어 있다. 그는 자라면서 가정 내에서 근친상간, 육체적·정서적 폭력, 가정폭력, 방임, 지속적인 거부와 같은 많은 가족 내에서의 폭력을 경험했다. 그에게 부정적으로 투사된 인종, 계급, 권력에 대한 차별과 대물림되는 결혼생활 내 인종 갈등으로 인해 가족 모두에게 미움을 받는 모습을 보였다. 그가 나와 함께 일한 지 1년이 지난 후, 나는 EMDR 훈련을 받은 다른 치료사를 추천해 주었다. 그 후로 그는 남성과 여성 두 명의 치료사와 함께 진행하였고, 이것은 시간이 지나면서 부모-자녀 하위체계를 모방하여 교정적 정서 경험을 할 수 있도록 하였다. 게다가 EMDR의 도움을 받아, 그는 가족 경험으로부터의 과민반응, 악몽, 플래시백이 줄어들고 일상생활에 지장을 주는 트라우마 증상과 기억도 덜 나타나기 시작했다.

우리가 함께 일한 지 몇 년이 지난 후, 그는 경험이 풍부한 지역에 있는 메틸렌디옥시메탐페타민(MDMA: methylenedioxy methamphetamine) 약물 전문가를 찾아갔고, 6시간 진행된 회기에서 큰 도움을 받았다고 전했다. 나는 그가 이 경험을 통해 안심하고 영양 가득한 음식을 먹으며 안전하게 지내고 있었고 이로 인해 현저한 변화와 일부 트라우마로부터 즉각적인 안도감을 느꼈다는 것을 목격했다. MDMA 보조 치료를 통해 그는 조건없이 말하고 들을 수 있었으며, 보살핌을 받음으로써 안도감을 느낄 수 있었다. 그는 강하고 끈기 있다.

그는 계속해서 자신의 치료작업을 하고 있으며, 스스로에 대해 훨씬 더 알게 되었다.-나는 그에게 큰 희망을 품고 있으며, 그렇기 때문에 나는 그를 더 열심히 도와주고 격려하고 있다. 나는 솔직하고 정직하며, 그의 변화를 주목하고, 그의 행동 패턴을 인식하는 데에도 끈질기게 도움을 주려고 한다. 그가 어떻게 그의 원가족 관계를 현재의 세계로 재창조하고 있는지를 파악하여, 무의식적으로 과거를 현재에 반복하는 것을 멈출 수 있도록 도와준다.

우리는 언제나 변화에 적응하기 위해 더 적응할 수 있는 방법을 배우고 있다; 이러한 이슈는 종종 우리가 필요한 위험을 감수하려는 의지, 변화 과정에서 우리 자신의 역할에 대해 솔직하게 인정하려는 의지, 그리고 우리의 실수를 인정하는 것에 있다. 나는 상당한 도전을 겪은 많은 내담자들과 겸손하게 함께 일할 수 있었다. 그들은 종종 미술이라는 매체를 통해 탐구하고, 확장하고, 변화하려고 시도할 때 용감하다. 이를 통해 역사가로서 그들의 회복력을 나 자신의 성장과 병행하는 과정에서 목격할 수 있다. 나는 내가 선택한 심리학 분야에서 평생 학습하는 데 대해 매우 감사한다. 임상 현장은 우리가 트라우마를 경험한 사람들의 증인이 되고 내담자와의 관계 및 우리 자신 안에서 대리 회복력을 발휘하도록 훈련시킨다. 우리도 성장할 수 없다면 이 일을 버틸 수 없다.

## 소진될 때 해야 할 일

자주 우리는 내담자 이야기를 듣는 과정에서 피로와 소진, 그리고 업무에 대한 환멸감을 느낄 수 있다. 당신은 아마도 낙담하게 되거나 자신의 통증과 피로로 인해 효율적이거나 효과적이지 못하다고 느낄 수 있다. 또한 치료가 실제로는 당신을 도울 수 없다고 생각할 수도 있다. "내가 이제 최악을 보고 들은 상황에서 치료가 어떻게 나를 도울 수 있을까?" 당신은 인간이 행동할 수 있는 정말 끔찍한 방식에 대한 이야기를 들었다. 내담자의 이야기를 들으며 그들이 겪은 고통을 상상해 보았다. 미묘한 차별, 강간, 폭행, 자연재해와 인위적 재난, 정치적 억압, 지역사회 폭력, 죽음, 방임 등에 대한 이야기를 들었다. 아마도 나도 같은 일이 내게 일어날까 두렵다. 당신은 트라우마에 대한 미술작품을 목격했고 내담자의 고통을 공감적으로 목격했다. 만약 당신 자신도 트라우마를 경험했다면, 내담자의 고통에 대한 추가 부담을 짊어지기 때문에 이러한 경험을 자신의 고통과 연결시킬 수도 있다.

치료사들도 자신의 일로 인해 부정적인 영향을 받을 수 있다는 것은 오랫동안 인식되어 왔다. 우리의 윤리 규정은 우리 스스로를 점검하고 내담자와 대중을 보호하기 위해 만들어졌다. 우리는 만일 만성적인 절망감이나 영향을 줄 수 없다는 의심, 우울증이나 불안증을 경험하거나 가족이나 친구들이 일상적인 문제를 얘기할 때 공감을 잃는 상태에 이르기 전에 휴식을 취하고 심리치료를 받거나 자기돌봄, 가능한 한 우리의 일을 쉴 의무가 있다(Zur, n,d.). 미술치료사, 표현예술치료사, 심리학자, 사회복지사, 상담사를 위한 윤리 규정에는 전문적인 소진에 대처하는 방법에 대한 지침이 포함되어 있다. 학생, 인턴, 전문가, 슈퍼바이저 모두 자신의 전문 기관이 제시하는 행동 지침과 개인적인 문제나 동료의 문제를 처리하는 방법에 대한 구체적인 지침을 참조해야 한다.

미술치료사들에 대한 AATA(2013)의 내담자에 대한 책임에 관한 지침은 개인적인 문제를 다루는 것을 포함하고 있다. 이러한 지침은 미술치료사들이 자신의 개인적인 문제가 자신의 임상 분야에서의 유능감을 떨어뜨릴 가능성이 있다는 것을 알거나 알아야 할 때, 치료 활동에 참여하지 않도록 명시적으로 제시하고 있다. 또한, 미술치료사들은 자신의 개인적, 전문적, 법적, 재정적 또는 기타 이익 및 관계가 그들의 역량을 손상시키거나 사람이나 조직에 해를 입히거나 악용할 수 있는 가능성이 있는 경우 전문적 역할에 참여하지 않아야 한다. 마지막으로, 미술치료사들은 개인적인 문제나 내담자의 문제, 그리고 자신의 대처 능력에 대해 혼돈, 불확실함 또는 불편함을 느낄 때 상담이나 슈퍼비전을 받도록 되어 있다.

국제표현예술치료협회(International Expressive Arts Therapy Association, 2017)의 등록된 표현예술치료사(Registered Expressive Arts Therapists, REAT)를 위한 윤리 규정은 개인적인 문제가 전문적인 효과에 방해가 되는 경우, 심리치료와 슈퍼비전을 받아야 함을 규정하고 있다. 이 규정은 치료사가 자신의 능력 범위, 역량의 경계, 기법의 한계를 인식하는 책임을 강조한다. 구체적으로, 규정은 표현예술치료사들이 자신이 교육과 슈퍼비전을 통해 자격을 갖춘 기법만을 사용해야 한다고 명시하고 있다. 표준 절차가 없는 새로운 기법의 경우, 표현예술치료사들은 내담자의 복지를 보호하기 위해 조심해야 한다. 또한, 이 규정은 개인적인 문제가 전문적인 효과에 방해가 될 수 있다고 언급하며, 그러한 경우 표현예술치료사들은 슈퍼비전과(또는) 개인적인 치료에서 유능한 전문적인 도움을 받아야 한다고 언급하고 있다.

다른 정신건강 전문직들도 윤리 규정에 비슷한 내용을 담고 있다. 미국심리학회

(APA)의 윤리 규정은 개인적인 문제가 업무에 방해가 되는 경우를 다루고 있다. 구체적으로, 미국심리학회(2016)는 심리학자들이 개인적인 문제로 인해 업무에 영향을 미칠 수 있는 경우 새로운 활동을 착수하지 않아야 하며, 전문적인 상담이나 도움을 받아 업무 관련 의무를 제한하거나 중단할 필요가 있다고 언급하고 있다. 사회복지사들은 미국사회복지사협회(NASW, 2017)의 윤리 규정을 따르며, 이들의 지침에도 자신의 문제나 동료의 문제에 대해 대처하는 내용이 포함되어 있다. 미국상담사협회(ACA, 2014)의 윤리 규정과 실천 기준은 신체적, 정신적, 감정적 문제에 대한 자가 모니터링과 필요한 경우 도움을 요청하거나 전문적인 서비스를 일시 중단하라고 권장한다. 또한 윤리 규정과 실천 기준은 치료사가 동료나 슈퍼바이저가 치료사 자신의 한계나 직업적 결함을 인식할 수 있게 조력할 것을 권고하고 있다. 미국정신건강상담사협회(AMHCA, 2015)의 윤리 규정은 효과적인 업무를 수행하기 위해서는 정신적, 신체적 건강에 달려 있으며, 심리 상태에 대한 높은 수준의 자기인식이 필요하다고 명시하고 있다. 미국결혼·가족치료사협회(AMFT, 2015)의 윤리 규정은 업무나 판단에 영향을 줄 수 있는 문제에 대해 적절한 전문적인 도움을 찾도록 명시하고 있다. 캘리포니아 결혼·가족치료사협회(2011)의 윤리 규정은 정신적, 신체적 문제 또는 약물 남용이 효과적인 업무 수행을 방해하는 경우, 심리치료를 계속 제공하는 것을 실시하지 않는 것으로 규정되어 있다.

우리 치료사들은 스트레스를 받거나 촉발이나 혼돈이 되는 상황에 직면했을 때, 혹은 내담자와의 작업이 치료사의 과거 경험을 떠올리게 할 때 상담을 반드시 받을 필요가 있다. 이는 어린 시절 방어 기제나 비밀을 지키려는 욕구가 우리를 위험에 빠뜨릴 수 있다.  이로 인해 부적절한 결정, 윤리적으로 문제가 있는 선택, 그리고 자기 관리에 손실이 생길 수 있다. 치료사가 대인 간 스트레스, 소진, 트라우마나 간접 트라우마와 같은 상황에 직면할 때, 치료에 대한 결정과 치료 자체가 심각하게 위험에 빠질 수 있다. 이러한 스트레스 상황에서는 우리의 임상 업무가 손상되거나, 내담자에게 트라우마가 다시 발생할 위험이 생기며, 전문적인 관계와 개인적인 관계에서 고통을 경험할 수도 있다.

우리는 스트레스, 트라우마, 소진, 간접 트라우마와 관련된 자신과 동료들의 신호를 주시해야 한다. 내담자로부터 "필요하다"거나, 내담자의 진전으로 인해 "중요하고" 관련성을 느끼는 것에 대해 주의해야 한다. 이는 경계 문제의 신호일 수 있으며, 너무 많은 시간을 업무에 할애하고 중요한 개인적인 관계를 소홀히 할 수 있음을 나타낼 수 있다. 다른 예로는 내담자와 과도하게 동일시하거나 "좋아하는" 내담자에게 강한 감정을 가져서 친구가 되고 싶어하는 것, 너무 많이 생각하거나 업무가 아닌 상황에서 쉽게 내담자를 떠올리는 것이 있다. 아마도 비슷한 경험을 한 적이 있거나 내담자가 우리 자신을 상기시키기 때문에 무력함, 절망감, 또는 수치심과 같은 감정으로부터 자신을 보호하기 위해 방어기제가 증가할 수 있다. 이러한 때에는 전문가와의 슈퍼비전이나 상담이 가장 필요한 시기이다.

## 개인 목록

매년 정신적, 육체적, 영적 건강에 대한 글로 예술적인 개인 목록을 작성하는 것은 나타나는 문제나 소홀한 영역을 발견하는 데 도움이 된다. 자신이 업무나 개인적인 삶에서 너무 많은 일을 하고 있는지 스스로에게 물어보길 바란다. 그런 경향성을 발견한다면 빠르게 전환하길 바란다. 우리 각자는 우리 자신과 가족, 그리고 내담자들을 장기적인 소진으로부터 보호하기 위해 충분한 동기부여가 필요하다. 또한 자기 관리를 위한 충분한 심리적 공간과 실제적인 시간이 필요하다. 우리 자신, 내담자 및 동료에 대한 책임을 유지하기 위해 상호 지원을 제공할 수 있는 동료를 모집하는 것이 도움이 된다. 다음 부분은 개인목록으로서, 조정이 필요한 영역을 확인하는 데 도움이 된다.

### 자기숙고

내담자와 함께 작업할 때 가정을 하거나 부주의하게 내담자를 무시하고 미묘한 차별을 통해 피해를 입히지 않도록 하기 위해 문화적 겸손은 매우 중요하다. 또한, 자신이 감정적으로 가고자 하지 않는 곳에 내담자를 데려갈 수 없다. 자기숙고를 할 때 고려해야 할 몇 가지 질문은 다음과 같다: 마지막으로 치료를 받은 적이 언제였는가? 문화적 겸손에 대한 최신 연구를 업데이트하고 있는가? 어느 정도로 자신의 문화적 겸손을 기르기 위해 노력했는가? 그리고 얼마나 자주 미술작업을 하고 있는가?

## 신체 돌봄

운동하는 시간을 가지고, 7-9시간을 잠을 자며, 건강한 식품을 구매하고, 의사를 방문하며, 몸에 적합한 연령에 맞는 관리를 제공하는 것이 중요하다. 구식 알람시계에 투자하고 침실에서 전화와 TV를 치울 때이다. 의사 방문을 미루고 있거나 매일의 산책이나 체육관 방문을 거르고 있지는 않은지 확인해 보길 바란다. 스트레스로 음식을 먹거나 자주 유해한 음식이나 가공식품을 섭취하고 외식을 자주 하는지 스스로에게 물어보길 바란다. 긍정적인 기분을 지원하기 위해 영양을 관리하고 매일 운동을 시작할 때이다.

자신이 더 어렸을 때와 같은 방식으로 아직도 잠을 자거나 식사를 하거나 몸을 다루고 있다면, 상당한 개선이 필요할 수 있다. 자신이 아직도 담배를 피우거나 약물을 사용하거나 음주를 과도하게 하는지 의사와 상담하고, 현재의 건강에 관한 연구를 읽어보거나 수면 습관을 개선하는 것을 시작해 보길 바란다. 비용이 허용한다면, 트레이너나 영양사와 상담하여 본인에게 특별히 맞춤화된 전략을 받아보길 바란다. 요가는 신체적, 정신적 건강에 이상적이며, 트라우마를 경험한 사람들에게 도움이 된다.

## 정서 돌봄

치료 공간에서 당신은 치유의 도구이다. 당신은 치료실에서 이루어지는 말, 개입, 미술을 전달하는 수단이다. 그러므로 내담자에게 최선의 모습을 보여주기 위해서는 좋은 정신 건강을 가져야 한다. 당신은 내담자에게 롤 모델이며, 대부분의 사람들은 우리가 신체적으로나 정서적으로 자기 자신을 돌보고 있지 않은지를 알아차릴 수 있다.

자신의 정신건강과 역전이에 대해 확인할 수 있는 치료사가 있는 것은 매우 도움이 될 수 있다. 만약 우리가 역전이에 대해 다루지 않는다면, 우리는 내담자에게 그것을 실제로 행동으로 드러낼 위험이 있다. 그러므로 당신 자신에게 다음과 같은 질문을 하고 답을 찾는 것이 중요하다. 당신은 창의적인 표현과 감정 공유에 시간을 내고 있는가? 당신이 소중하게 생각하고 당신을 소중하게 생각하는 사람들과 교류하고 있는가? 당신은 돌봄을 많이 하는 관계에 있는가? 우리는 인생의 다양한 시기에 자녀들이나 부모를 돌봐야 할 때가 있지만, 항상 우리의 도움이 필요하지 않은 친구와 가족이 있어야 한다. 만약 모든 관계와 우정이 당신에게 상담자나 돌보는 역할을 요구한다면, 이러한 관계를 다시 평가하고 더 풍요로운 우정에 투자하는 것이 좋을 수도 있다.

## 알코올과 약물 점검

스트레스를 해소하기 위해 알코올이나 약물을 사용하는 정도에 대해서도 고려해야 한다. 일하고 난 뒤 한 잔의 술이 습관이라면, 술 소비에 대해 점검하고 어떤 변화가 필요한지 고려해 보길 바란다. 질병통제예방센터(CDC, 2018)는 여성이 하루에 한 잔, 남성이 하루에 두 잔까지 알코올을 섭취하는 것을 적당한 음주로 정의하고 있다. 그러나 이러한 지침은 매일 그만큼 마시고도 최적의 수준에서 작동할 수 있다는 뜻은 아니다. 건강과 알코올, 대마초 또는 기타 약물 사용에 대한 어떠한 걱정이라도 있다면, 자신의 소비에 대해 점검하고 한 달 동안 음주, 흡연 또는 약물 사용하는 그 순간이나 그 날, 또는 자신의 삶 전체에서 무슨 일이 일어나는지, 어떤 기분이었는지 기록해 보길 바란다. 한 달 동안 이렇게 기록한 후에는 음주, 흡연, 약물 사용을 그만두고 어떤 변화가 일어나는지 관찰해 보길 바란다. 약물 사용을 한 달 동안 그만두는 데 어려움이 있거나 목표/한도를 지키지 못한다면, 의사나 상담사와 이야기하여 사용을 관리하거나 중단하는 데 도움을 받길 바란다.

## 시간관리

가족의 응급상황이나 내담자의 위기는 사전에 계획할 수 없지만, 우리는 생활에서 예기치 않은 스트레스 요인에 대비하기 위해 매주 여유 시간을 예정해 놓을 수 있다. 우리가 바쁜 것에 사로잡혀 예기치 못한 스트레스 요소에 대처할 수 없다면 우리의 기능은 저하될 것이다. 스케줄이 너무 밀집되고 지치거나 피곤할 때는 문제나 혼란을 쉽게 다룰 수 없다. 그리고 언제나 어떤 일이 생기기 마련이다! 도움이 필요한 가족 구성원이나 친구가 큰 스트레스 원인이 되고 있는지, 부모님, 자녀, 배우자와 대면하기를 피하고 있는지, 또는 반대로 가족들을 위해 너무 많은 일을 하고 있는지, 어떻게 하면 내면과 외면의 경계를 설정하여 자신, 가족, 그리고 내담자를 보호할 수 있는지 고민해 보길 바란다.

## 일상의 의식

일상의 의식은 우리를 지원하며, 그들이 제공하는 구조는 지루해할 필요는 없다. 우리가 운이 좋았다면, 아동기 시절에 예측 가능성과 매일의 의식을 경험하였을 것이다. 따뜻한 목욕과 밤에 책을 읽어주는 것은 우리를 수면으로 전환시켜 주었고, 운동과 음식은 우리를 깨우는 데 도움이 되었다. 아동기 시절에 이러한 의식이 없었거나 아직 자신을 위한 의식을 개발하지 못했다면, 지금이 시작할 때이다. 소파에서 잠들고 늦게 일어나는 것은 우리의 마음과 몸이 필요로 하는 돌봄과 관심을 회피하는 역할을 한다.

당신은 이미 많은 중요한 일상의 의식을 가지고 있으며, 정신적인 안녕을 지원하기 위해 그것들을 확장할 수 있다. 우리의 신체 건강은 이러한 많은 일상적 루틴에 달려있다. 작은 것부터 시작하길 바란다. 이를 닦은 후 아침 루틴에 10분간의 자기 돌봄 의식을 추가하길 바란다. 자신만의 의식을 만들어 보거나 다음 활동 중 하나를 아침 의식에 추가해 보길 바란다: 조용히 앉아 아무것도 하지 않기, 명상하기, 커피를 밖으로 가져가서 풍경을 감상하기, 책 읽기, 몸을 스트레칭하거나 요가하기, 뜨개질하기, 노트에 쓰기, 그림 그리기 등이다.

하루를 즐겁게 시작하기 위해 내가 즐기는 모든 것을 추가할 수 있으며, 하루를 어떻게 느끼고 싶은지 선택할 수 있다. 아침 루틴에 있는 것 중에서 의무처럼 느껴지는 것은 변경하거나 제거할 수 있다. 아침 루틴은 자신에게 특별하고 맞춤화되어야 한다. 그것은 단지 자신이 어떤 것이어야 한다고 생각하는 것만으로 결정하는 것이 아니라 자신에게 영양가 있게 해주는 것을 고려해야 한다. 이 시간을 보내는 다양한 방법을 실험해 보고, 일상의 루틴을 변경하거나 수정하여 기분 좋은 루틴을 찾을 때까지 계속해서 조정해 보길 바란다.

가장 중요한 것은 매일 아침 10분 동안 자신을 좋게 하고 기쁨을 주는 무언가를 하며, 아마도 저녁에도 10분을 추가할 수 있을 것이다. 당신은 미리 스케줄에서 무엇을 제거할지 결정할 수 있다. 당신이나 당신의 건강과 가치를 지원하지 않는 무언가를 10분 동안 제거할 수도 있다. 사회적 미디어나 TV와 같은 것들을 제거할 수도 있지만, 어떤 것이 당신을 좋게 하지 않는지는 자신만이 알 수 있다. 10분 동안 자신을 위해 시간을 정당화하기가 어려울 경우, 자신에게 그것을 할 수 있도록 하고, 당신의 가족과 내담자들이 당신의 관심을 받음으로써 혜택을 받을 것임을 보장하도록 한다. 이 일은 당신을 위해 아무도 대신해줄 수 없다. 당신의 루틴은 어떠한가? 어디에서 시간을 조정하여 개인적인 의식을 위한 여유를 만들 수 있을까?

## 비구조화된 시간

개인적이고 비구조화된 시간에는 창의적으로 표현하고, 침묵을 경험하며, 긴장을 풀게 하거나 활기를 얻을 수 있으며, 흐름에 몰두할 수 있다. 캘리포니아에 위치한 Notre Dame de Namur 대학교 미술치료학 박사 프로그램에서 프로그램 책임자 Richard Carolan은 학생들에게 가르친 자료에 대해 개인적인 성찰 시간을 가지도록 권장하고 있다. 이러한 학습에 대한 개인적인 성찰(명상)에 몰두하는 비구조화된 시간은 너무나 중요하다고 여겨져서 박사과정 교육과정에도 이를 포함시켰다. 마지막으로 일정이 없었던 시간은 언제였는가? 비구조화되고 계획되지 않은 이러한 시간을 "일정에 등록"하는 것은 거의 모순적인 것처럼 보일 수 있지만, 이러한 무계획적이고 비구조화된 시간은 창의성을 위해서 매우 중요하다. 어떻게 비구조화된 시간을 계획하고 보호할 수 있을까?

## 무작위 친절 행위

당신은 정기적으로 사교활동, 경청 또는 자원봉사를 통해 지역사회나 이웃에 기여하고 있는가? 아무도 알아차리지 못할 작은 친절한 행위를 몰래 실천하는 것은 재미있을 뿐만 아니라, 더 넓은 세계나 타인의 소망과 필요에 우리의 관심을 집중시킨다.

## 개인적 지원

트라우마를 다룰 때에는 슈퍼바이저와 동료 집단과 함께 전문적이고 임상적인 문제들을 논의하는 것이 필요하다. 게다가 트라우마 중심의 미술치료를 제공하는 과정에서 발생하는 개인적이고 원치 않는 반응들은 자신의 미술과 자신의 심리치료사와 함께 다뤄져야 한다. 심각한 소진으로 이어지는 상황을 예방하거나 대처하기 위해서는 개인적인 심리치료를 받는 것이 최선의 방법이다.

## 가치

당신에게 가장 중요한 것은 무엇인가: 가족, 파트너, 일, 학교, 창의성, 영적인 삶, 건강, 지역 사회? ACT는 가치 중심의 삶을 살아가는 데 초점을 맞추고, 자신에게 가장 중요한 것을 확인한 후 그 가치에 따라 행동을 취하는 것을 강조한다. 자신의 모든 가치와 각 영역에서 자신이 되고 싶은 방식의 목록을 작성해 보길 바란다. 각 영역에 얼마나 많은 시간을 할애하고 있는가? 예를 들어, 창의성을 가장 중요한 가치 영역으로 설정을 한다면, 호기심이 넘치고 활동에 참여를 잘하거나 자기표현을 잘하는 것과 같이 어떻게 자신이 되고 싶은지를 기술할 수도 있다. 당신의 일정을 확인하고 가장 중요한 가치와 할당한 시간이 일치하는지 살펴보길 바란다. 다시 말해, 창의성이 가장 중요한 가치 중 하나인데 미술 창작이나 미술관 방문에 시간을 할애하지 않는다면, 가치 중심의 작업은 시간을 가치에 맞추고 행동을 약속하도록 요구한다. [그림 9.1]은 Jennifer Clay의 가치 중심 미술작품으로, “눈을 감고 평화를 생각할 때 무엇이 보이는가?”라고 묻는 질문을 제시한다.

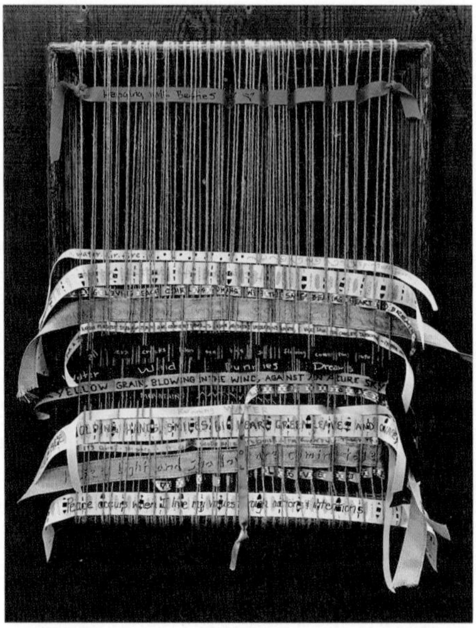


그림 9.1 지역사회 베틀(Jennifer Clay와 학습공동체 작품)

## 결론

이 장에서는 우리에게 잠재력을 실현하고 자아실현을 추구하며, 트라우마 생존자와의 어려운 작업에서 휴식이 필요할 때를 인식하도록 한다. 우리의 일상생활에서 의식하고 현재에 존재하며, 내면과 외면의 경계를 기르는 것은 우리가 삶에 참여하고 자신과 타인과 건강한 관계를 유지하는 데 도움이 된다. 마음과 몸을 양육하는 것은 건강한 식사, 운동, 사람들에 대한 소소한 매일의 전념뿐만 아니라 약물, 부정적인 미디어 및 부정적인 생각에 대한 제한을 설정하는 것을 요구한다. 우리의 영혼을 풍족하게 하는 것은 미술, 자연, 건강한 관계, 영적인 영역과 같은 분야에서 영감과 기쁨을 얻을 수 있게 한다.

이러한 영역에 대한 개인적인 목록을 점검하는 것은 우리가 부족한 측면을 확인하는 데 도움이 될 수 있다. 결핍은 우리의 치료 실제뿐만 아니라 우리 자신, 타인, 그리고 지역사회와의 관계에서 문제가 발생할 수 있다. 우리 자신의 정신적, 신체적,

행동적 문제로 인해 제약을 받을 때, 우리는 윤리적으로 상담이나 치료를 찾거나 휴식을 취하거나 업무를 일시 중단하는 것과 같은 적절한 조치를 취할 의무를 가지고 있다. 우리가 자기 돌봄과 건강한 관계에 참여할 때에만 우리의 업무는 내담자에게 효과적이고 개인적으로 보람과 자극을 주는 것으로 유지될 수 있다.

## 참고자료

자신과 자신의 관심사, 욕구 및 열정에 특별히 맞춘 자기 돌봄 계획을 개발하길 바란다. 자신의 욕구를 돌보고자 하는 특정한 의도로 일기를 쓰거나 미술을 창조하는 것은 자신과 자신의 임상 실제에 도움이 된다. 미술치료 자원은 특정 자원 및 무료 다운로드를 통해 자기 돌봄 계획을 세울 수 있도록 도움을 제공한다.

www.arttherapyresources.com.au/self－care－art－therapist.

ACT를 통해 자신의 가치관을 탐색하고 행동에 전념하면 자신의 개인적인 경험을 내담자를 돌보는 더 큰 그림에 연결하는 데 도움이 될 수 있다. Russ Harris는 2008년 저서 「The Happiness Trap: How to Stop Struggling and Start Living」에서 무료 다운로드를 통해 치료 워크시트를 제공한다:

www.thehappinesstrap. com/upimages/Complete_Worksheets_2014.pdf.

Harris, R. (2008) The Happiness Trap: How to Stop Struggling and Start Living. Boulder, CO: Trumpter Books.

Chapter

10

# 우리가 나아가야 할 길

체계 문제에 도전하는 것은 더 나은 세상이 될 수 있다는 낙관적인 신념을 보여주는 희망의 행위이다. 이 장은 트라우마의 문화적 측면, 트라우마 경험의 상호 연결성을 반영하며 미래에 대한 아이디어를 고려한다. 구체적으로 이 장은 미술치료사로서 우리가 트라우마와 그 영향을 줄이기 위해 어떻게 긍정적인 영향을 줄 수 있는지에 대해 읽는 이들에게 질문하도록 격려한다. 문화적 겸손, 교육 및 옹호에 참여함으로써 우리는 우리의 내담자를 지원할 뿐만 아니라 우리의 작업에 새로운 의미와 개인적 가치를 추가할 수 있다. 치료사이자 예술가로서 우리는 트라우마와 폭력을 영속시키는 억압 체계를 변화시키기 위해 사회 정의를 위해 일할 수 있다.

## 문화적 겸손이 중요한 이유

심리학의 역사와 미술사, 미술치료와 관련된 수업들은 특정한 사람들의 이론, 이야기, 그리고 미술을 가득히 담고 있지만, 동시에 다른 사람들을 배제하는 경향이 있다. 문학, 뉴스, 역사, 과학, 의학, 보건의료, 영화 및 미디어는 모두 전통적으로 주류 집단의 삶, 가치, 이야기를 반영하면서 인종, 여성, LGBTQ+ 등 많은 다른 사람들을 제한하거나 배제해 왔다. 전반적으로, 우리는 일부에게 이익을 주고 다른 사람들을 명시적으로 배제하기 위해 설계된 체계 내에서 살고 있으며, 우리의 제도들은 이를 반영하고 있다. 문화적 겸손은 우리에게 특권과 억압이 우리의 문화와 우리가 운영하는 체계에 통합되어 있다는 사실을 인식하도록 요구한다. 이러한 체계를 이해하는 것은 내담자들이 이러한 체계의 일부이고 그 안에 있는 우리의 존재에 의해 영향을 받기 때문에 내담자와의 작업과 직접적으로 관련된다.

제도화된 억압의 문제를 복잡하게 만드는 것은 부인(denial)이 여전히 만연해 있고, 많은 사람들이 어떤 사람들에게는 혜택을 주고 다른 사람들에게는 불이익을 주는 제도적 문제를 무시하거나 고의로 지속시키고 있다. 우리는 가해자 파트너가 개인에게 어떻게 적대적인 환경을 만드는지를 이해할 수 있지만, 많은 사람들은 여전히 자신과 타인에게 적대적인 환경을 만드는 더 큰 억압적인 제도들이 어떻게 작용하는지를 완전히 인식하기 어려워한다. 넓은 사회적 맥락에서 건강과 트라우마를 고려함으로써 우리는 내담자를 종합적으로 이해하고, 그들의 삶의 경험을 존중하고 그들이 누리는 존엄성과 복잡성에 걸맞게 대우할 수 있다.

미술치료사, 표현예술치료사, 상담사, 심리학자, 사회복지사들이 속한 전문 기관들은 사회의 믿음과 체계 내에서 작동한다. 이러한 기관들은 문화적 겸손을 실천하지 않을 때 더 큰 체계적 문제를 반영하기도 한다. 사람들과 의견의 다양성을 가치로 여기는 것은 비즈니스에 현명한 선택이며, 그룹의 업무에 큰 영향을 준다. 더 나아가, 우리의 전문 기관과 직장이 우리가 서비스하는 내담자들의 다양성을 반영할 때, 우리와 내담자들은 혜택을 받을 수 있다.

## 가족, 세대 간, 지역사회/사회적 맥락

치료사로서 효과적인 업무를 수행하기 위해, 우리는 항상 내담자의 대인관계와 사회적 맥락, 그리고 현재와 과거의 가족적 맥락을 고려해야 한다. 우리 중 누구도 고립된 상태에서 살지 않으며 우리에게 일어나는 일은 더 넓은 문화가 우리를 보는 방식과 가족 및 지역사회의 가치와 경험에 의해 영향을 받는다. 이러한 변수들은 우리가 어떻게 트라우마를 이해하고 거기에 반응하는지에 영향을 미친다. 구체적으로 이 넓은 맥락은 내담자가 자신과 그들의 지역사회의 트라우마에 대한 인식에 영향을 미친다. 가족, 과거 세대, 그리고 지역사회/사회는 트라우마에 대한 초기 인식과 PTSD를 가지게 되는 것이 무엇을 의미하는지를 형성한다.

트라우마의 세대 간 전달은 광범위하게 연구되어 왔으며(Degruy, 2017), 이는 사례개념화와 내담자를 이해하는 데에 도움이 된다. 이러한 영향을 이해하는 것은 내담자를 지원하고 그들의 역사적 경험에 기반한 신념을 이해하는 데에 매우 중요하다. 예를 들어, 내담자는 우울증과 PTSD 때문에 절망감을 느낄 수 있으며, 그들의 과거와 현재의 생활 상황과 경제 문제 그리고 어린 시절의 방임 경험과 성인으로서의 대인관계 문제, 그리고 피부색을 기반으로 한 세대 간 차별로 인해 이런 감정을 느낄 수 있다.

## 대학살에 관한 연구

Jennifer Clay(PhD, LMFT, ATR-BC)는 남부 캘리포니아 주에 위치한 미국 인디언 보호구역에서 미술치료사로 활동하며, 최근에는 청소년들과 함께 전통 창조신화에 기반한 이미지를 개발하는 연구를 진행하고 있다. 그녀는 또한 Notre Dame de Namur 대학에서 부교수로도 일하고 있다. Clay는 학교들이 문화적 지식을 학문적이고 예술적인 방식으로 통합하는 데에 어떻게 지원할 수 있는지를 보여준다. 아래 에세이는 미국 원주민들, 홀로코스트 시기의 유대인들, 그리고 강제로 유배당한 티베트인들과 같은 비슷한 공포와 세대 간의 트라우마를 탐구한다. 그녀는 홀로코스트를 겪은 Carl Jung의 환자들의 미술작품을 보면서 감정적으로 촉발되었던 경험에 대해 언급한다. 이러한 이미지들은 남부 캘리포니아의 보호구역에서 작업하는 아메리칸 인디언으로서의 그녀 자신의 세대 간 트라우마를 상기시키는 역할을 했다. [그림 10.1]과 [그림 10.2]는 그녀가 스위스에서 Carl Jung의 환자들의 미술작품을 관람한 자신의 경험에 반응하여 제작한 작품을 보여준다.

그림 10.1 여성
(Jennifer Clay 작품, 캔버스 위에 아크릴)

그림 10.2 취리히에서 꿈을 꾸는 곰
(Jennifer Clay 작품, 캔버스 위에 아크릴)

나의 박사 실습 이전 여름에 나는 스위스의 Einsiedeln에서 모래놀이치료 워크숍에 참석했다. 모래놀이의 창시자인 Dora Kalff는 학생들이 자신의 사례를 발표하고 유명한 모래놀이치료사들의 강의를 체험할 수 있도록 2주간의 집중워크숍을 개최하는 데 도움을 주었다. Dora Kalff가 사망한 후에는 그의 아들인 Martin Kalff가 Einsiedeln의 모래놀이 스태프로 일하게 되었다. 워크숍 동안 참가자들은 Einsiedeln에서 멀지 않은 Kusnacht에 위치한 융 분석 연구소에서 Ruth Armann 박사의 강의에 참석할 기회가 있었다. 우리 중 25명이 기차를 타고 Kusnacht로 이동하여 융 분석 연구소의 아카이브 룸에 보관된 융의 환자들의 미술에 대한 강의를 즐겼다. Ruth Armann 박사가 제시한 미술은 홀로코스트 생존자들의 작품이었다. 이는 보기 어려웠다. 짙은 빨강, 검은색, 불, 폭발, 해골, 그리고 슬픔이 곳곳에 묘사되어 있었다. 나에게 이것은 트라우마와 예술의 묘사로서 촉발제가 되었다. 왜냐하면 트라우마, 특히 대학살은 나의 아메리칸 인디언의 문화유산 일부로서, 나와 같은 인종이 다른 인종에 의해 말살되려고 했다는 점을 내가 항상 기억하기 때문이다. 이 강의는 나에게 중대한 영향을 미쳤으며, 미술치료사로서, 융 분석 연구소의 아카이브 룸에 안치된 미개봉된 보물과 같은 느낌을 주었다. 박사 프로그램에서 지난 2년 반 동안, 가장 좋은 동반자는 호기심이라는 것을 깨달았다. 나는 호기심이 생겨 C.G. 융과 함께 치료 중에 미술을 가치 있게 여기고 무의식에 접근하는 방법으로써 미술을 창작한 환자들에 대해 더 많은 질문을 가지게 되었다. 또한, 다른 인종 집단이 자신들의 공포스러운 경험을 의미 있는 방식으로 해석하기 위해 미술을 어떻게 활용했는지에 대한 호기심이 생겼다.

1960년대에는 스위스가 중국의 침공으로부터 도망치는 티베트 난민들을 받아들였다. 방문하기 전 여러 해 동안 Dora Kalff는 그녀의 아들들에게 티베트 난민들을 환영할 것이라고 알려주었으며, Martin은 그의 집인 Zollikon에서 많은 티베트 난민들이 찾아왔던 일들을 기억한다. 그는 총알 구멍이 있는 로브를 입은 지친 티베트 스님을 집에서 맞이한 모습을 기억한다. Kalff 가족은 많은 티베트인들에게 숙소를 제공하며 현재에도 여전히 그들을 환영하고 있다. 예전에는 Dalai Lama라는 젊은 스승을 환영했으며, 그는 Dora와 가까운 친구가 되었고 Martin과 Sabine의 결혼을 주례했다. Sabine이 Zollikon에 위치한 Dora Kalff의 집에서 Dora의 죽음이 가까워졌을 때 Dalai Lama에게 이를 알렸고, 그는 Dora와 함께 있기 위해 그곳에 와서 그녀에게 축복을 주었으며, 그녀가 세상을 떠나는 순간까지 함께 있었다고 전했다.

나는 Notre Dame de Namur 대학교에서 미술치료 박사 프로그램을 시작했으며, 이 프로그램은 개별 실습을 통해 특정 학문적 및 예술적 관심 분야에 대한 지식을 체험, 탐구하고 활용하는 것을 요구한다. 나의 실습 아이디어는 매우 강한 직감으로 떠올랐으며, 이것은 무시하거나 타협할 수 없는 힘으로 작용했다. 비록 이상하게 보일 수 있지만, 나는 그 창조를 위해 옹호하고 싸우기로 결심했다. 나는 스위스의 Kusnacht로 돌아가서 Dr. Armann과의 약속을 잡아 아카이브 룸에 보관된 미술작품을 감상하고, 반응 미술 작품을 창작하며, 스위스에서 티베트 난민을 돕는 경험을 한 Dr. Martin Kalff와 인터뷰를 진행하고자 한다.

나는 또한 우리 부족과 그들의 대대로 이어지는 대학살의 고난을 생각했다. Martin과 Sabine의 이야기를 통해 전해진 티베트인들의 억압 경험을 생각했고, 홀로코스트를 겪은 정신분석가 융의 환자들을 떠올렸다. 우리 모두에게 공통적인 것은 그 고통과 상실을 미술과 행동을 통해 어떻게 표현하는가이다. 나는 세 문화의 다양한 교차점에 대한 이해를 더 깊게 하기 위해 스위스로 돌아가고 싶었다. Martin과 Sabine을 다시 인터뷰하고, 융의 환자들의 미술을 경험하고, 티베트인 커뮤니티에 대해 더 알고 싶었다. 이러한 교차점에 대한 이해를 더욱 깊이 하고 싶은 욕구 속에서는 융과 미술의 관계에 대해 더 알고 싶은 호기심도 있었다. 그는 다다(Dada) 운동[7]을 매우 좋아했으며, 이는 그의 저서인 「빨간 책(Red Book)」에 실린 미술에 큰 영향을 미쳤다. 다다주의(DaDaism)[8]는 취리히에서 시작되었으며, Cabaret Voltaire는 여전히 취리히에서 운영되고 있다. 융은 예술가로 있기를 사랑하되, 그 자신이 심리분석가로 알려지는 것이 더 중요하다고 언급한 적이 있었다. 그는 자신의 모든 것이 미술로 정당화되지 않을까 두려워했다. 이것은 내가 추구하던 박사 학위와는 대조적인 견해였는데, 나는 미술과 마음이 서로를 정당화하거나 향상시키는데 중요하다는 것을 알고 있었다. Cabaret Voltaire를 재방문한다면, 융의 미술 표현에 대한 관점을 더 깊이 이해할 수 있을 것 같았다.

2016년 12월에 두 명의 동행자와 함께 다시 취리히로 갔다. 우리는 빙하와 눈 속에

7) 역자주: 제1차 세계대전 후에 발생한 혁명적이고 비현실적인 예술 및 문화운동.
8) 역자주: 이러한 다다운동의 원칙과 가치를 따르는 예술 및 문화 스타일.

서 머물며, Kusnacht로 기차를 타고 늦은 오후에 Dr. Armann과 만나기 위해 작은 보관실로 올라갔다. 이미 어둠이 깊어지고 그곳에는 그녀와 작은 개가 있었다. 우리는 무릎이 거의 닿을 정도로 모여 앉았다. 우리는 융의 환자들의 원본 작품을 조심스럽게 손에 들고 그들의 경험, 대화, 그리고 그들이 작품을 그리기 위해 얼마나 많은 용기가 필요했는지 상상하며 서로 주고받았다. 그 저녁의 대화는 정말로 특별했다. 우리는 융, 그 시대의 문화, 전쟁, 모든 전쟁, 슬픔과 손실에 대해 이야기했다. 우리는 한 시간을 예약했었지만 결국 두 시간 동안 머물게 되었다. 끝나는 것을 보는 건 싫었다. 눈과 얼음 위에서 발소리가 울렸을 때, 나는 내 방으로 돌아가서 나의 반응 미술[그림 10.3]을 시작하기를 간절히 기다렸다. 이후에 그 작품은 결국 전시회로 이어지고, 융 연구소로 다시 돌아가서 미국 인디언의 시각에서 융과 직관에 대한 워크숍을 진행하게 되었다. 개별적인 실습은 여전히 나의 마음을 열고 새로운 가능성의 문을 열어주고 있다.

그림 10.3 고통에서 탄생한 이타주의(Jennifer Clay 작품, 캔버스 위에 아크릴)

## 긍정심리학과 강점

내담자들의 역사에 대한 완전한 이해를 갖는 것은 중요하지만, 우리는 그들의 트라우마와 과거 또는 현재의 스트레스에만 집중하여 그들의 문제 중심적인 이야기에 의도적이든 또는 비의도적이든 그들의 문제에 기여하고자 하는 것은 결코 원치 않는다. 긍정심리학이 제공한 것들을 적극 활용하는 것이 중요하다－내담자의 열정, 강점, 꿈, 그리고 희망들을 알아내는 데 초점을 맞추길 바란다. Martin Seligman (2020)은 긍정심리학 분야에서 선두 주자로 알려져 있다. 그의 웹사이트에는 수십 개의 평가 도구가 무료로 제공되는데, 익명 데이터베이스에 점수를 부여하는 데 동의한다면 당신과 내담자를 위해 사용할 수 있다. 로그인해서 등록을 하고, 성격 강점, 감사, 행복에 관한 질문에 답을 하면 되는데, 내담자에게도 동일하게 권유해보길 바란다. 평가 과정에서 항상 강점에 대해 묻고, 그 답변을 다른 생활 영역에서의 기능 향상을 지원하는 데 사용하길 바란다.

Claudia Mezzera는 지역사회의 강점과 회복력, 그리고 우리의 업무에서 효과적이기 위한 임상의의 문화적 겸손의 필요성을 언급하고 있다.

여러 연구에서는 트라우마에 노출된 지역사회는 공동체의 결속감과 회복탄력성을 회복하기 위해 공동 및 문화적 신념과 원칙을 활용할 수 있다는 것을 나타내고 있다(Aponte & Bracco, 2000; de Young, 1998; Lefley, 2002; Ling Han & Vasquez, 2000; Sue & Sue, 1999). 연구자와 임상의들은 자신의 개인적 편견과 이론이 문화적으로 다양한 인구와의 업무에 어떻게 영향을 미치는지 주의 깊게 인식해야 하며, 자신의 선입견이 다른 문화와의 관계적 상호작용에서 어떻게 나타나는지 관찰하는 데 헌신적으로 노력해야 한다(McNiff, 1984). Doby－Copeland (2006)은 "문화적 유능성을 얻는 것은 지속적인 과정으로, 상호작용에 대한 자기인식과 탐구를 계속해야 한다. 편견, 가치관, 문화적 관습이 문화적으로 다양한 인구와의 상호작용에 어떻게 영향을 미치는지에 대한 이해를 높여야 한다"(p.177)고 제안하고 있다. 이에 따라, "문화 간 작업은 개인이나 집단과 함께 일할 때 상징과 신화의 이해를 요구한다"(McNiff & Barlow, 2009, p.100).

## 트라우마 중심 치료에서의 문화적 겸손

Louvenia Jackson(PhD, LMFT, ATR－BC)은 Loyola Marymount 대학교 부부가족치료 대학원 부교수이다. 그녀는 Notre Dame de Namur 대학교에서 MFT 및 박사 학위를 취득하였으며, 미술치료 교육에서의 문화적 겸손에 대한 연구로 NDNU의 미술치료 심리학 박사 프로그램(2016)에서 우수 서비스상과 AATA(2016)의 Perlie Roberson 장학금을 수상하였다. Jackson은 AATA 이사회에 속해 있으며, 현재 미술치료 교육에서 사회 정의에 대한 고려 사항을 다루는 지역사회 기반 미술치료 실제와 연구에 초점을 맞추고 있다. 그녀는 2020년에 출간된 「Cultural Humility in Art Therapy」(2020)의 저자로, 문화적 겸손이 미술치료와 트라우마가 어떻게 교차되는지에 대한 자신의 생각을 제시하고, 자신의 미술작품에서 모자이크의 비유를 사용한다[그림 10.4].

> 치료를 다룰 때 문화와 트라우마 사이의 연결은 불가피하다. 이는 트라우마의 영향과 트라우마적인 파괴적 사건에 대한 반응을 결정할 수 있다. 나는 주거치료 시설에서 트라우마를 겪은 청소년들과 함께 일한 경험을 통해 많은 임상 경험을 쌓았다. 이들 중 많은 청소년들이 다른 문화적 집단에 속했고 다양한 증상을 나타냈다. 이러한 역동을 가장 잘 다루는 것으로 보이는 프롬프트[9]는 파편화된 트라우마 조각을 재설계하는 치유 과정에 초점을 맞춘 모자이크였다. 충격적인 타격은 청소년들이 가지고 있는 삶의 경험에 대한 상을 파괴할 수 있다. 창조적인 표현은 새로운 시각을 재구성하고 깨진 이미지를 다시 창조하는 데 도움이 되었다. 생의 초기에 청소년들은 외부와 대인적 경험이 어떠해야 할지에 대한 이미지를 가지고 있다. 많은 청소년들이 시각적인 경험을 함께 나누지만, 이러한 이미지가 깨지면 각 개인은 이 실망감과 파괴를 다르게 다룬다.
>
> 불균형적으로 트라우마는 한 번 이상 발생할 수 있다. 종종 반복적으로 발생한다. 이는 자원이 부족한 사람들, 타인으로부터의 폭력으로 바뀔 수 있는 미묘한 차별에 민감

9) 역자주: 안내문 또는 자극.

한 취약성 있는 사람들, 제도화된 체계에 억압당하는 사람들에게 특히 해당된다. 대부분의 아동과 청소년들은 트라우마 경험 이후에 회복탄력성을 나타낸다. 특히 한 번 발생한 트라우마 경험의 경우에는 더 그렇다. 여러 차례의 트라우마를 경험하거나 불안 문제의 병력이 있거나 가족 역경을 경험한 청소년들은 외상 후 스트레스장애와 같은 임상 진단과 관련된 증상을 보일 가능성이 더 높을 수 있다. 트라우마 경험에 대한 반응은 트라우마 종류에 따라 다양하다(예를 들면, 육체적, 성적, 정서적 학대, 대인 관계 폭력 및 피해, 지역사회 폭력에 노출, 자연재해/테러, 트라우마적인 상실과 애도, 의료적 트라우마 및/또는 복합 트라우마(어린 시절부터 방임, 학대, 가정폭력 목격과 같은 트라우마적 사건을 여러 차례, 지속적으로 경험한 경우)).

연구에 따르면, 고위험 청소년들이 외상을 다루는 특정한 세 가지 방식이 있다; 이것은 기분 문제, 부정적인 인식, 신체화 증상이다(American Psychological Association, 2008). 불안과 기분 문제에서 우리는 그것을 고치거나 (깨진 이미지) 조각을 다시 맞춰야 함으로써 불안을 나타내는 청소년을 본다. 종종 이들은 잘못된 진단인 ADHD를 동반한 범불안장애, 분리불안장애, 반응성애착장애로 진단받을 수 있다. 자아와 세계에 대한 부정적인 인식은 종종 분노로 표현되며, 무시, 비난, 좌절을 통해 행동으로 나타낼 수 있다. 이는 예측 가능성을 위해 모든 이미지를 의도적으로 깨뜨리는 자기 파괴 행위로 이어질 수 있다. 이는 종종 적대적 반항장애와 품행장애처럼 보일 수 있으며, 다시 잘못된 진단으로 이어질 수 있다. 부정적인 인식은 또한 우울증으로 나타날 수 있으며, 청소년들은 절망적으로 느껴져 깨진 이미지를 고칠 수 없다고 믿는다. 신체화 증상과 대인관계 문제는 해리 증상, 약물 남용 및 기타 긴장 감소 활동과 같은 회피 활동에 참여함으로써 나타날 수 있다(American Psychological Association, 2008). 모자이크를 제공하는 것은 청소년에게 이미지 파괴의 영향을 다시 해석할 수 있는 수단이 될 수 있다. 이것은 재창조를 통해 반응하는 치유 과정으로 발전할 수 있다.

문화적인 시각을 통해 트라우마의 영향과 반응을 조사하는 것은 필수적이다. 문화적 맥락과 배경, 그리고 억압당하거나 사회적으로 주축에서 벗어난 집단의 일원이 되는 것은 개인이 트라우마적인 사건과 그 영향을 어떻게 인식하는지에 영향을 미친다. 이는 청소년의 지역사회가 회복에 어떻게 도움을 줄 수 있는지도 결정할 수 있다. 미술치료사를 비롯한 정신건강 전문가들은 이러한 다양한 문제에 대해 민감해야 하며 문화적으로 적절한 방법으로 도움을 제공해야 한다. 나는 이를 문화적 겸손을 통해 다루고 있다: "문화적 겸손은 자기평가 및 자기비판, 환자-의사 역동의 권력 불균형 시정, 개인과 집단을 위해 지역 사회와 상호 이익이 되고 가부장적이지 않은 임상 및 옹호 파트너십을 발전시키는데 평생 동안 전념하는 것을 구체화하는 것이다."(Tervalon & Murray-Garcia, 1998, p.17).

문화적 겸손을 갖는 것은 나에게 체계의 억압과 제도적 인종차별이 트라우마에 노출되고 그에 대한 청소년의 반응에 영향을 미칠 수 있다는 사실을 인지하게 해준다. 가족과 지역사회와의 초기 생활 경험은 트라우마에 영향을 미칠 수 있는 문화적 고려 사항이다. 문화적으로 겸손한 미술치료사는 가족 가치와 가족 간의 관계 문제 및 부모(가족)의 정신병리와 같은 가족 특성의 관점에서 문화를 살펴봐야 한다. 지역사회 폭력에 노출되는 것은 아동과 청소년에게 심리사회적인 심각한 영향을 줄 수 있다. 예를 들어, 지역사회 폭력에 노출되는 것은 품행장애와 외현화 문제 및 우울증 증상과 관련되는 경우가 많다.

모자이크는 작은 조각들로 구성된 소재들을 조합하여 이미지를 만드는 예술로, 문화적인 의미와 장식 예술과의 연관성을 갖고 있다. 모자이크 과정은 패턴이나 그림을 만드는 데 사용된다. 이 실제는 트라우마에 노출된 청소년들이 삶의 경험에서 파편화된 이미지를 복구하고 재창조하는 데 도움을 줄 수 있다. 대부분의 아동과 청소년은 트라우마 경험 이후에 회복탄력성을 나타낸다. 이 회복탄력성은 긍정적인 경험을 구축함으로써 형성된다. 긍정적인 경험을 구축하는 노력은 문화적 영향을 받을 수 있다. 다문화 및 사회적으로 배제된 집단의 아동과 가족은 정신건강 서비스에 제한된 접근성과 인종차별과 빈곤이 트라우마 사건 경험에 미치는 영향에 대한 주류 문화의 둔감함과 같은 추가적인 장벽을 마주할 수 있다. 지역사회 활동, 자원 및 취미 등과 같은 임상 치료 외에서 접근 가능한 도구를 제공하는 것이 중요하다. 트라우마를 경험한 청소년들과의 임상 경험에서 우리는 그들의 지역사회 공간의 한 벽에 모자이크 패널을 만들었다. 이 과정은 실용적인 작업 기술, 긍정적인 대인관계 및 스트레스 해소를 제공했다. 처음부터 끝까지 그들이 경험을 주도하게 함으로써 자기 결정력과 회복탄력성을 증진시키도록 했다. 각 아동은 트라우마 사건에 자신만의 방식으로 반응하며, 아동과 그들의 가족의 독특한 시각과 관심을 듣고 이해하려고 노력하는 것이 중요하다. 문화는 트라우마에 부여하는 의미와 회복에 대한 기대에 중요한 역할을 한다.

문화적으로 겸손한 입장을 갖는 것은 제도적 인종차별 및 인종적 트라우마와 같은 체계적인 억압이 널리 퍼져 있으며 대부분의 내담자의 생생한 경험에 존재한다는 것을 이해하는 옹호자로서의 미술치료사의 책임을 인식한다. 우리는 내담자들이 자신의 이야기를 공유할 때 귀 기울이고, 치유가 내담자 내부에서 나타날 수 있도록 허용하는 것이 중요하다. 미술치료사가 자기 성찰 과정을 갖는 것은 트라우마에 대한 정의와 반응을 검토하는 데 도움이 될 수 있으므로 트라우마를 어떻게 느끼고 치유해야 하는지를 지시하는 또 다른 억압적인 체계가 되지 않도록 해야 한다. 미술치료사로서 우리는 내담자들을 단지 생존자로서가 아닌 번창할 수 있는 사람으로 성장할 수 있도록 지원해야 하며 그들이 치유 여정에서 조각들을 함께 맞추며 미래를 개척하는 힘을 가질 수 있도록 도와주는 역할을 해야 한다.

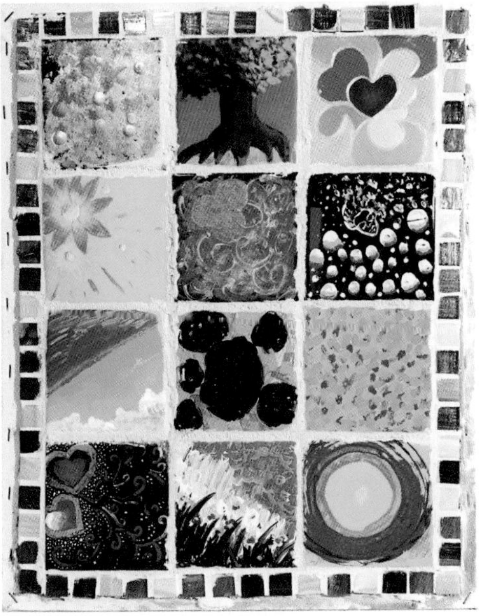

그림 10.4 모자이크(Louvenia Jackson 작품)

## 결론

사회 정의를 옹호하는 것은 정치적인 문제가 아니다; 오히려 우리 모두-우리 자신과 내담자들-가 성장할 수 있도록 지역사회 내에 공간을 만들어 주는 것이다. 가수이자 활동가인 Mavis Staples는 "행동! 행동!"을 요구하는 동시에 "내가 하지 않는다면 누가 할 것인가?"라고 묻는다. 이 장에서 제시된 아이디어들을 문화적 겸손과 사회 정의 옹호를 실천에 추가하고 심화하기 위한 영감으로 고려하기를 바란다. 우리가 내담자들을 지원함으로써 트라우마의 후유증에 대해 계속해서 처리하는 동시에, 포용성과 사회 정의를 위해 노력함으로써 트라우마를 예방하고 체계의 부정적인 영향을 줄이는 데 기여할 수 있다. 사회 정의를 높이기 위해 기관, 지역사회, 그리고 조직의 변화에 노력하면 추가 트라우마를 예방하기 위해 직접적인 조치에 참여한다는 목적의식이 추가되므로 직업 만족도와 장기적인 직업 수명이 늘어날 수 있다.

### 참고자료

긍정심리학 평가를 활용함으로써 내담자들의 강점과 회복력을 강조할 수 있다. Martin Seligman(2020)의 웹사이트인 "Authentic Happiness"에는 여러 가지 평가 도구들이 제공되어 있어, 치료사들과 내담자들이 사용할 수 있다.

www.authentichappiness.sas.upenn.edu.

# 찾아보기

ㅈ

ㅊ



ㅋ



ㅌ

# 참고문헌

본 QR코드를 스캔하시면

『외상 후 스트레스장애와 미술치료』의

참고문헌을 확인하실 수 있습니다.

## 저자 소개

### Amy Backos(PhD, ATR-BC)

Amy Backos는 캘리포니아주 샌프란시스코에 기반을 둔 공인 심리학자이자 공인 미술치료사이다. 그녀는 샌프란시스코 베이 지역의 대학원 미술치료 심리학 프로그램의 의장이며 24년이 넘는 기간 동안 친밀한 파트너 폭력, 전쟁 트라우마, 성폭행 및 약물 남용 장애를 경험한 성인, 청소년 및 아동들과 작업한 경험이 있다.

**역자 소개**

**박성혜**

현) 숙명여자대학교 심리치료대학원 미술치료학과 조교수

한국미술심리치료연구학회 학회장, 한국발달심리학회 및 한국놀이치료학회 이사

숙명여자대학교 아동심리전공 학사, 석사, 박사 졸업

Notre Dame de Namur University Graduate School, Art Therapy. M.A.

자격) 미술심리상담전문가(한국미술심리치료연구학회),

임상미술전문상담사(한국미술치료학회),

미국공인미술치료사(ATR: Registed Art Therapist),

상담심리사1급(한국상담심리학회),

발달심리사1급(한국발달심리학회),

청소년상담사1급, 사회복지사1급

저서) 『미술심리치료 이론과 실제』,

『발달장애 아동을 위한 미술치료 가이드북』,

『아동상담』, 『아동발달심리학 역』 외 다수

**감수**

**박주은**

현) 상명대학교 글로벌인문학부대학 글로벌지역학부 영어권지역학 전공 정교수

㈜ 큐빅브레인 이사

상명대 영어교육과 졸업, 상명대 일반대학원 영문학 석·박사 졸업

미국 Columbia 대학에서 TESOL 자격증 획득

저서) 『WOW! FUN WITH ENGLISH』

『페미니스트드라마의 이해』 외 다수

외상 후 스트레스장애와 미술치료

초판발행 2023년 11월 10일

지은이 Amy Backos
옮긴이 박성혜
감 수 박주은
펴낸이 노 현

편 집 배근하
기획/마케팅 조정빈
표지디자인 BEN STORY
제 작 고철민·조영환

펴낸곳 ㈜ 피와이메이트
서울특별시 금천구 가산디지털2로 53, 한라시그마밸리 210호(가산동)
등록 2014. 2. 12. 제2018-000080호
전 화 02)733-6771
f a x 02)736-4818
e-mail pys@pybook.co.kr
homepage www.pybook.co.kr
ISBN 979-11-6519-445-1 93180

* 파본은 구입하신 곳에서 교환해 드립니다. 본서의 무단복제행위를 금합니다.

정 가 22,000원

박영스토리는 박영사와 함께하는 브랜드입니다.